폴 워셔의 복음

■■ 베스트 라이브러리

The Gospel's Power and Message

폴 워셔 지음

생명의말씀사

THE GOSPEL'S POWER AND MESSAGE
by Paul Washer

Copyright © 2012 by Paul Washer
Originally published in English under the title
The Gospel's Power and Message
This Korean edition is translated and used by
permission of Reformation Heritage Books
through arrangement of rMaeng2, Seoul, Republic of Korea.

This Korean Edition Copyright © 2013, 2015 by Word of Life Press, Korea.

이 한국어판 저작권은 알맹2 에이전시를 통하여
Reformation Heritage Books와 독점 계약한 생명의말씀사에 있습니다.
신저작권법에 의하여 한국 내에서 보호 받는 저작물이므로
무단 전재와 무단 복제를 금합니다.

폴 워셔의 복음

ⓒ 생명의말씀사 2013, 2015

2013년 3월 15일 1판 1쇄 발행
2015년 11월 13일 2판 1쇄 발행 (미니북)

펴낸이 | 김재권
펴낸곳 | 생명의말씀사

등록 | 1962. 1. 10. No.300-1962-1
주소 | 서울시 종로구 경희궁1길 5-9(03176)
전화 | 02)738-6555(본사) · 02)3159-7979(영업)
팩스 | 02)739-3824(본사) · 080-022-8585(영업)

기획편집 | 박미현, 신현정, 전보아
디자인 | 조현진
인쇄 | 영진문원
제본 | 정문바인텍

ISBN 978-89-04-16528-5 (04230)
ISBN 978-89-04-70019-6 (세트)

저작권자의 허락 없이 이 책의 일부 또는 전체를
무단 복제, 전재, 발췌하면 저작권법에 의해 처벌을 받습니다.

폴 워셔의
복음

목차

서문 복음을 회복하라 06

1부 이 시대가 잃어버린 복음

1장 복음에 대한 열정을 잃어버리다 16
2장 복음과 세상은 양립할 수 없다 26
3장 우리를 구원하는 복음 39
4장 기독교 신앙의 모든 것 49
5장 받은 복음을 전하라 58

2부 성경이 말하는 복음

6장 구원을 주시는 하나님의 능력 72
7장 거리끼는 복음 81
8장 강력한 복음 91
9장 모든 믿는 자를 위한 복음 105

3부 다시 복음으로

10장 죄를 경시하지 말라   118
11장 하나님을 알라   128
12장 모두가 죄인이다   149
13장 죄인은 하나님의 영광에 이르지 못한다   166
14장 철저히 부패한 죄인   177
15장 하나님의 의로운 분노   200
16장 거룩한 전쟁   214
17장 가장 값비싼 선물   224
18장 하나님의 딜레마   243
19장 온전한 자격을 갖추신 구원자   254
20장 예수 그리스도의 십자가   268
21장 하나님의 자기 입증   298
22장 예수 그리스도의 부활   310
23장 부활 신앙의 근거   324
24장 그리스도의 승천: 대제사장   352
25장 그리스도의 승천: 만민의 주님   374
26장 그리스도의 승천: 만민의 재판관   399

■ 서문

복음을 회복하라

예수 그리스도의 복음은 교회와 그리스도인에게 허락된 가장 귀한 보물이다. 복음은 많은 진리 가운데 하나가 아니라, 모든 진리 위에 뛰어난 최고의 진리다. 복음은 구원을 주시는 하나님의 능력이요, 사람들과 천사들에게 하나님의 각종 지혜를 알게 하는 계시다(롬 1:16, 엡 3:10). 그래서 바울 사도는 복음을 우선시하며 온 힘을 다해 확실히 전하려고 노력했다. 심지어는 복음의 진리를 왜곡하는 사람들에게 저주를 선언하기도 했다(고전 15:3, 골 4:4, 갈 1:8-9).

각 세대의 그리스도인들은 복음의 청지기다. 하나님은 성령의 능력으로 우리를 부르시어 우리에게 맡기신 이 보물을 잘 지키라고 명령하셨다(딤후 1:14). 충실한 청지기가 되려면 복음 연구에 몰두하고 최선을 다해 그 진리를 깨치려고 힘쓰며, 그 내용을 굳게 지키겠다는 결심이 필요하다(딤전 4:15). 그렇게 하면 우리 자신은 물론, 우리가 전하는 바를 듣는 사람들을 구원할 수 있다(딤전 4:16).

내가 이 책을 쓴 이유는 이런 청지기 정신 때문이다. 사실

나는 글쓰기라는 힘든 일을 자청하고픈 생각이 없었다. 게다가 이미 세상에는 기독교 서적이 헤아릴 수 없을 만큼 많지 않은가. 그런데도 내 설교를 책으로 펴내는 이유는 말로 전할 때만큼 강렬한 충동이 느껴지기 때문이다. 나는 "내가 다시는……그의 이름으로 말하지 아니하리라 하면 나의 마음이 불붙는 것 같아서 골수에 사무치니 답답하여 견딜 수 없나이다"(렘 20:9)라고 말한 예레미야와 같은 심정이다. 바울 사도도 "만일 복음을 전하지 아니하면 내게 화가 있을 것이로다"(고전 9:16)라고 말했다.

흔히 알고 있는 대로, "복음"은 "좋은 소식"을 뜻하는 헬라어 "유앙겔리온"(*euangelion*)에서 유래했다. 어떤 점에서 보면 성경 전체가 복음이라고 할 수 있지만, 이 말은 특별히 하나님의 아들 예수 그리스도의 삶과 죽음, 부활과 승천을 통해 완성된 구원 사역에 관한 메시지를 가리킨다.

하나님의 영원하신 아들, 곧 하나님의 본체시요 그분과 동등하신 성자께서는 자원하여 하늘의 영광을 버리셨다. 그리고 성부의 기쁘신 뜻을 따라 성령으로 동정녀의 몸에 잉태되어 하나님이자 사람이신 나사렛 예수라는 신분으로 세상에 나타나셨다(행 2:23, 히 1:3, 빌 2:6-7, 눅 1:35). 예수님은 사람의 모습으로 세상에 사시는 동안, 하나님의 율법에 온전히 복종하셨다(히 4:15). 그리고 마침내 때가 되자, 그분은 사람들에게 배척당하시고 십자가에 처형되셨다. 십자가에서 인류의 죄를 짊어지신 예수님은 하나님의 진노를 감당하셨으며, 죄인들을 대신해 죽으셨다(벧전 2:24, 3:18, 사 53:10). 하나님은 예수님이 죽으신 지 사흘 후에 그분을 다시 살리셨다.

부활은 성부께서 성자의 죽음을 속죄의 희생으로 받아들이셨다는 것을 공표하는 사건이다. 예수님은 인간의 불순종에 대한 형벌을 감당하셨고, 의의 요구를 충족시키셨으며, 하나님의 진노를 가라앉히셨다(눅 24:6, 롬 1:4, 4:25). 부활하신 지 40일 후, 하나님의 아들은 하늘에 오르시어 성부의 오른편에 앉으셨고, 만물을 다스리는 권세와 영광과 존귀를 얻으셨다(히 1:3, 마 28:18, 단 7:13-14). 그분은 성부 앞에서 자기 백성을 위하여 간구하신다(눅 24:51, 빌 2:9-11, 히 1:3, 7:25).

하나님은 자신의 부패함과 무력함을 인정하고 그리스도를 의지하는 모든 사람을 온전히 용서하시고, 의롭게 여기시며, 그분과 화목하게 하신다(막 1:15, 롬 10:9, 빌 3:3). 이것이 하나님과 그분의 아들 예수 그리스도의 "복음"이다.

오늘날 그리스도인들이 저지르는 가장 큰 죄 가운데 하나는 복음을 소홀히 하는 것이다. 이렇게 복음을 소홀히 하는 데서 온갖 병폐가 비롯된다. 타락한 세상은 복음에 무관심하다기보다는 복음에 무지하다. 복음을 전하는 사람들이 그 근본 진리에 무지하기 때문이다. 복음의 핵심 주제는 하나님의 공의, 인간의 철저한 타락, 속죄의 피, 참된 회심의 본질, 구원 확신의 성경적 근거 등이다. 그러나 강단에서 이런 주제를 다루지 않는 설교자가 굉장히 많다. 교회는 복음을 몇 가지 신조로 축소하고, 회개를 인간의 결정이라고 가르친다. 그리고 "죄인의 기도"를 드리기만 하면 곧바로 구원받았다고 선언한다. 이런 식으로 복음을 축소하면서 많은 폐해가 발생했다.

첫째, 회개하지 않은 사람들의 마음이 더욱 강퍅해졌다. 오늘날 "회심자"들 가운데에는 교회와 지속적으로 관계를 맺는 사람이 거의 없다. 그들은 종종 다시 타락하거나 죄의 습관에 매여 속된 삶을 일삼는다. 예수 그리스도의 참된 복음으로 변화되지 못하고 예배당 자리만 채우다가 떠나는 사람이 헤아릴 수 없을 만큼 많다. 그런데도 그들은 일생에 단 한 번, 전도 집회에서 손을 들었다거나 기도를 따라했다는 이유로 자신의 구원을 확신한다. 이런 그릇된 확신은 그들이 참된 복음을 듣지 못하게 방해하는 걸림돌이 된다.

둘째, 축소된 복음은 입으로는 하나님을 안다고 말하지만 행위로는 부인하는 세속적인 사람들의 집합체로 교회를 전락시킨다(딛 1:16). 이런 교회는 거듭난 그리스도인들의 영적 공동체가 아니다. 참된 복음을 전한다면, 사람들은 기쁜 마음으로 교회에 나올 것이다. 복음이 주는 은혜 외에 다른 선물을 약속하거나 특별 행사를 계획하거나 재미있는 오락거리를 제공하지 않더라도 말이다. 참된 복음을 들은 자들은 그리스도를 진정으로 바라며 성경의 진리와 진정한 예배, 봉사할 기회를 갈망할 것이다. 그러나 교회가 전하는 복음이 온전하지 못하면, 예배당이 하나님의 일에 무관심한 속된 사람들로 가득 채워질 수밖에 없다(고전 2:14).

그런 사람들을 관리하는 것은 교회에 큰 짐이 된다. 그런 경우, 교회는 복음의 혁신적인 요구를 편리한 도덕주의로 대체하고, 그리스도를 향한 참된 헌신을 도외시한 채 성도의 필요 욕구를 충족시키는 활동에만 집착하는 잘못을 저지르기 쉽다. 다시 말해, 교회가 그리스도 중심이 아닌 활동 중심으로 변하고, 육에 속한 다수의 교인들을 즐겁게 하기 위해 진리를 가감하거나 왜곡하기에 이르는 것이다. 교회가 성경의 위대한 진리와 정통 기독교에서 벗어나면, 교회의 운영과 성장에 도움이 되는 것은 무엇이나 용납할 수 있다는 실용주의가 판을 칠 수밖에 없다.

셋째, 축소된 복음은 최근의 문화적 흐름을 주의 깊게 관찰한 결과를 바탕으로 기발한 마케팅 전략을 구축한다. 이것은 인간의 힘으로 복음전도와 선교의 사명을 감당하려는 태도를 부추긴다. 이러한 비성경적인 복음이 드러내는 무기력함을 지켜보면서 복음이 아무런 효력이 없다고 속단하는 그리스도인이 많은 듯하다. 그들은 인간이라는 존재가 매우 복잡하기 때문에 사람들의 반감을 부추기는 단순한 복음으로는 그들을 구원하거나 변화시킬 수 없다고 생각한다. 요즘에는 타락한 세상을 구원할 수 있는 유일한 복음의 메시지를 이해하고 전하는 것보다 세상 문화를 이해하는 것을 더 많이 강조하는 편이다. 그 결과 복음을 현대 문화에 적절하게 꿰어 맞추기 위해 끊임없이 왜곡하는 현상이 나타나고 있다. 참된 복음은 모든 문화에 항상 적절하다. 그 복음은 하나님이 만민에게 주신 영원한 말씀이기 때문이다. 그러나 오늘날 우리는 이 사실을 망각하고 있다.

넷째, 축소된 복음은 하나님의 이름을 욕되게 한다. 온전하지 못한 복음을 전하면, 회개하지 않은 속된 사람들이 교회 안에 들어오기 마련이다. 성경이 가르치는 교회의 권징을 소홀히 하는 탓에 그들은 어떠한 책망이나 훈육도 받지 못한 채 교회 안에 머문다. 그로 인해 교회는 순결함과 명예를 잃고, 하나님의 이름은 비그리스도인들 가운데서 모독을 받는다(롬 2:24). 결국 하나님의 영광은 가려지고, 교회는 굳건히 서지 못하게 된다. 또한 회개하지 않은 교인들은 구원받지 못하고, 비그리스도인들에게는 아무런 증거의 능력도 발휘하지 못하는 결과를 가져오게 된다.

목회자든 평신도든 "복되신 하나님의 영광의 복음"(딤전 1:11)이 온전하지 못한 복음으로 대체되는 것을 뻔히 지켜보면서도 두 손 놓고 있는 것은 결코 온당하지 못하다. 유일하고 참된 복음을 회복해 모든 사람에게 명확하고 담대하게 선포하는 것은 복음의 청지기인 우리의 의무다. 우리는 찰스 스펄전의 말에 귀를 기울여야 한다.

요즘에는 복음의 기본 진리를 다시 점검해야겠다는 생각이 든다. 평화로운 시기에는 마치 먼 곳까지 유람을 떠나듯 여러 가지 흥미로운 진리를 자유롭게 살펴볼 수 있는 여유가 있다. 그러나 지금은 집에 머문 채 믿음의 기본 원리들을 수호하여 마음을 굳게 지키고, 교회라는 가정을 보호해야 할 시기다. 오늘날 교회 안에 왜곡된 것을 말하는 사람이 많이 나타났다. 개인의 철학과 새로운 해석으로 우리를 혼란스럽게 하는 사람이 많다. 그들은 자신들이 가르치겠다고 다짐한 교리를 부인하며, 굳게 지키겠다고 서약한 믿음을 훼손한다. 따라서 우리가 믿는 것을 알고 있고 무엇이든 숨김없이 솔직하게 말하는 사람들이 우리 가운데서 분연히 일어나야 한다. 그리하여 우리의 견해를 굳게 고수하며 생명의 말씀을 전하고, 예수 그리스도의 복음의 근본 진리를 명확하게 선포해야 한다.[1]

이 책과 이후에 출간될 책들이 복음의 진리를 온전히 체계적으로 제시하는 것은 아니다. 그러나 이 책들은 근본 진리의 대부분, 특히 이 시대 기독교가 가장 소홀히 취급하는 진리를 다루고 있다. 아무쪼록 이 책을 통해 복음의 아름다움과 지혜, 구원하는 능력을 발견할 수 있기를 바란다. 또한 복음을 회복하여 모두의 삶이 변화되고 말씀이 능력 있게 선포되어 하나님이 큰 영광을 거두시기를 간절히 기도한다.

믿는 자들의 형제 폴 데이비드 워셔

---

1) Charles H, Spurgeon, *The Metropolitan Tabernacle Pulpit* (repr., Pasadena, Tex.: Pilgrim Publications), 32: 385.

형제들아 내가 너희에게 전한 복음을 너희에게 알게 하노니 이는 너희가 받은 것이요 또 그 가운데 선 것이라 너희가 만일 내가 전한 그 말을 굳게 지키고 헛되이 믿지 아니하였으면 그로 말미암아 구원을 받으리라 내가 받은 것을 먼저 너희에게 전하였노니 이는 성경대로 그리스도께서 우리 죄를 위하여 죽으시고 장사 지낸 바 되셨다가 성경대로 사흘 만에 다시 살아나사 **고전 15:1-4**

1부
이 시대가 잃어버린 복음

1장
복음에 대한 열정을 잃어버리다

형제들아 내가 너희에게 전한 복음을 너희에게 알게 하노니(고전 15:1).

바울은 고린도 교회에 예수 그리스도의 복음을 간단히 소개했다(고전 15:1-4). 저술가든 설교자든 복음을 이보다 더 쉽게 소개하기는 어려울 것이다. 바울은 우리가 평생 의지하며 살기에 충분할 뿐 아니라, 우리를 영광으로 인도해 줄 진리를 단 몇 마디로 제시했다. 그렇게 적은 말로, 그렇게 명확하게 복음을 소개하는 것은 오직 성령의 영감을 받은 사람만이 할 수 있는 일이다.

복음을 알라

이 몇 마디 말씀 안에 우리 모두가 재발견해야 할 진리가 담겨 있다. 복음은 단지 기독교를 소개하는 내용이 아니라, 기독교의 진리 자체다. 그리스도인은 복음의 영광을 알고 전하는 일에 일생을 바쳐야 한다. 세상에는 알아야 할 것이 많다. 기독교만 해도 알아야 할 진리가 셀 수 없을 만큼 많다. 복되신 하나님과 그분의 아들 예수 그리스도의 영광스러운 복음은 그중에서도 가장 중요한 위치를 차지한다(딤전 1:11). 복음은 구원의 메시지이자 우리의 성화를 이루는 수단이요, 신앙생활에 바르고 순수한 동기를 부여하는 원천이다. 복음의 내용과 특성을 조금이라도 이해한다면, 열정을 느끼지 못하거나 인간의 손으로 만든 물 없는 터진 웅덩이에서 능력을 구하는 곤궁한 지경에 처하는 일은 결코 없을 것이다(렘 2:13, 14:3).

고린도전서 15장 1절에 따르면, 바울 사도는 이미 고린도 교회에 복음을 전했다. 사실 그는 믿음으로 그들을 낳은 영적 아버지였다(고전 4:15). 그러나 그는 그들에게 복음을 계속 가르쳐야 할 필요성을 절감했다. 그들에게 복음의 근본 진리를 상기시켜주고, 복음에 대한 그들의 지식을 넓혀주고 싶었다. 그들의 회심은 세상에 사는 동안은 물론이고 영원히 지속될 신앙 여정, 곧 예수 그리스도의 복음 안에 계시된 하나님의 영광을 발견해 가는 긴 과정의 첫 단계였을 뿐이다.

설교자든 평신도든, 모든 그리스도인은 사도의 눈으로 복음을 새롭게 바라봐야 한다. 우리는 복음을 존귀하게 여겨 평생 신중히 탐구해야 한다. 오랫동안 신앙생활을 해왔고, 에드워즈의 신학 사상과 스펄전의 가르침에 정통하며, 복음에 관한 성경 구절을 모조리 외우고, 초기 교부들과 종교개혁자들, 청교도, 거기에 요즘 학자들이 펴낸 저서를 두루 섭렵한다 하더라도 우리가 복음으로 일컫는 "에베레스트 산"에는 그 기슭에도 이르지 못할 것이 분명하다. 영원한 세월이 수없이 거듭된다 해도 결과는 마찬가지일 것이다.

우리가 사는 세상은 무한한 가능성을 제공한다. 그뿐 아니라 수많은 선택의 길이 서로 앞다투어 우리의 관심을 끌려고 애쓰고 있다. 기독교도 예외가 아니다. 우리가 연구해야 할 신학의 주제는 그야말로 무궁무진하다. 평생 동안 살펴봐야 할 성경의 진리는 이루 다 헤아리기 어렵다. 그러나 그 모든 주제를 압도하는 한 가지 주제가 있다. 그 주제는 성경의 다른 모든 진리를 이해하는 데 필요한 토대를 제공한다. 그것은 바로 "예수 그리스도의 복음"이다. 이 탁월한 복음을 통해 교회와 그리스도인의 삶에서 하나님의 능력이 가장 확실하게 드러난다.

기독교 역사를 살펴보면, 하나님과 그분의 나라를 추구하는 열정이 남달랐던 사람들을 발견할 수 있다. 우리는 그들처럼 되길 바라면서 그들이 그런 열정을 끝까지 지속할 수 있던 이유를 궁금해한다. 그들의 삶과 교리, 사역을 주의 깊게 살펴보면, 많은 차이 가운데서 한 가지 공통점을 찾을 수 있다. 그들이 열정을 불태우며 의욕적으로 살아간 이유는 복음의 영광과 그 아름다움을 깨달았기 때문이다. 그들의 삶과 유산을 살펴보면, 그들이 다함이 없는 참된 열정을 불태울 수 있었던 이유를 알 수 있다. 바로 예수 그리스도의 인격과 사역을 통해 하나님이 그분의 백성을 위해 행하신 일을 끊임없이 배우고 깊이 이해했기 때문이다. 그 어떤 지식도 그런 깨달음을 대체할 수는 없다.

과거에는 기독교의 복음을 종종 "에반젤"(*evangel*)이라고 일컬었다. 이 말은 "복음" 또는 "좋은 소식"을 뜻하는 라틴어 "에반겔리움"(*evangelium*)에서 유래했다. 이것이 그리스도인들이 종종 "복음주의자"(*evangelical*)라고 불리는 이유다. 우리가 그리스도인으로 불리는 이유는 그리스도 안에서 우리의 정체성과 삶과 목적을 발견하기 때문이다. 또한 우리가 복음주의자로 불리는 이유는 복음을 믿으며, 그것을 하나님이 인간에게 계시하신 진리의 핵심이라고 확신하기 때문이다.

복음은 머리말이나 전형적인 대명사, 뒤늦게 생각해낸 깨달음이 아니다. 복음은 기독교를 소개하는 내용의 첫머리가 아니다. 복음은 기독교의 정수다. 우리 삶의 전부이고, 우리가 탐구해야 할 무한한 보고(寶庫)이며, 우리가 선포해야 할 메시지다. 예수 그리스도의 복음은 우리의 유일한 소망이자 자랑이요, 위대한 이상이다.

오늘날 복음주의자들은 특히 젊은이들을 대상으로 많은 집회를 열고, 교제나 음악, 언변이 뛰어난 강사나 감정을 자극하는 일화, 간절한 호소와 같은 방법으로 사람들의 열정을 부추기려고 노력한다. 그러나 그들이 공들여 부추긴 감정적 흥분은 종종 쉽게 사라져버리고 만다. 그런 노력은 몇몇 사람의 마음에 며칠이면 다 타서 없어져버릴 작은 불길을 지피는 데 그칠 뿐이다.

다함이 없는 참된 열정은 진리, 특히 복음의 진리를 아는 지식에서 비롯한다. 복음의 아름다움을 더 많이 알고 이해할수록 그 능력에 더 깊이 사로잡힐 수밖에 없다. 진정으로 거듭난 사람은 복음을 조금만 의식해도 금방 열정을 느낀다. 복음을 깊이 깨달을수록 발걸음도 더욱 빨라져 오로지 "부름의 상"만 바라보며 힘껏 달려간다(빌 3:13-14). 참된 그리스도인의 마음은 복음의 아름다움을 거부할 수 없다.

오늘날에는 이런 마음이 절실히 필요하다. 우리가 잃어버린 것은 복음을 알고, 복음을 전하고픈 열정이다. 우리는 이 열정을 다시 회복해야 한다.

복음을 전하라

인류의 역사와 구원사 속에서 바울 사도는 하나님 나라를 세우는 데 쓰인 가장 위대한 도구였다. 그는 유례없는 박해가 이루어지던 시기에 로마 제국 전역에 복음을 전했으며, 기독교 사역자가 된다는 것이 무슨 의미인지 확실하게 본을 보여주었다. 바울 사도는 인간에게 전달된 메시지 가운데 가장 믿기 어려운 메시지를 전함으로써 그 모든 역사를 이루어냈다. 바울은 지성과 열정의 측면에서 매우 탁월한 재능을 지닌 사람이었다. 그러나 그는 그의 사역이 능력을 발휘한 이유는 그러한 재능 때문이 아니라고 말했다. 그 능력이 발휘된 것은 복음을 충실하게 선포했기 때문이었다.

그리스도께서 나를 보내심은 세례를 베풀게 하려 하심이 아니요 오직 복음을 전하게 하려 하심이로되 말의 지혜로 하지 아니함은 그리스도의 십자가가 헛되지 않게 하려 함이라……유대인은 표적을 구하고 헬라인은 지혜를 찾으나 우리는 십자가에 못 박힌 그리스도를 전하니 유대인에게는 거리끼는 것이요 이방인에게는 미련한 것이로되 오직 부르심을 받은 자들에게는 유대인이나 헬라인이나 그리스도는 하나님의 능력이요 하나님의 지혜니라(고전 1:17, 22-24).

바울 사도는 다른 무엇보다 설교자였다. 그보다 앞서 활동한 예레미야처럼(렘 20:9) 그도 복음을 전하려는 강한 열정을 느꼈다. 복음은 그의 내면에 결코 가두어놓을 수 없는 거센 불길과도 같았다. 그는 고린도 신자들에게 "우리도 믿었으므로 또한 말하노라"(고후 4:13), "만일 복음을 전하지 아니하면 내게 화가 있을 것이로다"(고전 9:16)라고 말했다. 가슴속에 복음과 복음 전파를 이토록 중요하게 생각하는 마음이 없는 설교자는 그런 마음이 있는 것처럼 위장할 수 없다. 반대로 그런 마음을 간직하고 있다면 그것을 결코 숨길 수 없다.

하나님은 온갖 부류의 사람들을 부르시어 복음전도의 책임을 감당하게 하신다. 성격이 진지하고 엄숙한 사람도 있고, 낙천적이고 명랑한 사람도 있다. 그러나 복음이 대화 주제로 떠오르면, 설교자의 안색이 달라지고 전혀 딴 사람이 된 듯한 착각을 불러일으킨다. 그의 얼굴에서 영원의 빛이 떠오른다. 얼굴을 가리고 있던 수건이 걷히고 순수한 열정과 함께 복음의 영광이 환하게 드러난다. 그런 사람은 귀를 솔깃하게 하는 이야기나 교훈적인 일화, 자신의 마음에서 나오는 생각을 전할 시간이 없다. 그는 마땅히 전해야 할 말씀만 전한다. 사람들이 하나님의 말씀을 듣기 전까지 잠시도 쉴 수 없다. 아브라함의 종이 주인의 메시지를 전할 때까지 아무것도 먹지 않았다면(창 24:33), 복음 설교자가 자기에게 위탁된 보배로운 복음을 전하기까지 잠시도 편히 있지 못하는 것이 당연하지 않겠는가?(갈 2:7, 살전 2:4, 딤전 1:11, 6:20, 딤후 1:14, 딛 1:3)

대부분 지금까지 한 말에 동의할 것이다. 그런데도 요즘에는 그런 열정적인 설교가 유행이 지난 설교로 취급받을 때가 매우 많다. 열정적인 설교는 현대 사회가 원하는 섬세함과 정교함이 결여되어 있다고 생각하는 사람이 많은 것이다. 다양한 의견을 겸손하고 개방적인 태도로 대해야 한다고 생각하는 포스트모던 시대는 열정을 다해 진리를 외치는 설교자를 걸림돌로 여기는 경향이 있다. 요즘 사람들은 말씀을 전하는 방식을 달리해야 한다고 생각한다. 복음이 세상 사람들에게 어리석어 보이기 때문이다.

설교를 그런 식으로 생각하는 것은 복음주의 공동체가 방향을 잃었다는 증거다. 복음을 세상에 전하는 수단으로 "전도의 미련한 것"을 택하신 분은 바로 하나님이다(고전 1:21). 물론 설교가 어리석고, 비논리적이며, 기이한 인상을 풍겨야 하는 것은 아니다. 그러나 모든 설교가 기준으로 삼아야 할 것은 타락하고 부패한 이 시대의 문화적 관점이 아니다. 바로 "성경"이다. 부패한 이 시대의 문화는 자신이 보기에 지혜롭고, 귀와 마음을 즐겁게 하는 말을 주님의 말씀보다 더 좋아한다(롬 1:22, 딤후 4:3).

바울 사도는 어느 곳을 가든지 복음을 전했다. 우리도 그를 본받아야 한다. 우리는 다양한 방법을 통해 복음을 전할 수 있다. 그러나 하나님이 특별히 정해 주신 방법은 설교다. 따라서 새로운 세대의 구도자들에게 복음을 전하기 위해 늘 새로운 방법을 찾으려는 사람들은 무엇보다 성경에 관심을 기울여야 마땅하다. 수많은 설문조사를 통해 비그리스도인들에게 예배에서 가장 원하는 것이 무엇이냐고 물어봤자 아무 소용이 없다. 육에 속한 수만 명이 똑같은 대답을 제시하더라도 성경의 "일점 일획"(마 5:18)이 지닌 권위는 감당하지 못한다. 하나님이 성경을 통해 정해 주신 것과 오늘날의 속된 문화가 바라는 것 사이에는 넘나들 수 없는 괴리가 존재한다.

육에 속한 사람들은 교회 안에서든 밖에서든 복음 설교와 성경 강해를 드라마와 음악, 미디어로 대체하려고 애쓴다. 하나님이 마음을 거듭나게 하지 않으시면, 사람들은 가다라 지방의 귀신들린 자들이 예수님을 향해 "우리가 당신과 무슨 상관이 있나이까"(마 8:29)라고 말한 것처럼 복음에 대해 똑같은 태도를 취할 수밖에 없다. 성령이 거듭나게 하시지 않는 한, 육에 속한 사람은 복음에 진정한 관심을 기울일 수도, 복음을 올바로 이해할 수도 없다. 거듭남의 기적은 육에 속한 사람이 싫어하는

1장 복음에 대한 열정을 잃어버리다

"복음 전파"를 통해 그의 마음속에서 일어난다. 따라서 우리는 육에 속한 사람들에게 그들이 듣기 싫어하는 복음의 메시지를 전해야 한다. 그러면 성령께서 틀림없이 역사하실 것이다. 돼지가 진주를 알아보지 못하고, 개가 고기 상태를 구별하지 못하며, 소경이 렘브란트의 그림을 알아보지 못하듯 육에 속한 사람은 성령의 역사가 없으면 복음의 아름다움을 결코 이해할 수 없다(마 7:6). 설교자는 육에 속한 사람들의 부패한 마음이 원하는 것을 공급하기 위해 존재하는 것이 아니다. 설교자의 역할은 그들이 성령의 기적적인 역사로 복음의 참맛을 느끼고 하나님의 선하심을 깨닫기까지 그들에게 참된 양식을 제공하는 것이다(사 55:1-2, 시 34:8).

지금까지 복음 설교를 간단히 살펴보았다. 이번 장의 논의를 마치기 전에 마지막으로 생각해야 할 문제가 하나 더 있다. 과거에 대각성운동이나 영적 부흥이 일어났을 때는 설교가 큰 효력을 발휘했지만, 오늘날의 문화는 그런 복음 설교를 원하지 않는다고 주장하는 사람들이 있다. 그들은 현대인들이 조나단 에드워즈, 조지 휘트필드, 찰스 스펄전과 같은 설교자들을 조롱하고, 비웃고, 멸시할 것이라고 생각한다. 그러나 그 설교자들은 그 당시에도 조롱과 비웃음을 당했다. 참복음을 전하는 설교는 세상 사람들 눈에 늘 어리석어 보인다. 설교를 "적절하게" 만들어 그런 반감을 제거하려고 노력한다면, 복음의 능력은 현저히 줄어들고 말 것이다. 더욱이 그런 시도는 하나님이 인간을 구원하기 위한 수단으로 설교를 선택하신 목적에 위배

된다. 인간의 희망은 정교한 논리, 탁월한 언변, 속된 지혜가 아닌 하나님의 능력에 있다(고전 1:27-30).

우리는 마치 철근으로 동여맨 듯 죄에 단단히 속박된 문화에 살고 있다. 강단에서 말씀을 전하는 설교자나 영적인 삶을 지도하는 사람들이 교훈적인 이야기나 멋스러운 금언, 삶의 지침을 전하는 데서 그친다면, 어둠의 권세를 향해 아무런 능력도 발휘할 수 없다. 오늘날에는 예수 그리스도의 복음을 전하는 설교자, 곧 성경에 정통할 뿐 아니라 하나님의 은혜로 어떤 문화를 향해서든 "하나님이 이같이 말씀하신다"라고 외칠 수 있는 설교자가 필요하다.

2장
복음과 세상은 양립할 수 없다

이는 너희가 받은 것이요 또 그 가운데 선 것이라(고전 15:1).

복음은 하나님이 인간에게 전하시는 메시지이기 때문에 당연히 반응을 요구하고, 또 반응을 불러일으키기 마련이다. 본문은 복음을 전해들은 고린도 교회가 그 위대한 가치에 적합한 태도로 복음을 받아들였고, 그것을 발판으로 하나님 앞에 섰다고 말한다. 하나님과 올바른 관계를 맺으려면 우리도 그래야 한다.

복음을 받아들이라

구원받으려면 하나님의 은혜로 복음을 "받아들여야" 한다. 이 말이 과연 무슨 뜻일까? 영어든 성경을 기록한 헬라어든 "받다"(received)라는 말 자체는 특별한 의미가 없지만, 복음과 관련지어 생각하면 그 의미가 매우 특별해진다. 이 말은 매우 놀랍고 혁신적인 성경 용어다.

첫째, 서로 모순되거나 반대되는 것이 둘 있다면 그중 하나를 받아들이는 것은 곧 다른 하나를 거부하는 것이 된다. 복음과 세상은 서로 유사점도 없고, 친밀하지도 않다. 따라서 복음을 받아들이는 것은 곧 세상을 거부하는 것을 뜻한다. 이것은 복음을 받아들이는 것이 얼마나 큰 혁신인지를 잘 보여준다. 복음을 받고 그 요구에 따르는 것은 눈으로 보고 손으로 붙잡고 있는 것을 모두 버리고, 보이지 않는 것을 선택하는 것을 뜻한다(히 11:1, 7, 27, 벧전 1:8). 2,000년 전, 반란죄와 신성모독죄로 처형된 메시아를 섬기기 위해 개인의 자율성과 자치권을 포기한다는 것이다. 또한 이것은 다수와 다수의 견해를 거부하고 "교회"라는 핍박받는 소수 대열에 합류하는 것을 뜻하며, 십자가에 매달린 선지자가 하나님의 아들이요 세상의 구원자이시라는 믿음을 위해 온갖 희생과 위험을 무릅쓰는 것을 의미한다. 복음을 받아들이는 것은 단순히 예수님을 마음에 영접하는 기도를 드리는 데 그치지 않는다. 세상을 버리고 그리스도의 온전한 진리를 전폭적으로 수용하는 것이다.

둘째, 복음을 받아들인 사람은 예수 그리스도의 인격과 사역만이 하나님과 올바른 관계를 맺을 수 있는 유일한 길이라고 여기고 그분을 온전히 신뢰한다. 그러나 세상은 어떤 것 하나만을 온전히 신뢰하는 것은 지혜롭지 못한 처사라고 가르친다. 우리가 사는 사회는 비상 대책이나 대안을 세우지 않거나, 투

자를 분산시키지 않거나, 계란을 모두 한 바구니에 담거나, 등 뒤에 있는 다리를 불태우는 것과 같은 행동을 경솔하다고 생각한다. 그러나 바로 이것이 예수 그리스도를 영접한 사람이 해야 할 일이다. 기독교 신앙은 배타적이다. 그리스도를 진정으로 영접했다면, 그리스도 외에는 그 어떤 것에도 희망을 두어서는 안 된다. 그래서 바울 사도는 그리스도께서 거짓이라면, 그리스도인이 세상에서 가장 불쌍한 사람이라고 말한 것이다 (고전 15:19). 그리스도께서 구세주가 아니시라면, 그리스도인은 다른 대안이나 의지할 것이 없기 때문에 그대로 멸망할 수밖에 없다. 그리스도인은 믿음으로 "나의 주님, 주님을 믿습니다. 주님께 저를 구원하실 뜻이나 능력이 없으시다면, 저는 지옥에 갈 수밖에 없습니다. 제가 스스로 세운 대안은 없습니다"라고 고백한다.

진정으로 복음을 받아들이면 죄를 증오해 멀리할 뿐 아니라, 그리스도 외에 다른 모든 것(특히 자아)을 포기한다. 그렇기 때문에 진정으로 회개한 사람은 그의 공로나 선행으로 하나님과 올바른 관계를 맺을 수 있다는 생각을 한순간도 용납하지 못한다. 그리스도 안에서 새로운 삶을 얻은 덕분에 선을 행할 수 있는 능력을 갖추었다고 해도, 그는 선행을 구원의 수단으로 여기지 않는다. 오로지 그리스도의 인격과 온전하신 사역만 전적으로 의지한다.

셋째, 복음을 받아들이는 것은 예수 그리스도의 주권에 삶을 복종시키는 것이다. 오늘날의 복음주의는 종종 사람들에게 예수님을 삶의 주인으로 삼아야 한다고 가르친다. 그들이 지금 사랑으로 그리스도께 머리를 숙이고 있든, 증오심으로 그분을 향해 주먹을 휘두르고 있든, 그보다 더 정확한 가르침은 그들의 삶을 지배하는 주인은 오직 예수님뿐이라는 사실이다. 성경은 하나님이 십자가에 못 박히신 예수님을 "주와 그리스도"로 삼으셨다고 말한다(행 2:36). 하나님은 그분의 왕을 거룩한 산에 세우시고, 그분에게 반역하는 이들을 비웃으신다(시 2:4-6). 하나님은 사람들에게 마치 그런 힘이 있기라도 한 것처럼 예수님을 주님으로 세우라고 하지 않으신다. 하나님은 그분이 세우신 주님께 철저히 복종하며 살라고 명하실 뿐이다. 따라서 복음의 은혜를 받아들이기 원하는 사람은 모든 자율성과 자치권을 복음의 주님께 기꺼이 넘길 것인지를 먼저 결정해야 한다.

복음 설교자는 이런 말의 뉘앙스를 명확하게 설명해야 한다. 말의 의미를 축소하거나 애매하게 만들어 무슨 뜻인지 분별할 수 없게 하는 일이 없도록 주의해야 한다. 그리스도를 영접하는 것은 그들이 할 수 있는 일 가운데 가장 현명하면서도 가장 위험한 일이라는 사실을 구도자들에게 분명하게 설명해야만 정직한 설교자가 될 수 있다. C. S. 루이스의 『사자와 마녀와 옷장』에 등장하는 아슬란처럼 주님은 길들여진 사자가 아니시다. 그분은 결코 안전하지 않다. 그분은 그분을 주님으로 고백하는 자들에게 무엇이든 요구하실 권리가 있다. 수고하고 무거운 짐 진 자들을 부르시는 예수님은 또한 모든 것, 심지어 목숨까지도 내놓고 이 어둡고 타락한 세상에서 그분을 위해 일하라고 명령하신다(마 10:16, 11:28, 39).

복음의 위험성을 이해하지 못하는 사람은 복음을 옳게 이해했다고 할 수 없다. 그러나 복음을 듣고 그 위험성을 이해했는데도 그것을 받아들이는 사람은 참으로 지혜로운 결정을 내린 자다. 전능하신 창조주요 우주를 붙드시는 분인 주님, 곧 자기 백성을 영원한 사랑으로 사랑하시고, 자신의 피로 그들을 구원하시며, 그들에게 허락하신 모든 약속을 철저히 지켜 오신 주님을 따르는 것보다 더 현명한 일이 있겠는가?(골 1:15-17, 히 1:3, 렘 31:3, 계 5:9, 히 13:5, 딤후 2:13, 고후 1:20, 마 28:20) 설혹 주님이 그러지 않으시고 그분 안에 그런 모든 선함이 존재하지 않더라도, 그분을 따르는 것은 여전히 가장 현명한 일이다. 그분의 뜻을 거역할 자는 아무도 없기 때문이다(롬 9:19, 대하 20:6, 욥 9:12, 단 4:35). 바울 사도는 이런 이유를 비롯해 다른 많은 이유를 알고 있었기에 "너희 몸을 하나님이 기뻐하시는 거룩한 산 제물로 드리라"(롬 12:1)고 권유하고, 그것을 우리의 영적 예배, 즉 "합당한 예배"라고 일컬었다.

넷째, 복음을 받아들이는 것은 전혀 새로운 현실을 인식하는 것이다. 즉, 그리스도께서 모든 것의 근원이 되신다는 사실을 받아들이는 것을 의미한다. 이런 이유에서 신학자들은 구원과 신앙생활의 중심이 그리스도가 되어야 한다고 말하는 것이다. 그리스도께서는 우리와 우리가 행하는 모든 것의 궁극적인 동기이자 목적이요, 원천이시다. 그분은 우주의 중심이시다. 복음을 받아들일 때, 우리 삶 전체가 완전히 달라진다. 다시 말해, 우리 삶이 그리스도 중심으로 바뀐다. 처음 회심했을 때 겉으로 드러난 극적인 현상은 없을지라도 그 효력은 점차 엄청난 파장을 일으킨다. 호수 중앙에 던진 작은 돌멩이처럼 복음의 파장은 그리스도인의 삶 가장 바깥쪽까지 구석구석 퍼진다. 참된 회심자는 복음을 이전 삶에 추가되는 부가물로 생각하지 않는다. 그는 복음으로 옛 삶을 대체한다. 복음을 받아들이는 순간 옛 삶은 버려진다. 이것이 예수님의 가르침이다.

> 누구든지 제 목숨을 구원하고자 하면 잃을 것이요 누구든지 나를 위하여 제 목숨을 잃으면 찾으리라(마 16:25).

마지막으로, 복음을 받아들이는 것은 그리스도를 삶(생명)의 원천이요 유지자로 인정하는 것이다. 그리스도를 삶의 일부로 여기거나 이미 소유하고 있는 다른 좋은 것들에 하나를 더 보태는 식으로 받아들이는 것은 불가능하다. 예수님은 우리 삶을 좀 더 아름다워 보이게 만드는 장신구가 아니시다. 복음을 받아들이는 순간, 그분 자신이 곧 우리 생명이 된다(골 3:4).

비그리스도인이 스스로 일구어낸 삶을 칭찬하고, 그가 세운 업적을 높이 치켜세우면서 이제 거기에 한 가지 부족한 것을 더하라고(즉, 예수님만 믿으면 완벽해질 것이라고) 권하는 설교보다 더 신성을 모독하는 것은 없다. 바울 사도는 그렇게 하지 않았다. 그는 과거에 아무리 훌륭하던 것도 그리스도와 비교하면 배설물에 지나지 않는다고 말했다(빌 3:7-8). 비그리스도인에게 이미 멋진 삶을 살고 있으니 예수님만 믿으면 금상첨화일 것이라고 말해서는 안 된다. 비그리스도인은 자신에게 생명이 없다는 사실을 깨달아야 한다. 그리스도를 믿기 전에 이룬 개인의 업적은 한갓 헛된 허영심을 보여주는 증거물, 곧 눈 깜짝할 새에 무너질 모래성일 뿐이라는 사실을 깨달아야 한다.

예수님은 "내가 진실로 진실로 너희에게 이르노니 인자의 살을 먹지 아니하고 인자의 피를 마시지 아니하면 너희 속에 생명이 없느니라"(요 6:53)고 가르치셨다. 이 "어려운 말씀"(요 6:60 참조)은 그리스도께서 단지 삶의 양념이나 보완물이 아니라, 생명의 유지자이시라고 증언한다.

그리스도인에게 예수님은 하늘에서 내리는 만나요, 사막에서 생수를 내는 바위시며, 생명과 열매 맺을 능력을 공급하는 포도나무시다(요 6:31-35, 41, 47-51, 고전 10:4, 요 15:5-6). 그리스도를 진정으로 영접한 자는 양식이 아닌 것과 배부르게 하지 못할 것을 위해 살지 않고, 하늘에서 내리는 만나, 곧 먹고 죽지 않게 하는 양식을 위해 살아간다(사 55:2, 요 6:50).

설교자는 죄를 뉘우치는 것으로 그치지 말고 복음을 받아들이라고 외쳐야 한다. 설교자는 만족을 주지 못하는 이 시대의 양식을 버리라고 외쳐야 할 뿐 아니라, 사람들을 참된 양식이 쌓여 있는 곳간으로 인도해야 한다. 다윗처럼 "너희는 여호와의 선하심을 맛보아 알지어다"(시 34:8)라고 권고해야 한다. 그리스도의 구원을 계속해서 경험하고, 그분 안에서 만족을 찾으며, 그분과 한시도 떨어질 수 없다는 마음이 있어야만 비로소 그분의 구원을 진정으로 맛본 것이라고 가르쳐야 한다.

복음 안에 서라

고린도전서 15장 1절은 복음을 받아들여야 하고, 그 안에 서야 한다고 가르친다. 바울은 "이는 너희가 받은 것이요 또 그 가운데 선 것이라"고 말했다. 이 간단한 말은 서로 연관된 독특한 두 가지 진리를 전달한다. 첫째 진리는 그리스도인이 복음을 통해 하나님과 맺은 관계를 가리키고, 둘째 진리는 복음에 관한 그리스도인의 확신(또는 결심)을 가리킨다. 이 두 진리는 그리스도인의 삶에 폭넓게 영향을 끼친다. 첫째 진리는 그리스도인의 믿음을 지탱해 주는 든든한 토대다. 그리스도인은 그리스도와 복음 안에서 하나님 앞에 설 수 있다. 둘째 진리는 그리스도인의 삶을 형성하는 강력한 원동력이 된다. 그리스도인은 복음 위에 굳게 서서 움직이지 않는다.

그리스도인이 복음 안에서, 즉 그리스도 안에서 하나님과 올바른 관계를 맺는다는 것은 기독교의 근본 진리다.

> 여호와의 산에 오를 자가 누구며 그의 거룩한 곳에 설 자가 누구인가 곧 손이 깨끗하며 마음이 청결하며 뜻을 허탄한 데에 두지 아니하며 거짓 맹세하지 아니하는 자로다(시 24:3-4).

다윗은 인간이 겪을 수 있는 가장 큰 딜레마에 부딪쳤다. 인격적이고 도덕적인 하나님의 존재를 조금이라도 의식하는 사람은 누구나 다윗의 질문에 두려워 떨 것이다. 백치거나 양심이 마비된 사람이 아니라면, 세상의 재판관이신 하나님 앞에 설 자격이 없다는 것을 겸허히 인정할 수밖에 없기 때문이다(시 14:1, 53:1). 성경은 인간의 내면에서 발견되는 것은 만물보다 거짓되고 심히 부패한 마음뿐이라고 가르친다(렘 17:9). 인간의 생각을 살펴보더라도 지극히 사악한 생각뿐이다(렘 4:14). 말에는 속임과 저주와 악독이 가득하다(롬 3:13-14). 손을 보면 악행을 수없이 저지른 흔적뿐이다. 인간은 절박한 심정으로 의로운 행위를 통해 자신의 수치를 가리려고 애쓰지만, 그마저도 한갓 나병환자의 더러운 옷과 같을 뿐이다(사 64:6). 잿물로 씻고 많은 비누를 사용해도 죄악의 흔적은 여전히 남는다(렘 2:22). 어느 곳을 돌아보아도 저주와 정죄뿐, 어디에도 희망은 없다.

끝내 모든 것을 체념한 채 완전히 무기력한 상태에서야 비로소 죄인은 성령의 조명과 거듭남의 역사를 통해 그리스도를 바라보고 그분 안에서 희망을 발견한다. 그는 자기 의를 버리고, 그리스도를 믿는 믿음을 통해 오직 은혜로 의롭다 하심을 받는다(엡 2:8-9). 그 순간부터 그는 그리스도인의 두 가지 표징을 드러낸다. 바로 예수님을 자랑하고, 육신을 신뢰하지 않는 것이다(빌 3:3). 그는 하나님을 믿고 그 믿음으로 의롭다 하심을 받은 성도의 대열에 합류한다(창 15:6, 갈 3:6). 그리스도를 온전히 신뢰하며, 스스로 살아가도록 내버려질 때 당하게 될 일이 두려워 어떻게든 그분을 놓치지 않으려고 힘껏 붙잡는다. 그는 그리스도의 인격과 공로 덕분에 주님의 성산에 올라 그 거룩한 처소에 설 수 있다고 확신한다. 옛 찬송가 작시자의 글을 풀어 말하면 이렇다.

> 그의 소망은 오직 예수의 보혈과 의에 있다.
> 그는 가장 달콤한 것도 신뢰하지 않고,
> 오직 예수님의 이름만 의지한다.
> 그는 굳건한 반석이신 그리스도 위에 서 있다.
> 다른 모든 토대는 가라앉는 모래와 같다.
> 다른 모든 토대는 가라앉는 모래와 같다.[2]

기독교 신앙은 오직 그리스도를 통해서만 하나님과 올바른 관계를 맺을 수 있다고 약속한다. 이것이 사실일진대, 우리는 단호한 마음으로 복음을 단단히 붙잡고 그 위에 굳게 서야 한다. "서다"(stand)라는 말이 헬라어 "히스테미"(histemi)에서 유래했다는 것을 알면 도움이 될 것이다. 이 단어는 흔히 서 있는 자세를 가리킬 때 사용된다. 그러나 신약 성경에서는 "확신", "결의", "단호함", "견실함", "흔들리지 않음", "변하지 않음"의 의미로 사용되었다. 바울은 영적 싸움을 언급하면서 이 용어를 세 번이나 사용해 그리스도인들에게 "마귀의 간계를 대적하라"고 권고했다(엡 6:11, 13-14). 관련 동사 역시 그리스도인이 주

---

2) 에드워드 모트의 "이 몸의 소망 무언가"를 개작했다.

2장 복음과 세상은 양립할 수 없다

님 안에서, 믿음 안에서, 그리고 하나님의 은혜와 사도적 전통 안에서 "굳게 서야 한다"는 의미를 전한다.[3]

그리스도인은 무엇보다 복음 안에 굳게 서서 조금도 물러나서는 안 된다. 이 토대가 제거되면 건물 전체가 와르르 무너진다. 이것이 바로 바울 사도가 갈라디아 교회를 강한 어조로 책망한 이유다.

> 그리스도의 은혜로 너희를 부르신 이를 이같이 속히 떠나 다른 복음을 따르는 것을 내가 이상하게 여기노라 다른 복음은 없나니 다만 어떤 사람들이 너희를 교란하여 그리스도의 복음을 변하게 하려 함이라 그러나 우리나 혹은 하늘로부터 온 천사라도 우리가 너희에게 전한 복음 외에 다른 복음을 전하면 저주를 받을지어다 우리가 전에 말하였거니와 내가 지금 다시 말하노니 만일 누구든지 너희가 받은 것 외에 다른 복음을 전하면 저주를 받을지어다(갈 1:6-9).

성경의 말씀과 교리는 모두 중요하다. 그러나 어떤 교리는 다른 교리보다 더 중요하다. 우리의 영원한 구원은 교회론이나 종말론이 아니라, 전적으로 복음에 달려 있다.[4] 신중하고 성숙

---

[3] 여기서 관련 동사는 "스테코"(*steko*)를 가리킨다. 이 동사는 "히스테미"의 현재 완료형인 "에스테카"(*esteka*)에서 유래했다. 빌 4:1, 살전 3:8, 고전 16:13, 벧전 5:12, 살후 2:15.
[4] "교회론"은 교회에 관한 연구를, "종말론"은 말세에 관한 연구를 가리킨다.

한 그리스도인도 세상에서 나그네로 살아가는 동안 사소한 신앙 문제에 관해서는 의견이나 생각이 바뀔 수 있다. 그러나 복음의 핵심 원리는 어떤 상황에서도 변경되거나 철회되지 않는다(골 1:22-23). 남녀노소를 막론하고 복음을 진정으로 받아들인 사람은 복음 위에 굳게 선다. 그는 복음을 굳게 지켜 진정으로 받아들였다는 사실을 입증해 보인다.

우리는 예수 그리스도의 복음을 적대시하며 경멸하는 문화에서 살고 있다. 더욱이 이 세상은 악한 마귀의 권세 아래 있다(요일 5:19). 마귀는 다른 어떤 교리보다 복음을 대적하려고 애쓴다. 할 수만 있다면 세상에서 복음을 뿌리째 제거하려고 노력한다. 사실 마귀는 복음만 내준다면 모든 사람의 손에 기꺼이 성경을 쥐어주고, 그 모든 계명에 복종하라고 부추길 것이다. 그러나 복음이 없는 기독교 신앙은 알맹이 없는 빈껍데기일 뿐이다.

그리스도인인 우리는 복음을 받아야 할 뿐 아니라, 그 안에 굳게 서야 한다. 사탄의 계책에 무지한 탓에 그에게 속아 넘어가서는 안 된다(고후 2:11). 자칭 구원자라고 하는 사람들이 그리스도에 대한 믿음을 빼앗으려 하더라도 그들의 말에 현혹되지 않도록 조심하라. 율법주의자들이 그리스도를 믿는 믿음을 행위로 보완해야 한다고 말하더라도 그들에게 설복당해서는 안 된다. 선지자를 자처하는 사람들이 문화에 맞춰 복음을 좀 더 적절하게 고쳐야 한다고 주장해도 그들의 말을 추종하지 말라. 비방자들이 우리 죄를 지적하고, 우리가 지닌 영광의 소망을 비웃더라도, 우리는 복음을 믿고 그 안에 굳게 서야 한다. 비난이 아첨으로 바뀌어 우리의 경건한 삶이 보상 받을 가치가 있다고 칭찬해도, 우리는 "내게는 우리 주 예수 그리스도의 십자가 외에 결코 자랑할 것이 없으니 그리스도로 말미암아 세상이 나를 대하여 십자가에 못 박히고 내가 또한 세상을 대하여 그러하니라"(갈 6:14)고 단호히 외쳐야 한다.

3장
우리를 구원하는 복음

> 너희가 만일 내가 전한 그 말을 굳게 지키고 헛되이 믿지 아니하였으면 그로 말미암아 구원을 받으리라(고전 15:2).

기독교 교리들은 서로 균형을 이루어야 한다. 한 가지 진리만 지나치게 강조하면서 나머지 진리는 모두 무시하거나 소홀히 하면, 심각한 잘못을 저지를 위험이 크다. 그러나 복음의 탁월함은 다르다. 복음은 강조하고 또 강조해도 지나치지 않을 만큼 중요하다. 복음은 하나님이 인간에게 허락하신 가장 위대한 계시이자 인간을 구원하는 메시지이기 때문이다. 복음은 우리가 굳게 붙잡아야 할 유일한 메시지다. 성경의 진리에서 조금이라도 벗어나는 것은 위험하지만, 사소한 몇 가지를 잘못 이해했다고 해서 우리의 영원한 운명이 위태로워지는 것은 아니다. 그러나 복음을 잘못 이해하면 모든 것이 결판난다. 복음의 탁월함을 인정하지 않는 것은 곧 복음을 잘못 이해하는 것이다.

구원의 복음

본문에서 "구원을 받으리라"라고 번역된 헬라어 동사는 현재 시제다. 현재 시제는 "현재의 과정과 장래의 현실"을 모두 포함한다.[5] 따라서 이 말은 "너희가 구원받는 중이다"라고 번역할 수 있다. 성경은 구원을 과거와 현재와 미래, 이렇게 세 가지 시제로 묘사하고 있다는 사실을 잊지 말라. 이 세 가지 시제나 구원의 측면 가운데 어느 하나라도 무시하면, 구원을 바라보는 관점이 왜곡되거나 정상적이지 않을 수밖에 없다. 하나님은 그리스도인을 정죄함에서 구원하셨다(과거). 이것은 회심하는 순간에 일어난다. 그리스도인이 복음에 관한 하나님의 증언을 믿을 때 하나님은 그 믿음을 그의 의로 여기신다(롬 4:20-22). 성경은 이를 "칭의"라고 부른다(롬 5:1).

그리스도인은 죄의 권세에서 구원받고 있다(현재). 이것은 점진적인 과정으로 성경은 이를 "성화"라고 일컫는다. 그리스도인은 하나님이 "만드신 바"이며, 하나님은 그분의 기쁘신 뜻을 위하여 믿는 자 안에서 역사하신다(엡 2:10, 빌 2:13). 하나님은 말씀과 성령, 시련과 환난, 축복과 훈육을 통해 그리스도인을 계속 변화시켜 그의 삶 전체가 예수 그리스도의 형상을 본받게 하신다(롬 8:29).

---

5) David E. Garland, *1 Corinthians*, Baker Exegetical Commentary on the New Testament (Grand Rapids: Baker Academic, 2003), 682.

그리스도인은 죄의 권세와 영향력에서 영원히 완전하게 벗어날 것이다(미래). 이 마지막 단계를 "영화"라고 부른다. 이 단계도 처음 두 단계만큼 확실하다. 선한 사역을 시작하신 하나님이 그 일을 온전히 이루실 것이 확실하기 때문이다. 바울 사도는 구원의 "황금 사슬"로 알려진 진리를 이렇게 선언했다.

우리가 알거니와 하나님을 사랑하는 자 곧 그의 뜻대로 부르심을 입은 자들에게는 모든 것이 합력하여 선을 이루느니라 하나님이 미리 아신 자들을 또한 그 아들의 형상을 본받게 하기 위하여 미리 정하셨으니 이는 그로 많은 형제 중에서 맏아들이 되게 하려 하심이니라 또 미리 정하신 그들을 또한 부르시고 부르신 그들을 또한 의롭다 하시고 의롭다 하신 그들을 또한 영화롭게 하셨느니라(롬 8:28-30).

이 시대는 사소하고 일시적인 것을 매우 귀하게 여긴다. 하나님의 백성은 그런 것에 관심을 기울여서는 안 된다. 그런데도 우리는 일시적인 즐거움이 무한한 가치라도 있는 것처럼 애지중지한다. 우리는 복음의 가장 위대한 약속은 "구원"이라는 진리를 굳게 붙잡아야 한다. "복음은 구원을 주시는 하나님의 능력이며, 주의 이름을 부르는 자는 누구나 구원받는다"는 진리 앞에 다른 약속이나 축복은 모두 그 빛을 잃고 만다(롬 1:16, 10:13).

베드로 사도의 말에 따르면, 믿음의 결국(결과)은 구원이다(벧전 1:9). 구원은 그리스도께서 그분의 백성을 위해 행하신 모든 일의 궁극적인 목적이다. 구원은 그리스도인의 가장 큰 갈망이자 그가 도달하려고 애쓰는 최종 목표다. 예수 그리스도의 복음을 통한 구원의 완성은 하나님이 주시는 가장 큰 선물이요, 그리스도인이 바라는 가장 큰 희망이자 동기다.

그리스도를 믿기 전의 우리와 그때에 우리가 마땅히 받았어야 할 형벌을 생각하면, 복음의 위대함을 더욱 크게 찬양할 수밖에 없다. 우리는 본성으로나 행위로나 영락없는 죄인이었다. 온전히 부패한 상태였다. 하나님의 의로운 법정 앞에서 변명은커녕 애원조차 할 수 없는 범죄자요 범법자였다(엡 2:1-3, 롬 3:10-19). 우리는 영원한 정죄와 죽음을 당할 수밖에 없는 상태였다. 그러나 이제는 하나님의 아들의 피가 우리를 구원한다. 우리는 무기력한 죄인이요 하나님의 원수였지만, 그리스도께서 경건하지 않은 자들을 위해 죽으셨다(롬 5:6-10). 전에 멀리 있던 우리가 이제 그분을 통해 가까워졌다(엡 2:13). 우리는 그분 안에서 그분의 은혜의 풍성함을 따라 그분의 피를 통해 속량, 곧 죄 사함을 받았다(엡 1:7). 우리는 죄에서 구원받아 하나님과 화목했고, 그분의 자녀로서 그분과 교제를 나눈다. 무엇을 더 바랄 수 있으며, 무엇이 더 필요하겠는가? 하나님의 아들의 피로 말미암은 구원의 선물은 영원토록 우리 마음을 가득 채우고도 남을 만큼 풍성하지 않은가? 이것만으로도 우리를 위해 죽으신 주님을 위해 살겠다는 각오를 다지기에 충분하지 않은가? 어떤 약속이 더 필요하겠는가? 하나님이 우리에게 구원뿐 아니라, 치유와 평온한 삶, 건강과 존귀함까지 허락하셨으니 열정을 다해 그분을 위해 살아야 하지 않겠는가? 과연 그 무엇이 구원의 선물과 주님을 아는 것에 비할 수 있겠는가?

예수 그리스도 외에 다른 약속으로 우리를 속여 충성을 바치게 하려는 사람들을 경계하라. 우리가 사랑하는 사람이 모두 사라지고, 우리의 육체가 쓰레기더미 위에서 썩어가고, 친구와 원수가 우리 이름을 비웃더라도 "주님이 내 영혼을 위해 그 귀하신 피를 흘리셨다"는 사실만 의식한다면, 성심을 다해 그분을 섬기고 사랑하며 찬양할 수 있을 것이다. 오직 이 거룩한 열정만이 순결하고 순수한 믿음을 갖게 해준다.

그런데 요즘에는 영원한 구원의 약속만으로는 더 이상 사람들을 그리스도께 인도할 수 없는 것처럼 되어버렸다. 과연 그 이유는 무엇일까? 왜 현대인은 복음이 실생활에 무슨 도움을 주는지에만 관심을 기울이는 것일까? 첫째, 설교자가 더 이상 심판의 확실성과 지옥의 위험을 전하지 않기 때문이다. 설교자가 성경에 근거해 이 진리를 명확하게 전한다면, 사람들은 자신에게 가장 필요한 것이 영원한 심판에서 벗어나는 것이며, 그에 비하면 현재의 "실제적인" 필요는 그다지 중요하지 않다는 사실을 깨달을 것이다. 둘째, 길거리를 거니는 사람들이나 교회당을 찾는 사람들 가운데 대부분이 육에 속한 사람들이기 때문이다. 육에 속한 사람은 내세보다 현세를 더욱 소중하게 생각한다. 그들은 하나님의 일과 영원한 운명에 무관심하다(롬 8:5). 사람들은 거룩함이 없이는 하나님을 볼 수 없는데도(히 12:14) 성화를 가르치는 설교보다는 자존감이나 자기계발을 강조하는 말을 더 좋아한다. 많은 사람이 현세에서 최상의 삶을 살기 위해서라면 바다든 육지든 가리지 않고 찾아가면서도, 그리스도의 무한하신 가치나 갈보리의 고난에 관한 가르침을 듣기 위해서는 바로 길 건너편도 가기 귀찮아한다.

물론 복음은 종종 현재 상황이나 상태에 영향을 끼친다. 그러나 복음의 청지기인 우리는 예수 그리스도와 영생 외에 다른 약속이나 주장으로 회중의 관심을 끌려고 해서는 안 된다. 비록 사람들에게 인기가 없더라도 우리는 그들을 향해 "예수 그리스도께서는 우리에게 두 가지를 약속하십니다. 하나는 우리가 바라봐야 할 영원한 구원이고, 다른 하나는 우리가 죽어야 할 십자가입니다.[6] '성령과 신부가 말씀하시기를 오라' 하십니다(계 22:17)"라고 외쳐야 한다.

복음을 굳게 지키라

성도의 견인 교리는 그리스도인이 이해해야 할 가장 귀중한 진리 가운데 하나다.[7] 우리 안에서 착한 일을 시작하신 하나님

---

[6] 이 말은 내가 생각해낸 것이 아니다. 오래전에 레오너드 레븐힐이 주관한 집회에 참석했을 때 들은 말이다.
[7] 침례교회가 공식적으로 인정하는 1차 침례교 신앙고백인 "원리의 요약"(Abstract of Principles)은 견인 교리를 이렇게 설명한다. "하나님이 사랑하시는 아들 안에서 받아들이셔서 성령으로 거룩하게 하신 이들은, 은혜의 상태에서 완전히 벗어나거나 마지막에 그 상태를 잃어버리거나 하지 않으며 끝까지 보존된다."

이 그것을 끝까지 완성하신다는 사실을 아는 것은 우리에게 큰 위로와 용기를 준다(빌 1:6). 그러나 이 교리는 그동안 심하게 왜곡되었다. 그 결과 회개하지 않고 여전히 죄 가운데 거하는 수많은 사람에게 그릇된 확신을 심어주었다. 믿기 어렵지만 사실이다.

바울 사도는 고린도전서 15장 서두에서 "너희가……그 말을 굳게 지키고 헛되이 믿지 아니하였으면……구원을 받으리라"고 말했다. "……했으면"이라는 말은 우리가 무시하거나 빼버려서는 안 될 조건을 이끄는 표현이다. 이 말씀의 논리는 분명하다. 즉, 복음을 굳게 지켜야만 구원받는다는 뜻이다. 반대로, 복음을 굳게 지키지 못하면 구원받지 못한다. 이는 견인 교리를 부인하는 것이 아니라, 오히려 그 의미를 옳게 설명한다. 구원 신앙을 가진 사람들은 한 사람도 영원히 멸망하지 않는다. 그들을 구원하신 하나님의 은혜와 능력이 그들을 마지막 날까지 보존할 것이다.

그러나 그들이 구원 신앙을 가졌다는 증거가 필요하다. 그 증거는 그들이 하나님을 떠나지 않고 계속 그분 안에 머무는 것이다. 그들은 여전히 육신과 싸우며 많은 실패를 경험하지만, 삶의 전반적인 과정을 거치면서 믿음과 경건이 더욱 뚜렷해진다. 그들의 인내가 그들을 구원하거나 그들을 은혜의 수혜자로 만드는 것은 아니지만, 그런 표징은 곧 그들이 믿음으로 구원받았다는 증거다. 다시 말해, 그리스도를 믿는 믿음을 고백한 사람이 그 믿음을 끝까지 지키고, 살아가는 동안 점점 거룩해진다면 그것은 곧 그의 회심이 사실이라는 명백한 증표다. 그리스도를 믿는 믿음을 고백했으면서도 조금도 거룩해지지 않았다면 그는 구원을 잃은 것이 아니라, 처음부터 진정으로 회심하지 않은 것이다.

구원에 관한 성경의 가르침이 모두 이 진리를 뒷받침한다. 예수님은 믿음으로 끝까지 견디는 사람이 구원을 얻을 것이라고 말씀하셨다(마 24:13). 또한 씨 뿌리는 자의 비유에서 많은 사람이 하나님 나라의 복음을 받아들일 테지만, 그 가운데 대부분은 환난과 박해, 세상의 염려와 재물의 유혹 때문에 믿음을 버릴 것이라고 암시하셨다(마 13:21-22). 요한 사도도 에베소에서 교회를 떠난 사람들을 염두에 두고 "그들이 우리에게서 나갔으나 우리에게 속하지 아니하였나니 만일 우리에게 속하였더라면 우리와 함께 거하였으려니와 그들이 나간 것은 다 우리에게 속하지 아니함을 나타내려 함이니라"(요일 2:19)고 말했다.

다시 강조하지만, 이런 성경 말씀은 그리스도 안에서 그리스도인이 누리는 안전을 부정하는 것이 아니다. 진정으로 거듭난 하나님의 자녀는 그 안에서 착한 일을 시작하신 하나님의 능력과 신실하심 덕분에 끝까지 믿음 안에 머물 것이다(빌 1:6). 그러나 이런 경고의 말씀은 기독교 신앙 안에서 중요한 역할을 하기 때문에 결코 무시해서는 안 된다. 이 말씀들은 참된 회심과 거짓 회심을 구별할 수 있게 도와줄 뿐 아니라, 그리스도인에게 경각심을 불러일으켜 부르심과 택하심을 굳게 하는 데 힘쓰도록 독려한다(벧후 1:5-10).

이런 경고의 말씀은 서구 복음주의 상황을 고려할 때 특히 중요하다. 그리스도를 믿는다고 고백하는 사람들 가운데는 이 경고의 말씀에 귀 기울여야 할 사람이 매우 많다. 그들은 전에 예수님을 영접하겠다고 기도했기 때문에 자신이 구원받은 그리스도인이라고 믿는다. 그러나 그들은 믿음 안에 계속 머물지도, 세상을 멀리하지도 않는다. 세상을 잠시 멀리했더라도 곧바로 다시 세상으로 돌아간다. 그들은 하나님을 두려워하는 삶을 살지 않는다. 그들의 삶에는 하나님의 은혜를 입증하는 향기가 없다. 그들에게는 내면이 변화되었다는 외적 증거도 없다. 심지어는 하나님이 모든 자녀에게 허락하시는 징계도 없다 (히 12:8). 그런데도 그들은 과거에 믿어보기로 결심했고, 진심을 다해 기도했기 때문에 구원받았다고 확신한다. 이런 믿음은 아무리 널리 퍼져 있다고 해도 성경이 가르치는 믿음과는 전혀 상관이 없다.

물론 회심은 예수 그리스도를 믿는 믿음을 통해 사망에서 생명으로 옮겨지는 순간에 일어난다(요 5:24). 그러나 그 사람이 사망에서 생명으로 옮겨졌음을 확실히 알려면, 회심하는 순간부터 그의 삶 전체를 엄밀히 살펴봐야 한다. 바울 사도는 육에 사로잡혀 있던 고린도 신자들에게 과거의 회심 경험을 다시 검토하라고 말하지 않았다. 현재의 삶을 깊이 성찰하라고 권고했다 (고후 13:5).

우리도 회개했다고 생각하는 사람들에게 바울처럼 조언해야 한다. 과거에 일어난 하나님의 구원 사역의 진위를 판별하는 증거는 현재 그 사역이 계속되고 있고, 또 마지막 때까지 지속되느냐다. 그들은 마땅히 그 증거를 알아야 하고, 우리 역시 그들에게 마땅히 그것을 가르쳐야 한다. 우리에게 전해진 말씀을 굳게 지킨다면 구원받을 것이다. 그러나 그러지 않는다면 구원을 확신하기 어렵다. 사람들을 긍휼히 여기는 마음으로 이 단순한 성경의 진리를 확신 있게 전한다면, 예배당에 앉아 있는 수많은 사람의 그릇된 구원 확신을 깨뜨려 그들을 구원의 길로 옳게 인도할 수 있을 것이다.

그릇된 구원 확신이 이 시대의 가장 큰 병폐이자 교회의 증언을 무기력하게 만드는 걸림돌 가운데 하나라는 사실을 이해하는 사람들을 하나님이 많이 일으켜 세워주시길 바라는 마음이 간절하다. 주일마다 예배당에 찾아와 사람들이 자리 잡고 앉아 있는 교인석이 서구 사회의 가장 넓은 선교 현장이라는 사실을 과연 언제쯤이면 깨닫게 될까? 크고 치명적인 이 거짓이 만연해진 원인이 복음을 피상적으로 이해하고, 참된 회심의 본질에 무지하며, 사랑으로 행해야 할 권징을 거부하는 태도에 있다는 것을 과연 언제쯤 깨닫게 될까?

4장
기독교 신앙의 모든 것

내가 받은 것을 먼저 너희에게 전하였노니(고전 15:3).

예수 그리스도의 복음보다 더 중요한 말이나 진리는 없다. 성경은 많은 메시지를 전한다. 그 가운데 가장 작은 메시지도 인간이 생각해낸 가장 위대한 생각보다 더 중요하고, 세상의 부를 다 합쳐놓은 것보다 더 귀중하다. 먼지처럼 작은 성경의 진리가 세상의 황금보다 더 귀하다면, 복음의 가치와 중요성은 어떻게 평가해야 할까?(욥 28:6) 심지어 성경 안에서도 복음에 필적할 만한 진리는 없다. 그토록 영광스러운 창조의 진리도 십자가의 메시지 앞에서는 고개를 숙인다. 모세의 율법과 선지자들의 말도 모두 구원의 메시지를 가리킨다. 경이로운 재림의 진리조차도 복음 앞에서는 그 빛이 바랜다. 예수 그리스도의 복음은 타의 추종을 불허하는 위대한 메시지요, 기독교 신앙의 아크로폴리스(acropolis)이자[8] 그리스도인의 소망을 지탱하는 근거다.

하나님 나라의 영광을 밝히 드러내는 데 복음보다 더 중요하고, 더 유용하며, 더 필요한 것은 아무것도 없다. 잠언의 표현대로라면 우리는 복음을 이렇게 말할 수 있다.

> 이는 지혜를 얻는 것이 은을 얻는 것보다 낫고 그 이익이 정금보다 나음이니라 지혜는 진주보다 귀하니 네가 사모하는 모든 것으로도 이에 비교할 수 없도다(잠 3:14-15).

복음을 옳게 이해하는 것이 우리가 해야 할 가장 중요한 일이다. 복음은 온전히 이해할 수 없지만, 온 힘을 남김없이 쏟아부을 만한 가치가 충분하다. 복음 안에서 하나님의 모든 부요하심과 그리스도인을 위한 참된 기쁨을 발견할 수 있기 때문이다. 복음 안에 계시된 하나님의 깊은 은혜를 헤아리기 위해서라면, 그보다 못한 즐거움이나 그보다 덜 애써도 될 만한 일은 기꺼이 포기해도 무방하다. 욥기 28장 1-9절은 그런 열정을 참으로 아름답게 묘사한다.

> 은이 나는 곳이 있고 금을 제련하는 곳이 있으며 철은 흙에서 캐내고 동은 돌에서 녹여 얻느니라 사람은 어둠을 뚫고 모든 것을 끝까지 탐지하여 어둠과 죽음의 그늘에 있는 광석도 탐지하되

---

8) "아크로폴리스"는 "높다"라는 뜻인 "아크로"(*akro*)와 "도시"를 뜻하는 "폴리스"(*polis*)를 합쳐 만든 헬라어에서 유래했다. 복음은 기독교 신앙의 높은 산성, 곧 절정이다.

그는 사람이 사는 곳에서 멀리 떠나 갱도를 깊이 뚫고 발길이 닿지 않는 곳 사람이 없는 곳에 매달려 흔들리느니라 음식은 땅으로부터 나오나 그 밑은 불처럼 변하였도다 그 돌에는 청옥이 있고 사금도 있으며 그 길은 솔개도 알지 못하고 매의 눈도 보지 못하며 용맹스러운 짐승도 밟지 못하였고 사나운 사자도 그리로 지나가지 못하였느니라 사람이 굳은 바위에 손을 대고 산을 뿌리까지 뒤엎으며.

심지어 욥이 살던 고대 세계에서도 땅 위의 삶을 버리고 극한의 한계까지 나아가, 어둡고 깊은 곳에서 사지가 결딴나는 위험을 무릅쓴 채 땅 밑의 보물을 캐내려고 단단한 바위를 뚫고 돌들을 샅샅이 뒤지는 사람들이 있었다. 그러니 성령이 조명하셔서 하나님의 선한 말씀과 내세의 능력을 맛본 우리가 예수 그리스도의 복음 안에 나타난 하나님의 영광을 알기 위해 그보다 못한 것들을 기꺼이 내버리는 것이 마땅하지 않은가?(히 6:4-5) 그런데도 하나님의 백성 가운데서 복음을 찾는 참된 열정을 찾기가 이토록 힘든 이유는 무엇일까?

약해진 복음

첫째, "성도에게 단번에 주신"(유 1:3) 복음이 최근에 축소되거나 개정되는 과정을 수없이 거치면서 약해졌기 때문이다. 성경을 살펴보면, 사도적 복음과 우리 시대의 복음이 내용이나 질에서 크게 다르다는 사실을 알 수 있다. 심지어 종교개혁자들, 청교도, 에드워즈, 휘트필드, 스펄전을 비롯해 마틴 로이드존스와 같은 사람들이 전한 복음 설교를 읽어보더라도 그들이 전한 아름다운 복음이 요즘에는 뼈만 앙상하게 남은 형태로 변하고, 몇 가지 영적 법칙이나 이른바 "로만 로드"(Roman Road, 로마서 3장 23절, 6장 23절, 5장 8절, 3장 10절, 10장 13절 등 로마서 구절만으로 복음을 설명하는 원리 _옮긴이)로 축소된 것을 알 수 있다. 우리는 간단하고 이해하기 쉬운 몇 가지 신조로 복음을 축소시켰다. 그 결과 복음은 경탄을 불러일으키거나 깊이 탐구해야 할 영광스러움이나 본래의 아름다움을 거의 잃어버린 상태로 변질되었다.

물론 하나님은 계획을 갖고 계시고, 우리는 죄인이며, 그리스도께서 죽으셨다가 다시 살아나신 사실을 믿으면 구원받는다는 말은 모두 사실이다. 그러나 그런 말을 암기했다고 해서 복음을 알거나 이해했다고 말할 수는 없다. 우리는 복음의 보배로운 돌을 하나도 남김없이 샅샅이 뒤져야 한다! 진지하지 못한 사람은 그저 흉내나 내고 앵무새처럼 따라하는 것으로 만족할 테지만, 우리는 성경을 파헤쳐 그 모든 말씀을 이해하려고 노력해야 한다. 우리는 광부처럼 극한의 한계까지 나아가 일시적인 쾌락을 포기하고, 끊임없이 기도하며, 많은 시간과 노력을 기울여 복음의 지식을 파헤쳐야 한다. 그러지 않으면 우리 안에 있는 무지 때문에 마음이 늘 굳은 상태로 지속될 것이다(엡 4:18). 우리는 우리가 "떠낸 반석"을 생각해야 한다(사 51:1). 옛 복음을 회복하고, 복음이 다시 우리를 사로잡게 해야 한다. 우리는 하나님을 알고 그분이 우리를 위해 행하신 일을 이해하는 사람답게 열정을 가지고 복음을 전해야 한다(단 11:32).

복음을 하찮게 여기는 시각

그리스도인들이 복음에 열정을 느끼지 못하는 둘째 이유는 복음을 쉽게 터득할 수 있는 기독교의 기초 지식 정도로 생각해서 대부분은 그보다 더 깊이 이해하려고 하지 않기 때문이다. 그런 태도는 옳지 않다. 복음은 기독교의 "깊은 진리"를 드러낸다. 종말론과 요한계시록의 진리는 예수님이 재림하실 때 밝히 드러날 테지만, 예수 그리스도의 복음 안에 나타난 하나님의 영광은 온전히 이해하거나 단번에 터득할 수 없다. 복음을 다 배웠다고 생각하고 그보다 더 위대한 진리를 탐구해야 한다고 생각하는 사람은 "만일 누구든지 무엇을 아는 줄로 생각하면 아직도 마땅히 알 것을 알지 못하는 것이요"(고전 8:2)라는 바울 사도의 경고를 기억해야 한다. 역사상 가장 위대한 신학자와 설교자에게 물어본다면, 그들은 너 나 할 것 없이 세상에 사는 동안 복음을 다 이해하기는 어렵다고 대답할 것이다. 그들은 모두 잠언 저자의 말에 동의할 것이다.

> 나는 다른 사람에게 비하면 짐승이라 내게는 사람의 총명이 있지 아니하니라 나는 지혜를 배우지 못하였고 또 거룩하신 자를 아는 지식이 없거니와(잠 30:2-3).

복음은 평생 동안, 아니 영원히 배운다고 해도 다 배울 수 없다. 복음의 새로운 진리가 발견될 때마다 그 영광이 우리를 더욱더 강하게 매료시켜 우리 생각을 다 빨아들이고, 우리 의지를 지배할 것이다. 아마도 복음보다 더 우리의 관심을 끌기에 충분하고 추구할 만한 것은 없다는 것을 알게 될 것이다. 용기를 내라. 복음은 우리가 배운 그 어떤 진리보다 훨씬 위대하다. 복음의 영광은 결코 다하지 않는다. 복음 안에 있는 영광을 영원히 배운다고 해도, 아니 영원을 수없이 거듭해서 배운다고 해도 아직 더 배워야 할 것이 무한히 넘쳐날 것이다. 복음은 천사들과 구원받은 자들이 항상 살펴보기를 원하는 것이다(벧전 1:12). 우리는 늘 복음과 복음을 아는 지식이 자라야 한다. 복음은 기독교의 기초 과정이 아니라, 기독교의 모든 것이다. 우리는 아직도 복음을 다 배우지 못했고, 앞으로도 다 배우지 못할 것이다. 오히려 복음이 우리를 통달할 것이다.

복음을 가르치지 않는 현실

그리스도인들이 복음에 열정을 느끼지 못하는 셋째 이유는 목회자나 평신도가 복음을 우선시하기는커녕 복음을 가르칠 필요조차 없다고 생각하기 때문이다. 이들은 복음을 모두 이해하고 있다는 심각한 착각에 사로잡혀 있다. 새신자가 믿음을 공개적으로 고백했을 때 그가 복음을 배우는 시간은 과연 얼마나 될까? 아마도 복음의 간단한 원리를 소개하는 전도지를 통해 몇 분 동안 복음을 소개받는 것이 고작일 것이다. 그런 다음에는 제자 훈련반에 들어가 신앙생활의 방법론을 배우게 될 것이다. 그렇다면 강단에서 배우는 복음은 얼마나 될까? 대부분 갈보리와 빈 무덤을 통해 성취된 구원 사역을 구체적으로 설명하는 설교를 한 번도 듣지 못한 채 평생 예배당 자리만 채우다 돌아갈 것이 분명하다. 또 어떤 사람이 목회에 부름을 받고 신학교에 갔다면, 그는 그곳에서 복음의 내용을 설명하고 적용하는 교육을 얼마나 받을까? 아마 대부분 복음을 가르치는 강좌는 한 번도 듣지 못하고, 종교에 관한 온갖 이론을 가르치는 교육을 받을 것이 불을 보듯 뻔하다.

선한 왕 요시야의 개혁이 있기 전만 해도 하나님의 율법은 오랫동안 잊힌 채 성전에 버려져 있었다(대하 34:14-21). 우리 가운데서도 그와 똑같은 일이 일어나고 있지 않은가? 복음주의자들이 복음을 잊은 채 살아오고 있지 않은가?

복음을 소홀히 하는 설교

그리스도인들이 복음에 열정을 느끼지 못하는 마지막 이유는 설교자들이 복음에 열정을 느끼지 못하기 때문이다. 그리스도의 사역자는 무엇보다 그리스도의 복음을 전하는 사역자다. 설교자는 복음의 청지기로서 의무와 특권을 누린다(고전 4:1, 딤전 1:12, 벧전 1:12, 고전 9:16). 하나님은 설교자를 따로 구별하여 그분 안에 거하게 하셨다. 설교자는 많은 시간을 들여 하나님의 진리를 연구하고, 설교를 통해 그 진리를 다른 사람들에게 전해야 할 의무가 있다. 그러나 하나님을 알고 그분을 알리는 것이 설교자의 가장 중요한 책임인데도 요즘에는 그 책임을 소홀히 하는 설교자가 매우 많다. 그들은 말씀을 연구하지도 않고, 열심히 기도하지도 않는다. 그런 설교자는 하나님의 사람이 아니라, 사람들의 사람이다. 그는 더 이상 "하나님이 말씀하시되"라고 말하지 않는다. 설문조사를 참고하거나 청중의 필요 욕구를 파악해 거기에 맞춰 설교를 구상한다. 엘리야 선지자처럼 "내가 섬기는 만군의 여호와께서 살아 계심을 두고 맹세하노니"(왕상 18:15)라고 말할 수도 없고, "하나님께로부터 보내심을 받은 사람"(요 1:6)으로서 사람들 앞에 나서지도 않는다.

예수 그리스도의 이름으로 일하는 사역자는 신앙 상담사나 동기 부여 연설가, 퍼실리테이터(*facilitator*, 진행 촉진자)가 아니다. 사역자는 말씀을 전하는 설교자다. 세상 사람들이 설교자라는 칭호를 비웃더라도, 또 그런 비웃음을 살 만한 거짓 설교자가 헤아릴 수 없이 많다고 해도, 설교자는 주님이 자신을 설교자로 세우신 것을 부끄러워해서는 안 된다. 그들은 설교자, 무엇보다 복음의 설교자다. 세상 사람들에게 인정받을 수 있다고 해도 복음 설교라는 목적 외에 다른 목적을 추구해서는 안 된다. 설교자는 다른 것에 현혹되어 말씀 연구와 기도를 소홀히 해서는 안 된다. 설교자는 경건에 이르도록 자신을 연단해야 한다(딤전 4:7-8). 부끄러울 것이 없는 일꾼으로 자신을 하나님께 드려야 하고, 진리의 말씀을 옳게 분별해야 한다(딤후 2:15). 최선을 다해 그런 일에 전심전력하여 자신의 성숙함을 모든 사람에게 나타내야 한다(딤전 4:15). 설교자는 자신에게 있는 영적 은사를 소홀히 하지 말고, 성경을 읽고 권하고 가르치는 일에 온전히 헌신해야 한다(딤전 4:13-14).

옛 사도들은 마땅히 해야 할 일이 많았는데도 "우리가 하나님의 말씀을 제쳐 놓고 접대를 일삼는 것이 마땅하지 아니하니……우리는 오로지 기도하는 일과 말씀 사역에 힘쓰리라"(행 6:2, 4)고 말했다. 설교자는 그들을 본받아야 한다. 욥이 살던 시대의 광부들처럼 땅 위의 삶을 버리고 극한의 한계까지 나아가야 한다. 어둡고 깊은 곳에서 단단한 바위를 뚫고 무한히 보배로운 예수 그리스도의 복음을 발견해 하나님의 백성에게 전해야 한다. 강단과 교인석에서 열정이 타오르게 하는 수단은 오직 이것뿐이다.

5장
받은 복음을 전하라

> 내가 받은 것을 먼저 너희에게 전하였노니 이는 성경대로 그리스도께서 우리 죄를 위하여 죽으시고 장사 지낸 바 되셨다가 성경대로 사흘 만에 다시 살아나사(고전 15:3-4).

본문은 복음에 관한 두 가지 중요한 진리를 가르친다. 첫째, 복음은 사람이 만들어낸 것이 아니고, 성령의 감동하심을 받은 사람들이 전한 것이다(벧후 1:21). 복음은 하나님의 감동으로 기록된 것으로 온전한 권위를 지닌다(딤후 3:16). 둘째, 복음은 성도에게 단번에 주신 메시지로 각 세대의 그리스도인들은 복음을 순전한 형태로 다음 세대에게 전해야 할 책임이 있다(유 1:3).

받은 복음

바울 사도가 복음을 "받았다"고 말한 것은 복음이 특별 계시라는 뜻이다. 그는 복음을 날조하지도 않았고, 다른 사람들에게 빌려오지도 않았다. 복음은 예수 그리스도의 특별 계시를 통해 그에게 주어졌다. 바울은 그 경험을 자세히 묘사했다.

> 형제들아 내가 너희에게 알게 하노니 내가 전한 복음은 사람의 뜻을 따라 된 것이 아니니라 이는 내가 사람에게서 받은 것도 아니요 배운 것도 아니요 오직 예수 그리스도의 계시로 말미암은 것이라(갈 1:11-12).

바울이 자신의 독특한 경험을 묘사한 목적은 복음이 하나님에게서 비롯되었다는 사실을 증언하기 위해서다. 그는 스스로를 자랑하거나, 자신의 복음이 사도들이나 교회에 주어진 복음과 다르다고 말할 의도가 전혀 없었다. 사실 갈라디아서를 읽어보면, 바울이 예루살렘 교회의 지도자들에게 그의 복음을 제시한 것을 알 수 있다. 그들은 바울의 복음을 고치지 않았고, 그가 이해한 복음에 무엇을 더하지도 않았다(갈 2:1-10). 바울의 목적은 오직 하나의 참된 복음만 존재한다는 사실을 알리는 것이었다. 본래 하나님의 마음속에 있던 복음이 사도들을 통해 교회에 전해졌다. 복음은 시대와 문화를 초월하는 영원불변의 진리다. 시대나 문화가 달라질 때마다 거기에 맞게 복음을 수정하거나 개작하려고 해서는 안 된다. 복음은 항상 절대 불변의 진리로 존중되어야 마땅하다.

복음을 받은 자요, 청지기가 된 우리는 지극히 신중한 태도로 복음을 다루는 법을 배워야 한다. 예수님의 형제 유다는 성도에게 단번에 주신 복음의 신앙을 위해 힘써 싸우라고 권했다

(유 1:3). 바울 사도는 복음을 우리에게 맡기신 보물처럼 귀하게 여기라고 당부했다(딤후 1:14). 심지어 그는 천사든 사람이든 복음의 내용을 바꾼다면 저주를 받을 것이라고 말했다.

> 그러나 우리나 혹은 하늘로부터 온 천사라도 우리가 너희에게 전한 복음 외에 다른 복음을 전하면 저주를 받을지어다 우리가 전에 말하였거니와 내가 지금 다시 말하노니 만일 누구든지 너희가 받은 것 외에 다른 복음을 전하면 저주를 받을지어다(갈 1:8-9).

각 세대의 그리스도인들은 영원한 복음을 전달받았다는 사실을 잊어서는 안 된다(계 14:6). 복음을 더하거나 빼거나 수정하지 않고 온전히 보존하는 것이 청지기인 우리의 사명이다. 어떤 식으로든 복음을 변경하면 우리는 저주를 받고, 다음 세대에는 왜곡된 복음이 전달되는 사태가 생긴다. 이런 이유로 바울은 디모데에게 위탁받은 진리를 굳게 지키라고 경고했다. 아울러 바울은 그렇게 하면, 디모데 자신과 그에게 듣는 자들이 구원을 받을 것이라고 약속했다(딤전 4:15-16).

복음을 받은 우리는 두려운 마음으로 사도가 전한 순결한 복음을 있는 그대로 다른 사람들에게 전해야 한다. 하나님은 물론, 우리 세대와 장차 올 세대를 위해 우리는 이 책임을 감당해야 한다. 바울은 로마 신자들에게 "헬라인이나 야만인이나 지혜 있는 자나 어리석은 자에게 다 내가 빚진 자라"(롬 1:14)고 말했다. 바울처럼 우리도 지금 살아 있는 모든 사람은 물론, 앞으로 태어날 모든 세대의 사람들에게 빚진 자다. 복음에 충실하면 어둠을 밝히는 빛이요, 장차 올 세대의 사람들에게 축복의 근원이 될 것이다. 그러나 그렇게 하지 않으면 그리스도의 십자가의 원수요, 하나님 나라의 걸림돌이 되어 많은 사람의 믿음을 파선시키는 결과를 초래할 것이다(빌 3:18, 마 13:41, 딤전 1:19). 우리는 복음의 사역자로서 막중한 의무를 부여받고, 특권을 누린다. 누가 이 일을 충분히 감당할 수 있을까? 누가 이런 일에 적임자일까?

이러한 우리의 중차대한 임무를 의식하고 "진리의 말씀을 옳게 분별하며 부끄러울 것이 없는 일꾼으로 인정된 자로 자신을 하나님 앞에 드리기를 힘쓰라"(딤후 2:15). 우리는 "여호와의 율법을 연구하여 준행하며 율례와 규례를 이스라엘에게 가르치기로 결심"(스 7:10)했던 서기관 에스라를 본받아야 한다.

하나님이 말라기 선지자의 입을 통해 말씀하신 경건한 제사장을 본받자.

> 내가 이것을 그에게 준 것은 그로 경외하게 하려 함이라 그가 나를 경외하고 내 이름을 두려워하였으며 그의 입에는 진리의 법이 있었고 그의 입술에는 불의함이 없었으며 그가 화평함과 정직함으로 나와 동행하며 많은 사람을 돌이켜 죄악에서 떠나게 하였느니라 제사장의 입술은 지식을 지켜야 하겠고 사람들은 그의 입에서 율법을 구하게 되어야 할 것이니 제사장은 만군의 여호와의 사자가 됨이거늘(말 2:5-7).

5장 받은 복음을 전하라

세상 사람들이 지옥을 향해 달려가는 것을 보면서 침묵을 지키는 것보다 더 잘못된 것이 있다. 바로 성도에게 주신 복음에 일치하지 않는 다른 복음을 전하는 행위다. 이 시대의 복음주의가 전하는 복음은 문화에 맞춰 적절히 다듬어진 복음, 곧 아무 능력도 없는 복음이다. 그 결과 우리는 경건의 능력은 부인하고 경건의 모양만 추구하며, 행위로는 하나님을 부정하면서 입술로만 그분을 안다고 고백하고, 사람들에게 예수님을 "주여, 주여"라고 부르면서 하나님의 뜻을 행하지 않는 빌미를 제공했다(딤후 3:5, 딛 1:16, 마 7:21). 복음을 전하지 않으면 우리에게 화가 있다. 그러나 복음을 잘못 전하면 그보다 훨씬 큰 화를 당할 것이다(고전 9:16).

올바로 전한 복음

구약의 율법에는 섞는 것을 금하는 계명이 많다(레 19:19). 두 가지를 혼합하면 각 특징이 흐릿해져 둘 다 고유한 특성을 잃고 만다. 복음도 마찬가지다. 복음은 기독교와 성경에 있는 모든 것을 아우르지만, 기독교나 성경 안에 있는 모든 것이 다 복음은 아니다.[9] 질병 치유, 건전한 결혼, 하나님의 섭리는 모두 복음에서 비롯하고 복음에 근거한다. 그렇지만 그것들이 복음은 아니다.

---

9) 복음은 기독교와 성경의 핵심 진리다.

설교자가 자신이 전하는 것을 모두 예수 그리스도의 복음이라고 생각하거나 자신이 행하는 사역을 모두 복음 사역으로 일컫는 것은 매우 위험하다. 복음은 성경에 기록된 매우 구체적인 메시지다. 고린도전서 말씀은 복음을 간결하고 명료하게 정의한다.

> 내가 받은 것을 먼저 너희에게 전하였노니 이는 성경대로 그리스도께서 우리 죄를 위하여 죽으시고 장사 지낸 바 되셨다가 성경대로 사흘 만에 다시 살아나사(고전 15:3-4).

이 구절은 예수 그리스도의 복음을 구성하는 두 가지 큰 축이 그분의 죽음과 부활이라는 사실을 일깨워준다. 그리스도께서 장사되신 사실을 언급하는 것은 두 가지 점에서 매우 중요하다. 첫째, 성경이 예언한 그리스도의 죽음이 그대로 이루어졌다는 것이다(사 53:9, 마 27:57-60). 둘째, 그리스도께서 장사되셨다는 사실은 그분의 죽음을 입증하는 증거이자 그분의 부활과 승천의 기반이 된다. 그분이 장사되신 것은 그분이 실제로 죽으셨기 때문이다. 그리스도의 죽음은 현실이었다. 따라서 그분의 부활도 마찬가지였다.

우리는 뒤에서 복음의 위대한 진리들을 살펴볼 것이다. 그러나 현재의 목표는 이 진리를 선포해야 할 뿐 아니라, 설명해야 한다는 것을 일깨우는 것이다. 어떤 형태로든 복음을 전하거나 설명하고자 할 때는 복음의 핵심 내용을 얼마나 많이 언급하고 있는지 살펴봐야 한다. 고린도전서에 기록된 대로, 그리스도께서 죽으시고 장사되셨다가 부활하셨다는 복음의 세 가지 사실은 누구나 쉽게 암기할 수 있다. 그러나 과연 얼마나 많은 사람이 그 의미를 이해하고 있을까? 강단에서 이 사실을 설명하는 경우가 그토록 드문 이유는 무엇일까? 복음을 하찮게 여겨 자세히 설명할 가치가 없다고 생각하는 것인가, 아니면 복음을 피상적으로 이해하고는 설명이 필요하지 않다고 생각하는 것인가? 아마도 우리는 모든 사람이 복음을 이해하고 있다고 속단하고, 더 이상은 설명이 필요하지 않다고 생각하고 있는 듯하다.

복음 중심의 설교

말의 힘은 그 의미에 있다. 복음의 명제를 암기하는 것만으로는 충분하지 않다. 그 의미를 부지런히 설명해야 한다. 이런 점에서 복음전도자는 서기관이 되어야 하고, 설교자는 교사가 되어야 한다. 그리스도의 죽음과 부활을 담대히 전하려면, 그것이 무슨 의미인지를 성경에 근거하여 정확하고 명료하게 설명해야 한다. 그렇다면 복음 설교는 무엇을 의미하는가?

첫째, 복음 설교는 사람들에게 그리스도께서 그들의 죄를 위해 죽으셨다고 담대히 선포하는 것을 의미한다. 성령께서는 "그리스도께서 우리 죄를 위해 죽으셨다"는 말로 가장 사악한 죄인을 구원하실 수 있다. 성경은 이 다섯 마디의 말이 무엇을 의미하는지 설명하지 않아도 된다고 말하지 않는다(롬 1:16, 고전 2:2, 딤후 2:15). 사람들이 자신의 죄를 옳게 이해하지 못하면, 그리스도의 죽음이 지니는 의미를 옳게 이해할 수 없다. 따라서 우리는 죄의 본질과 인간의 부패함을 깨우치려고 노력해야 한다. 또한 하나님의 의로운 성품과 온갖 종류의 중대한 죄에 대한 그분의 태도를 설명하려고 애써야 한다. 우리는 마치 환자가 지체 없이 치료받을 수 있도록 선한 의사가 환자의 심각한 병세를 잘 설명하듯이 솔직하면서도 동정심 넘치는 마음으로 복음을 전해야 한다.[10] 참된 복음 설교에는 이런 기초 작업, 곧 "사람의 마음을 기경하는" 작업이 반드시 필요하다. 하나님이 그분의 속성을 드러내시자 모세는 "급히 땅에 엎드려 경배"했다(출 34:8). 또한 하나님이 바울에게 율법의 의로운 요구를 밝히시자 그의 죄가 드러났고, 그의 자기 의가 무너졌다(롬 7:9-11). 그 결과 그는 회심했다.

둘째, 복음 설교는 그리스도께서 성경대로 죽으셨다는 사실을 선포하는 것을 의미한다. 이는 성경이 가장 강력하게 선언하는 것 가운데 하나다. 그러나 복음 설교를 통해 그 진리를 적절히 밝히고 그 의미를 깨우쳐주어야만 인간의 마음에 끼치는 영향력이 획기적으로 증폭될 수 있다. 우리는 성경을 토대로 그리스도의 죽음이 지닌 정확한 본질과 의미를 명료하게 설명해야 한다. 그리스도께서 죽으신 것은 우리의 죄 때문만이 아

---

[10] "거역하는 자를 온유함으로 훈계할지니 혹 하나님이 그들에게 회개함을 주사 진리를 알게 하실까 하며"(딤후 2:25).

니다. 하나님의 성품 때문에 죽으셨다. 하나님은 의로우시다. 그분은 공의의 요구를 충족시키지 않고 악인을 의롭다고 하시거나 무작정 용서를 베푸시는 법이 없다(잠 17:15, 출 34:6-7, 롬 3:23-26). 그리스도께서는 죽으셨을 뿐 아니라, 자기 백성을 대신해 그들의 죄를 짊어지시고, 하나님의 진노를 당하셨으며, 보혈을 흘리셨다(히 9:22). 그리스도의 고난을 통해 하나님의 공의가 충족되었고, 그분의 진노가 가라앉았다. 그 결과 하나님은 이제 스스로 의로우시면서 또한 그분을 믿는 자들을 의롭게 하실 수 있다(사 53:4-6, 10).

그리스도의 십자가를 주제로 다룬 기독교 고전들은 대부분 속죄, 대리 형벌, 전가, 화해, 보상과 같은 교리를 통해 이 진리를 설명한다. 이 교리들은 터무니없거나 불필요하지 않으며, 다루기도 그리 어렵지 않다. 이 교리들은 복음의 핵심 진리다. 우리는 이 교리들을 그리스도인과 비그리스도인을 막론하고 모든 사람에게 전하고 설명해야 한다. 이 교리들이 몹시 심오해서 일반인이 이해하기 어렵다고 생각하는 사람들은 하나님의 백성이 매우 무지하여 성경을 읽을 수 없다면서 성경책을 불태운 옛 교황들과 전혀 다를 바가 없다.

셋째, 복음 설교는 그리스도께서 사흘 만에 죽은 자 가운데서 다시 살아나셨다고 선포하는 것을 의미한다. 이 진리가 21세기 사람들에게 영향을 끼치려면, 부활의 의미를 설명해야 한다. 부활은 예수님이 신성을 지닌 하나님의 아들이시라는 사실을 공개적으로 선포하신 사건이다. 더불어 선택받은 백성을 대신해 그리스도께서 이루신 구원 사역을 하나님이 기쁘게 받아들이셨다는 증거다(롬 1:4, 4:25). 우리는 부활이 그리스도의 승천을 위한 토대가 되는 이유를 설명해야 한다. 부활은 하나님이 십자가에 못 박히신 예수님을 주님이요, 그리스도로 삼으셨다는 증표다(행 2:36). 우리는 하나님이 예수님을 높이셨고, 그분에게 모든 이름 위에 뛰어난 이름을 주시어 모든 무릎을 그분의 이름 앞에 꿇게 하시고, 모든 입으로 그분을 주님이라 시인하게 하셨다고 선포해야 한다(빌 2:6-9). 우리는 그리스도의 부활이 세상을 위한 구세주가 계시고, 우주를 다스리는 왕이 계신다는 것을 보여주는 증거라고 외쳐야 한다. 그리스도께서는 그분의 백성을 모두 모으시고, 하나님이 그분의 원수를 그분의 발등상으로 삼으실 때까지 기다리실 것이다(눅 20:41-44, 행 2:34-35, 히 10:12-13). 그리스도께서는 장차 다시 오시어 세상을 의로 심판하실 것이다(행 17:31). 따라서 그분의 진노하심으로 그분의 길에서 멸망하지 않으려면, 신분 고하를 막론하고 모든 사람이 성자를 알아보고 그분께 경의를 표해야 한다. 그분의 진노는 급하지만 그분께 피하는 사람은 모두 복이 있다(시 2:10-12).

마지막으로, 복음 설교는 사람들에게 그리스도께로 나아오라고 호소하는 것을 의미한다. 물론 호소하는 방법도 내용만큼이나 성경적이어야 한다. 회개와 믿음을 촉구하는 명령을 죄인의 기도를 따라하게 하는 것으로 축소해서는 안 된다. 회개란 지성은 물론, 의지와 감정을 모두 포함하는 생각의 변화를 뜻한다는 사실을 깨우쳐주어야 한다. "믿음은 바라는 것들의 실상이요 보이지 않는 것들의 증거"라는 것이 구원 신앙의 본질이라는 것을 알고, 하나님이 예수 그리스도 안에서 약속하신 것과 그분이 그 약속을 능히 이루실 것을 확신하는 믿음이 필요하다(히 11:1, 롬 4:21). 또한 우리는 청중에게 회개의 증거를 요구해야 한다. 참된 회개는 회개의 열매를 맺는다. 행위가 없는 믿음은 죽은 믿음이다(마 3:8, 약 2:14-26). 스스로를 살펴 믿음 안에 있는지 시험하고, 부지런히 힘써 부르심과 택하심을 굳게 하라고 권고해야 한다(고후 13:5, 벧후 1:10). 우리는 사람들에게 성경적인 복음을 전하는 데 그치지 말고, 성경적인 복음 초청과 그에 합당한 교훈을 가르쳐야 한다. 죄인의 기도 말고는 아무것도 의지할 것 없이 우리가 들려주는 희미한 확신의 소리만 붙잡고 영원한 세상을 향해 걸어가게 해서는 곤란하다.

지금까지 설명한 내용은 모든 민족에게 전해야 할 예수 그리스도의 신비로운 복음이 지닌 몇 가지 요소일 뿐이다. 우리는 만민에게 그리스도께서 행하신 일을 전해야 한다. 또한 그것이 무슨 의미인지, 어떻게 반응해야 하는지를 설명해야 한다. 선포하는 것과 그 안에 담긴 내용은 매우 중요하다. 그러나 그 내용을 올바로 정의하고 적용하는 태도 역시 그만큼 중요하다. 복음 선포는 더욱 그렇다.

전령처럼 외치고 서기관처럼 설명하는 것이 복음전도자의 사명이다.[11] 성경에는 그런 사례가 가득하다. 빌립은 에티오피

---

11) 여기에서 "복음전도자"는 복음을 전하거나 외치는 모든 그리스도인을 가리킨다.

아 내시에게 이사야의 예언을 설명하면서 복음을 전했다(행 8:26-35). 브리스길라와 아굴라는 아볼로를 데려다가 하나님의 도를 정확히 풀어 설명했다(행 18:26). 바울 사도는 3주 연속 안식일마다 데살로니가 유대인들에게 성경을 강론하며 "뜻을 풀어 그리스도가 해를 받고 죽은 자 가운데서 다시 살아나야 할 것을 증언"(행 17:3)했다. 물론 가장 위대한 복음 해설가는 바로 우리 주 예수 그리스도이시다. 그분은 성육신을 통해 사람들에게 하나님을 계시하셨고, 혼란한 심정으로 엠마오로 향하던 제자들에게 모세와 모든 선지자의 글로 시작하여 모든 성경에 쓴 바 그분에 관한 것을 자세히 설명하셨다.[12]

---

[12] 요한복음 1장 18절에서 "나타내셨느니라"는 말은 진리를 가르치거나 전하는 것을 뜻하는 헬라어 "엑세게오마이"(*exegeomai*)를 번역한 것이고, 누가복음 24장 27절의 "설명하시니라"는 어떤 것의 의미를 해설하거나 주해하는 것을 뜻하는 헬라어 "디에르메누오"(*diermeneuo*)를 번역한 것이다.

내가 복음을 부끄러워하지 아니하노니 이 복음은 모든 믿는 자에게 구원을 주시는 하나님의 능력이 됨이라 먼저는 유대인에게요 그리고 헬라인에게로다

롬 1:16

2부
성경이 말하는
복음

6장
구원을 주시는 하나님의 능력

내가 복음을 부끄러워하지 아니하노니(롬 1:16).

복음을 전하는 바울의 담대한 태도를 살펴보기 전에 먼저 그가 전한 복음을 이해하는 것이 필요하다. 어떤 것을 논의하거나 토론하기 전에 용어를 먼저 정의하는 것은 건전한 의사소통의 원칙이다. 용어를 정의하면 논의의 한계를 설정해 주고, 참여자들의 견해나 말하는 내용이 무슨 의미인지 명확히 알 수 있다. 오늘날의 복음주의자들은 신학 용어를 꽤 광범위하게 정의한다. 그렇기 때문에 같은 용어를 사용하더라도 똑같은 것을 말하고 있다고 생각하기가 어렵다. 복음을 논의하는 경우에 특히 그렇다.

본문에서 생각해 봐야 할 첫째 요소는 "복음"(the gospel) 앞에 붙은 정관사(the)다. 바울은 자기에게만 특별한 복음을 말한 것이 아니다. 그는 베드로의 복음이나 요한의 복음과는 다른 자신만의 복음을 갖고 있지 않았다.[13] 복음을 제시하는 태도에서 이 사도들의 인격적 특성이 묻어나지만, 그들이 전한 복음은 모두 똑같았다. 그들은 마치 복음이 하나 이상이기라도 한 것처럼 다양한 형태와 양식으로 복음을 말하는 요즘 사람들과는 사뭇 달랐다.[14]

둘째, 바울은 특정한 문화에 속한 복음을 전하지 않았다. 그는 유대인에게는 이런 복음을, 이방인에게는 저런 복음을 전하지 않았다. 그는 문화의 차이를 이해하고 각 문화의 특성을 충분히 고려했지만, 복음을 그 문화에 적합하게 만들거나 반감을 덜려고 노력하지 않았다. 오히려 그는 유대인과 이방인 모두에게 복음을 있는 그대로 전했기 때문에 항상 위험에 직면해야 했다. 바울 사도가 살아 있다면, 과연 특정한 문화를 자세히 연구해 복음의 메시지와 전달 방법을 바꾸는 데 심혈을 기울이는 오늘날의 복음전도를 이해할 수 있을지 무척 의심스럽다. 바울은 문화는 달라도 모든 사람이 동일한 문제를 안고 있으며, 그들을 구원할 수 있는 메시지는 오직 하나뿐이라고 확신했다.

마지막으로, 바울은 역사상 한 시대에만 적용되는 복음을 전

---

13) 베드로의 복음, 요한의 복음은 각각 요한과 베드로가 전한 복음을 가리킨다.
14) "복음에 관한 다양한 견해"라는 말은 보통 동일한 진리를 다양한 형태로 말하거나 여러 방향에서 동일한 진리에 도달하거나, 심지어는 동일한 진리의 다양한 측면을 제각각 강조하는 것으로 이해된다. 그러나 이런 이해는 "다양한 형태"라는 것이 곧 전혀 다른 복음을 의미한다는 사실을 지나치고 있다. 예를 들어, 개혁주의 복음은 로마 가톨릭의 복음과 다르다. 믿음에 근거한 복음은 행위에 근거한 복음과 정면으로 충돌하고, 참된 복음주의 복음은 극단적 은사주의 복음과 크게 대조된다.

하지 않았다. 바울이 살던 당시 로마 제국 안에서도 해가 거듭되는 동안 분명 중요한 변화들이 일어났을 것이다. 그러나 그는 임종할 때도 수십 년 전에 사도로서 처음 일하기 시작했을 때와 똑같은 복음을 전했다. 오늘날의 기독교인들은 10년이면 강산도 변한다는 논리를 앞세워 세대에 따라 복음을 적절히 변형하거나 새로운 전달 방식을 개발해야 한다고 주장한다. 바울이 이런 우리를 보면 깜짝 놀랄 것이 분명하다.

예수님의 가르침, 바울의 가르침

성경을 살펴보면, 예수님이 제자들에게 가르치신 것과 바울이 믿고 전한 것이 연속성을 지닌다는 사실을 금방 알 수 있다. 이는 아무리 눈을 부릅뜨고 살펴도 틀림없는 사실이다. 예수님의 복음은 하나님을 사랑이시라고 가르친다. 하나님은 악인과 선인에게 똑같이 해를 비추신다(마 5:45). 때가 되자 하나님은 사람들이 멸망하지 않고 영생을 얻게 하시려고 사랑하는 독생자를 보내심으로 가장 큰 사랑을 보여주셨다(막 1:15, 요 3:16).

바울의 복음도 하나님은 사랑이시라고 가르친다. 하나님은 모두에게 긍휼을 베푸신다. 그분은 하늘에서 비를 내려 결실기를 허락하시고, 음식과 기쁨으로 사람들의 마음을 만족시키신다(행 14:17). 때가 되자 하나님은 원수요, 죄인인 타락한 우리 인간을 위해 독생자를 내주심으로 지극한 사랑을 보여주셨다(갈 4:4, 롬 5:6-10).

예수님의 복음은 인간은 악하며 죄에 속박된 상태라고 가르친다(마 7:11, 요 8:34). 인간은 나쁜 열매를 맺는 못된 나무다(마 7:17). 인간은 하나님의 계시의 빛을 미워하며, 자신의 악한 행위가 드러날까 두려워 그 앞에 나오지 않는다(요 3:20). 그들의 마음에는 악한 생각, 살인, 간음, 음란, 도둑질, 거짓 증언, 비방이 가득하다. 심지어 가장 뛰어나고 고상한 도덕주의자들도 죽은 사람의 뼈가 가득 들어 있는 회칠한 무덤과 같을 뿐이다(마 15:19, 23:27).

바울도 "모든 사람이 죄를 범하였으매 하나님의 영광에 이르지 못하더니"(롬 3:23)라는 말로 타락한 인류의 상태를 여실히 드러냈다. 의로운 사람은 없다. 심지어 한 사람도 없다. 깨닫는 자도 없고, 하나님을 찾는 자도 없다. 다 치우쳐 함께 무익하게 되었으며, 선을 행하는 자는 없다. 그들의 눈앞에는 하나님을 두려워함이 없다(롬 3:10-18). 율법은 그들의 죄를 일깨우고, 그들의 자기 의를 깨부순다. 그리고 모든 변명을 가로막아 하나님의 긍휼에 온전히 의지하게 한다(롬 3:19).

예수님의 복음은 믿지 않는 사람은 하나님 앞에서 심판을 받고, 하나님의 진노가 그들 위에 머물러 있다고 가르친다(요 3:18, 36). 빌라도의 손에 죽은 갈릴리 사람들과 실로암 망대가 무너져 죽은 열여덟 사람은 다른 사람들보다 죄가 크기 때문에 그런 재난을 당한 것이 아니다. 모든 사람이 그런 불행을 당해야 마땅하다. 그런 불행에서 벗어날 수 있는 길은 오직 하나님의 긍휼뿐이다. 모두가 하나님의 진노 아래 죽임을 당해야 마땅하다. 회개하지 않으면 결국 멸망할 것이다(눅 13:1-5).

바울의 복음도 불의로 진리를 막는 사람들의 모든 경건하지 않음과 불의에 대해 하늘로부터 하나님의 진노가 나타난다고 가르친다(롬 1:18). 회개하지 않고 강퍅하게 구는 사람들은 하나님의 의로우신 심판이 나타나는 그날에 임할 진노를 쌓고 있는 중이다(롬 2:5).

예수님의 복음은 십자가가 구원의 핵심이자 완성이라고 가르친다. 그리스도께서는 영광을 얻으시기 위해 고난을 당하셔야 했다(눅 24:26). 따라서 예수님은 제자들에게 예루살렘에 가서 많은 고난을 받고 죽임을 당하고 제삼일에 살아나야 한다고 말씀하셨다(마 16:21). 그분은 겟세마네와 골고다에서 그분이 당하시는 고난이 사람들이나 마귀의 계략 때문만이 아니라는 사실을 드러내셨다.[15] 예수님은 십자가에서 하나님의 진노의 잔을 남김없이 들이키시고, 하나님께 버림받아 운명하셨다(눅 22:42, 마 27:46).

바울의 복음도 곳곳에서 예수님과 똑같은 진리를 전한다. 그는 자신이 받은 것을 가장 중요하게 여겨 사람들에게 전했다. 그는 그리스도께서 성경대로 우리 죄를 위해 죽으시고 장사되셨다가 사흘 만에 다시 살아나셨다고 증언했다(고전 15:3-4). 또한 그리스도께서 우리 죄를 짊어지시고 저주를 받아 하나님의

---

15) 겟세마네는 예수님이 체포되어 십자가에 처형되시기 전에 기도하신 장소이고, 골고다는 그분이 십자가에 못 박혀 처형된 장소다.

진노 아래 화목제물로 죽으셨다고 가르쳤다(고후 5:21, 갈 3:10-13, 롬 3:23-26). 그는 그리스도의 십자가가 유대인에게는 거리끼는 것이요, 이방인에게는 미련한 것이라고 말했다(고전 1:23). 바울에게 십자가는 사소한 주제가 아니었다. 십자가는 그의 전부였다. 바울은 십자가에 사로잡혔고, 그것을 끊임없이 의식했다(롬 1:1, 고후 5:14).

예수님의 복음은 회개와 믿음을 요구한다(막 1:15). 예수님은 그분의 요구를 받아들이는 이들은 영생을 얻을 것이라고 약속하셨다(요 5:24). 그리고 회개와 믿음을 거부하는 사람은 하나님의 진노 아래 멸망할 것이라고 경고하셨다(눅 13:1-5, 요 3:18-36).

마찬가지로, 바울의 복음도 똑같은 약속과 경고의 말씀을 전한다. 그는 유대인과 이방인들에게 회개하고 주 예수 그리스도를 믿으라고 말했다. 그는 하나님이 세상 만민에게 회개를 명하셨다고 선언했다. 불순종하는 자들에게 하나님의 진노가 임할 것이므로 헛된 말에 속아 넘어가지 말라고 경고했다(행 20:21, 엡 5:6).

예수님의 복음은 참된 회심에는 진지하고 값비싼 제자로서의 대가가 뒤따른다고 가르친다. 예수님은 종종 매우 과격한 요구를 제시하셔서 그분을 따르는 군중을 가려내셨다. 그분은 "무릇 내게 오는 자가 자기 부모와 처자와 형제와 자매와 더욱이 자기 목숨까지 미워하지 아니하면 능히 내 제자가 되지 못하고"(눅 14:26)라고 말씀하셨다. 심지어 제자들에게까지 "누구든지 나를 따라오려거든 자기를 부인하고 자기 십자가를 지고 나를 따를 것이니라 누구든지 제 목숨을 구원하고자 하면 잃을 것이요 누구든지 나를 위하여 제 목숨을 잃으면 찾으리라"(마 16:24-25)고 말씀하셨다.

바울의 복음도 제자에게 따르는 철저한 삶을 요구한다. 그는 그리스도인들에게 세상을 멀리하고 구별된 삶을 살아야 한다고 권고했다(고후 6:14-18). 또한 죄에 대해서는 죽고 하나님에 대해서는 산 자가 되어 자신을 의의 병기로 드리라고 가르쳤다(롬 6:11-14). 그 밖에도 그리스도 예수 안에서 경건하게 살고자 하는 사람은 많은 시련과 핍박을 받을 테지만, 끝까지 충실해야 한다고 말했다(행 14:22, 딤후 3:12).

예수님의 복음은 단지 입으로 믿음을 고백하는 것만으로는 구원의 확실한 증거가 될 수 없다고 가르친다. 예수님은 자기를 "주여, 주여"라고 부르는 사람이 모두 하늘나라에 들어가는 것이 아니라, 오직 하늘에 계신 아버지의 뜻대로 행하는 사람이라야 들어갈 것이라고 가르치셨다(마 7:21). 그분은 구원의 증거는 삶의 열매에 있기 때문에 좋은 열매를 맺지 않는 사람은 모두 잘려 불에 던져질 것이라고 말씀하셨다(마 7:16, 19-20).

바울의 복음도 똑같이 경고한다. 그는 그리스도를 믿는다고 고백한 사람은 자신이 진정으로 믿음 안에 있는지 깊이 성찰하라고 권고했다(고후 13:5). 경건의 모양만 있고 그 능력은 부인하는 사람이나 입으로는 하나님을 시인하지만 행위로는 부정하는 사람이 되어서는 안 된다고 강력히 경고했다(딤후 3:5, 딛 1:16).

마지막으로, 예수님의 복음은 미래의 심판과 지옥의 공포를 경고한다. 사실 예수님은 이 문제에 대해 선지자와 사도들이 한 말을 모두 합쳐놓은 것보다 더 많이 가르치셨다. 그분은 양과 염소가 확실히 구분되고, 많은 사람이 "저주를 받은 자들아 나를 떠나 마귀와 그 사자들을 위하여 예비된 영원한 불에 들어가라"(마 25:41)는 선고를 받을 큰 심판의 날이 다가오고 있다고 하셨다. 이 문제는 예수님께 굉장히 중요했기에 그분은 심지어 친구라고 생각하는 사람들에게까지 이렇게 경고하셨다.

> 내가 내 친구 너희에게 말하노니 몸을 죽이고 그 후에는 능히 더 못하는 자들을 두려워하지 말라 마땅히 두려워할 자를 내가 너희에게 보이리니 곧 죽인 후에 또한 지옥에 던져 넣는 권세 있는 그를 두려워하라 내가 참으로 너희에게 이르노니 그를 두려워하라(눅 12:4-5).

바울의 복음도 그리스도의 복음처럼 심판과 지옥에 관해 가르친다. 그는 사악한 자들이 "진노의 날 곧 하나님의 의로우신 심판이 나타나는 그날에 임할 진노를 네게 쌓는도다"(롬 2:5)라고 말했다. 그는 그리스도인과 비그리스도인 모두를 향해 하나님의 심판과 보응의 날이 다가오고 있다는 사실을 부인하는 사람들의 헛된 속임수에 현혹되지 말라고 경고했다. 하나님은 업신여김을 받지 않으신다. 불순종하는 자는 뿌린 대로 거두게 될 것이다(갈 6:7, 엡 5:6). 바울도 그리스도처럼 솔직하고 분명하게 경고했다.

주 예수께서 자기의 능력의 천사들과 함께 하늘로부터 불꽃 가운데에 나타나실 때에 하나님을 모르는 자들과 우리 주 예수의 복음에 복종하지 않는 자들에게 형벌을 내리시리니 이런 자들은 주의 얼굴과 그의 힘의 영광을 떠나 영원한 멸망의 형벌을 받으리로다(살후 1:7-9).

지금까지 살펴본 성경 말씀을 보면, 바울 사도가 서신서를 통해 전하고 정의한 복음이 그리스도의 복음과 전혀 모순되지 않는다는 것을 잘 알 수 있다. 모세와 선지자들, 복음서 저자들, 다른 신약 성경 저자들의 증언은 "성도에게 단번에 주신 믿음의 도"(유 1:3)와 관련하여 그리스도의 가르침과 완벽하게 일치한다. 누가 어떻게 말하고 무슨 트집을 잡든, 복음은 오직 하나다. 복음을 변경하거나 개작하거나 수정해서는 안 된다. 그렇게 하는 것은 그 동기나 이유와 상관없이 성경의 복음과는 무관한 다른 복음을 전하는 결과를 낳을 뿐이다(갈 1:6-7). 우리는 복음을 위해 복음을 더 새롭게 발전시킬 수 있다는 어리석고 위험한 생각을 버리고, 교회사에 등장한 허다한 증인들, 곧 성경대로 십자가에 못 박혀 죽으셨다가 다시 살아나신 그리스도를 전한 증인들의 대열에 서야 한다.

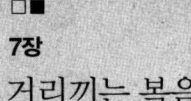
7장
거리끼는 복음

내가 복음을 부끄러워하지 아니하노니(롬 1:16).

지금까지 바울 사도의 복음을 개괄적으로 살펴보았다. 이번에는 바울에게 가르침을 들은 사람들이 복음을 멸시하고 적대시한 이유를 잠시 생각해 보기로 하자. 복음은 믿는 모든 사람에게 구원을 주시는 하나님의 능력이지만, 타락한 세상의 귀에는 믿기 어려운 불쾌한 메시지일 뿐이다.

철저한 배타성

육신적으로 생각하면, 바울은 복음을 부끄러워할 이유가 충분했다. 복음은 동시대인들이 고귀한 진리로 믿고 있던 모든 것과 정면으로 충돌하기 때문이다. 유대인에게 십자가에서 죽은 나사렛 사람을 메시아라고 선포하는 복음은 신성을 모독하는 것이었다. 헬라인에게 유대의 메시아가 육신을 입고 나타난 하나님이라고 말하는 복음은 얼토당토않은 주장이었다. 바울은 성령께서 개입하시어 청중의 생각과 마음을 열어주지 않으시면, 입을 열어 복음을 전할 때마다 멸시와 조롱을 받을 것이라는 사실을 잘 알고 있었다. 오늘날에도 고대의 복음은 여전히 거리끼는 것이다.[16] 복음은 현대에 등장한 모든 "주의"(ism), 곧 상대주의와 다원주의, 인본주의에 어긋나기 때문이다.

우리는 "절대적인 것은 없다"는 명제를 절대적으로 확신하고 있는 상대주의 문화에 살고 있다. 진리를 찾는 사람들을 칭찬하지만, 정작 누군가가 진리를 찾았다고 믿으면 교만하다고 비난하기 일쑤다. 우리는 스스로가 만든 암흑의 시대에 살고 있다.

그렇게 볼 만한 이유는 명백하다. 거듭나지 않은 상태인 자연인은 타락했고, 도덕적으로 부패했으며, 자율성을 추구하는 성향이 있다. 자연인은 하나님이 의로우시다는 이유로 그분을 미워하고, 그분의 율법이 자신을 비난하고 속박한다는 이유로 증오심을 드러낸다. 그가 진리를 미워하는 이유는 진리가 자신의 실체를 드러내고, 양심을 괴롭히기 때문이다. 따라서 타락한 인간은 진리, 특히 하나님에 관한 진리를 되도록 멀리하려고 아등바등 애쓴다. 그는 진리가 아예 존재하지 않는 척하거나, 설령 존재한다 해도 알 수 없고 인간의 삶과 무관하다는 식

---

[16] "고대의 복음"은 예수님과 사도들이 1세기에 전한 복음을 가리킨다.

으로 진리를 짓밟아 버린다.

하나님이 숨어 계시는 것이 아니라, 인간이 도망쳐 숨는 것이다. 문제는 지성이 아니라 의지다. 달려오는 코뿔소를 피하기 위해 모래에 머리를 처박고 있는 사람처럼 현대인은 의로우신 하나님의 진리와 도덕적인 절대 원리를 부인한다. 그렇게 해서라도 양심의 소리를 잠잠케 하고, 피할 수 없는 심판에 대한 생각을 일부러 잊어버리길 바라는 것이다. 사람들과 세상 문화가 기독교의 복음을 거리끼는 이유는 사람들이 원하지 않는 것을 행하기 때문이다. 다시 말해, 복음은 스스로 빠져든 잠에서 깨어나 반역과 타락의 상태에 처한 자신의 실상을 깨닫게 한다. 그리고 자율성을 주장하는 대신 죄를 뉘우치고 예수 그리스도를 믿어 하나님께 복종하라고 요구한다.

우리는 모든 것, 특히 종교에 관해서는 어느 종교든 진리라는 주장으로 사실상 진리에 종지부를 찍어버린 다원주의 시대를 살고 있다. 오늘날의 그리스도인들은 조금 이해하기 어려울 테지만, 사실 고대의 그리스도인들은 무신론자로 간주되어 핍박을 받았다. 당시 그들을 둘러싼 문화는 모두 유신론을 지향했다. 온 세상에 신들의 형상이 가득했으며, 종교는 수지맞는 사업이었다(행 19:27). 사람들은 다른 사람이 섬기는 신을 인정했을 뿐 아니라, 서로의 신을 함께 섬기거나 맞바꾸기도 했다. 갑자기 그리스도인들이 나타나 "사람의 손으로 만든 것들은 신이 아니라"(행 19:26)고 선언하기 전까지만 해도 세상의 종교는 아무 문제가 없었다. 그들은 가이사에게 경의를 표하는 것을 거부했고, 다른 신들에게 무릎을 꿇지 않았다. 오직 예수님만을 만민의 주님으로 고백했다(롬 10:9). 온 세상은 이런 태도를 도무지 용납할 수 없는 교만으로 간주했고, 관용을 인정하지 않는 그리스도인들에게 거침없이 분노를 드러냈다.

오늘날에도 이와 비슷한 현상이 전개되고 있다. 사람들은 종교와 도덕에 관한 견해가 근본적으로 서로 다르거나 모순되더라도 모두 다 "사실"이라는 비논리적인 주장을 편다. 가장 놀라운 현상은 대중 매체와 학자들을 통해 이런 개념이 재빠르게 주류를 형성하게 되었다는 것이다. 그러나 다원주의는 문제의 원인을 옳게 설명하거나 해결할 수 없다. 단지 환자를 마취시켜 생각하지도, 느끼지도 못하게 만들 뿐이다. 복음을 거리끼는 이유는 사람들을 마취 상태에서 깨워 그런 비논리적인 주장을 거부하게 만들기 때문이다. 복음은 "너희가 어느 때까지 둘 사이에서 머뭇머뭇 하려느냐 여호와가 만일 하나님이면 그를 따르고 바알이 만일 하나님이면 그를 따를지니라"(왕상 18:21)고 촉구한다.

참된 복음은 철저히 배타적이다. 예수님은 "하나의 길"(a way)이 아니라, "유일한 길"(the way)이시다. 다른 길은 길이 아니다. 만일 기독교가 관용을 중시하는 에큐메니컬리즘(ecumenicalism, 교회일치 운동)으로 한 걸음이라도 더 내디뎌 정관사를 부정관사로 바꾼다면, 배타성이 제거되고 세상과 기독교는 친구가 될 수 있을 것이다. 그러나 그런 일이 일어난다면 기독교는 더 이상 기독교가 아닐 것이다. 그리스도께서 부인당하시고 세계는 구세주를 잃게 될 것이다.

우리는 인본주의 시대에 살고 있다. 지난 수십 년간 인간은 그의 양심과 문화에서 하나님을 제거하려고 노력해 왔다. 인간은 유일하신 참하나님께 바치는 제단을 모두 허물고, 광적인 종교적 열정으로 스스로를 위해 기념비를 세웠다. 그리고 스스로를 만물의 중심이자 척도요, 목적으로 삼았다. 자신이 지닌 고유 가치를 찬양하고, 자긍심을 강조하며, 자아실현과 자아성취를 가장 큰 선으로 격상시켰다. 양심의 소리는 죄책감을 부추기던 고대의 종교가 남겨준 흔적으로 치부하는 한편, 세상의 도덕적 혼돈 상태에 대한 책임을 사회에 떠넘기거나 사회의 일부가 아직 덜 계몽되었다는 논리를 내세워 스스로를 변명한다. 또한 양심이 인간의 잘못을 옳게 질책하고 있다거나 세상의 온갖 불행이 인간의 책임에서 비롯되었다는 말은 입 밖에도 꺼내지 못하게 한다.

복음이 타락한 인간에게 거리끼는 것이 되는 이유는 인간이 스스로에게 갖는 환상을 깨뜨려 그의 타락한 상태와 죄책감을 드러내기 때문이다. 이것은 복음의 첫째 역할이다. 세상이 참된 복음 설교를 그토록 싫어하는 이유가 여기에 있다. 복음은 인간의 파티를 망치고, 인간의 화려한 행렬에 찬물을 끼얹으며, 인간의 몽상을 일깨우고, 인간이 벌거숭이 임금과 같다는 사실을 곧이곧대로 드러낸다.

성경은 예수 그리스도의 복음이 모든 시대, 모든 문화의 사람들에게 "거리끼는 것"과 "미련한 것"이 된다는 사실을 인정한다(고전 1:23). 그러나 복음에서 그런 특성을 제거하는 것은 그리스도의 십자가와 그 구원의 능력을 없애는 결과를 낳는다(고전 1:17, 23). 우리는 복음이 거리끼는 것이라는 사실을 이해해야 한다.

사실 복음은 거리끼는 것이 되어야 한다. 하나님은 복음의 어리석음을 통해 지혜로운 자의 지혜를 미련하게 하시고, 아무 육체도 자랑하지 못하도록 모든 인간의 교만을 꺾으신다(고전 1:19-20, 29). 성경에 기록된 대로 "자랑하는 자는 주 안에서 자랑"해야 한다(고전 1:31).

바울의 복음은 당시의 종교와 철학, 문화와 충돌하는 데 그치지 않았다. 아예 세상과 전쟁을 선포했다. 그의 복음은 세상과 휴전 협정이나 조약을 맺지 않았고, 예수 그리스도의 주권에 철저히 복종하라고 요구했다. 우리도 바울을 본받아야 한다. 복음을 시대의 유행이나 육에 속한 사람들의 욕구에 순응시키려는 유혹에 넘어가지 않도록 주의하라. 우리에게는 타락한 세상이나 거듭나지 못한 교인들의 관심을 사로잡기 위해 복음의 거리끼는 것을 순화시키거나 복음의 과격한 요구를 약화시킬 권리가 없다.

오늘날의 교회는 구도자 친화적인 전략을 다양하게 동원하여 복음을 재구성하는 한편, 거리끼는 것을 제거하고 그 칼날을 무디게 만들어 육에 속한 사람들의 구미에 맞게 복음을 변형하려고 노력한다. 구도자 친화적으로 되는 것은 바람직하지만, 구도자보다는 주님이 더 중요하다. 주님은 하나님이다. 교회와 메시지를 어딘가에 맞추려면, 사람이 아니라 주님께 맞춰야 한다. 교회를 세우거나 사역을 행하려고 노력할 때는 하나님의 권위를 거역하기보다 그분을 영화롭게 하려는 열정이 필요하다. 세상이 우리를 어떻게 생각하든 개의치 말라. 세상의 영광을 구해서는 안 된다. 우리는 하늘나라의 영광을 추구해야 한다.

믿기 어려운 복음

앞서 말한 대로, 바울은 복음을 부끄러워해야 할 이유가 충분했다. 그의 복음은 동시대인들이 신성한 진리로 생각한 모든 것과 정면으로 부딪쳤기 때문이다. 그 외에도 그는 복음을 부끄러워해야 할 이유가 한 가지 더 있었다. 바로 복음이 세상의 지혜로는 어리석다고 할 수밖에 없는 메시지, 곧 도무지 믿기 어려운 메시지를 담고 있기 때문이다.

그리스도인인 우리는 우리가 전하는 복음을 누군가가 진정으로 받아들일 때 그것이 얼마나 놀라운 일인지 깨닫지 못할 때가 많다. 복음이 로마 제국 전역으로 확산되었다는 것은 참으로 믿기 어려운 결과다. 그 사실만으로도 복음이 초자연적인 능력을 지녔다는 것을 입증하기에 충분하다. 대체 무엇이 구약성경을 전혀 알지 못하고, 오로지 헬라 철학과 이교의 미신만 알고 있던 이방인을 움직여 예수라는 사람에 관한 메시지를 믿게 할 수 있었을까?

- 예수님은 출신 배경이 의심스러운 인물이셨다. 그분은 로마 제국에서 가장 멸시받는 지역에 살던 한 가난한 가정에서 태어나셨다. **그러나 복음은** 그분이 한 유대인 처녀의 몸에 성령으로 잉태되신 하나님의 아들이시라고 증언한다.
- 예수님은 목수로 일하시다가 정식 교육도 받지 않은 채 순회 설교자로 활동하셨다. **그러나 복음은** 그분의 지혜가 헬라 철학자와 고대 로마 현인들의 지혜를 모두 합쳐놓은 것보다 월등하다고 증언한다.
- 예수님은 머리 둘 곳조차 없는 가난뱅이셨다. **그러나 복음은** 그분이 말씀으로 수천 명을 먹이셨고, 모든 질병을 고쳐주셨으며, 심지어 죽은 자를 살리셨다고 증언한다.
- 예수님은 예루살렘 외곽에서 반란의 수괴이자 신성모독자로 처형되셨다. **그러나 복음은** 그분의 죽으심이 인류 역사의 중심축이자 죄에서 구원받아 하나님과 화목하게 되는 유일한 길이라고 증언한다.
- 예수님은 남의 무덤에 안치되셨다. **그러나 복음은** 그분이 사흘 만에 죽은 자 가운데서 다시 살아나셨고, 많은 제자에게 나타나셨다고 증언한다. 또한 그로부터 40일이 지난 뒤에는 하늘에 올라가시어 하나님의 오른편에 앉으셨다고 말한다.
- 이처럼 복음은 자기 백성에게 신성모독자이자 정신병자로 취급당하고 국가에 의해 범죄자로 처형된 가난한 유대인 목수가 세상의 구주, 만왕의 왕, 만주의 주이시라고 증언한다. 가이사를 비롯해 모든 무릎이 그분의 이름 앞에 굴복할 것이다.

하나님의 능력이 아니면 누가 이런 메시지를 믿을 수 있겠는가? 하나님이 역사하지 않으셨다면, 복음은 로마 제국을 넘어 온 세상에 퍼지기는커녕 예루살렘조차 벗어나지 못했을 것이다. 단지 조직화된 힘이나 설교자의 언변술과 변증 능력에만 의존했다면, 복음은 시작되는 순간 곧 말라죽어 버렸을 것이다. 월스트리트에서 빌려온 마케팅 전략이나 세상의 선교 전략을 총동원한다고 해도 미련하고 거리끼는 복음을 확산시키기에는 역부족이었을 것이다.

이런 사실은 우리가 믿는 믿음을 전하려고 노력하는 이들에게 용기가 되기도 하고, 경고가 되기도 한다. 즉, 한편으로는 충실하고 단순한 복음 선포를 통해 복음을 세상에 널리 퍼뜨릴 수 있다는 사실을 일깨워주어 용기를 북돋우지만, 다른 한편으로는 우리의 명석함이나 언변술, 기발한 책략으로 복음을 전할 수 있다는 헛된 망상에 사로잡혀서는 안 된다고 경고한다. 그런 방법들은 사람들의 "불가능한" 회심을 가능하게 할 능력이 없다(고전 1:17-25). 우리는 "복음은 모든 믿는 자에게 구원을 주시는 하나님의 능력"(롬 1:16)이 된다는 사실을 믿고 조금도 복음을 부끄러워하지 않으면서 절박하면서도 희망적인 태도로 성경이 제시하는 복음전도의 방식(곧 복음의 메시지를 담대하고 명확하게 선포하는 것)을 따라야 한다.

우리는 불신과 회의가 만연한 시대에 살고 있다. 세상은 우리의 믿음을 근거 없는 신화라고 비웃으며, 우리를 편협한 외골수 또는 종교적인 책략에 속아 넘어간 연약한 희생자로 간주한다. 우리는 그런 공격에 맞서 때로 방어적인 자세를 취하고, 우리의 견해와 적절성을 변증하여 반격을 시도한다. 그런 노력은 매우 유익하면서도 필요한 일이다. 그러나 복음의 능력은 여전히 복음을 선포할 때 발휘된다는 것을 잊지 말라. 우리 스스로는 어느 한 사람도 믿게 만들 수 없다. 그것은 우리가 죽은 자를 살릴 수 없는 것과 같다. 믿음은 성령의 역사를 통해 생겨난다. 사람들은 오직 하나님의 초자연적 역사를 통해서만 믿을 수 있다. 하나님은 인간의 지혜나 지식이 아니라, 십자가에 못 박히셨다가 죽은 자 가운데서 다시 살아나신 그리스도를 전할 때에 역사한다고 약속하셨다(고전 1:22-24).

우리는 복음이 믿기 어려운 메시지라는 사실을 기억해야 한다. 성령의 은혜롭고 강력한 역사가 없으면, 사람들이 믿기는커녕 우리의 말에 귀를 기울이지도 않을 것이다. 하나님의 능력이 없는 우리의 설교는 무기력할 수밖에 없다. 설교자는 하나님을 온전히 의지해야 한다. 하나님이 사람들의 마음을 움직여주지 않으시면, 우리의 복음전도는 어리석은 바보의 심부름에 지나지 않는다. 그러나 우리가 구원의 능력을 지닌 메시지, 곧 복음을 충실히 전한다면 하나님이 기꺼이 역사하실 것이다.

8장
강력한 복음

이 복음은 모든 믿는 자에게 구원을 주시는 하나님의 능력이 됨이라(롬 1:16).

인간이 스스로를 죄와 죄의 심판에서 구원할 수 없다는 것은 성경 전체를 관통하는 주제다. 욥은 "내가 눈 녹은 물로 몸을 씻고 잿물로 손을 깨끗하게 할지라도 주께서 나를 개천에 빠지게 하시리니 내 옷이라도 나를 싫어하리이다"(욥 9:30-31)라고 말했다. 시편 저자는 자신의 죄가 항상 자기 앞에 있다고 탄식했고(시 51:3), 바울 사도는 절망스러운 심정으로 "오호라 나는 곤고한 사람이로다 이 사망의 몸에서 누가 나를 건져내랴"(롬 7:24)라고 부르짖었다.

구원에 대해 인간이 전적으로 무능하다는 사실은 성경이 전하는 가장 암울한 진리이기도 하다. 그러나 이 진리는 인간을 겸손하게 하고, 복음의 구원 능력을 부각시키는 중요한 목적을 수행한다. 바울은 로마 신자들에게 보낸 편지에서 그리스도께서 경건하지 않은 자를 위해 죽으신 이유가 인간이 스스로를 구원하기에 전적으로 무능력하기 때문이라고 말했다.[17] 인간에게만 맡겨놓으면 그는 스스로를 구원할 수 없다. 그러나 하나님은 인간을 버려두지 않으시고, 독생자의 복음을 통해 구원의 길을 제시하셨다. 사람에게 불가능한 것이 하나님께는 가능하다. 하나님은 구원하실 능력이 있으시며, 또한 온전히 구원하실 수 있다.[18]

복음에 나타난 하나님의 능력

성경에는 하나님의 능력을 보여주는 사건이 많다. 그분은 말씀으로 세상을 창조하셨다(창 1:3, 히 11:3). 수효대로 만상을 이끌어내시고 그들의 모든 이름을 부르시니 그분의 권세가 크고 그분의 능력이 강하시므로 하나도 빠짐이 없다(사 40:26). 하나님은 콧김으로 바닷물을 가르신다(출 15:8). 그분 앞에서는 산들이 불 앞에 있는 밀초처럼 녹아 비탈로 쏟아지는 물처럼 된다(미 1:4). 하나님은 리워야단을 새처럼 다루신다(욥 41:5). 그분은 하늘의

---

17) 롬 5:6. "무능력"(powerless, NIV) 또는 "무기력"(helpless, NASB)은 "허약하다", "연약하다", "유약하다", "힘없다", "견고하지 못하다"를 뜻하는 헬라어 "아스데네스"(*asthenes*)에서 유래했다.
18) "에돔에서 오는 이 누구며 붉은 옷을 입고 보스라에서 오는 이 누구냐 그의 화려한 의복 큰 능력으로 걷는 이가 누구냐 그는 나이니 공의를 말하는 이요 구원하는 능력을 가진 이니라"(사 63:1). "그러므로 자기를 힘입어 하나님께 나아가는 자들을 온전히 구원하실 수 있으니 이는 그가 항상 살아 계셔서 그들을 위하여 간구하심이라"(히 7:25).

군대에게든지 땅의 사람들에게든지 그분 뜻대로 행하신다. 하나님의 손을 피하거나 하나님께 무엇을 하시느냐고 감히 따져 물을 사람은 아무도 없다(단 4:35). 이것이 우리 하나님의 능력이다. 그러나 이 모든 능력도 예수 그리스도의 복음을 통해 나타난 능력에 비하면 빛이 바랜다.

바울은 본문에서 복음을 "하나님의 능력"이라고 말했다. "능력"은 헬라어 "두나미스"(*dunamis*)를 번역한 것이다. 용어 자체로는 특이한 점이 없지만, 성경의 문맥에서는 매우 특별한 의미를 지닌다. 바울은 분명 하나님이 능력을 베푸시어 자기 백성을 구원하신 구약 성경의 수많은 사건을 염두에 두었을 것이다. 하나님은 큰 권능과 전능하신 손으로 이스라엘을 애굽에서 구원하셨고(출 32:11, 신 9:29, 왕하 17:36, 느 1:10, 시 77:14-15), 온 세상에 그분의 이름을 널리 알리시고 그 권능을 보여주시기 위해 바로를 세우셨다(출 9:16). 하나님은 그분의 이름을 위해 이스라엘을 구원하시고 그 큰 권능을 만인에게 알게 하셨다(시 106:8). 또한 이스라엘 백성에게 그들의 구원이 그들 자신의 힘과는 전혀 무관하고, 모든 것이 그분의 권능으로 이루어졌다는 사실을 종종 일깨워주셨다(신 8:16-17).

로마서 1장에는 16절 외에 "두나미스"라는 용어가 쓰인 곳이 두 군데 더 있다. 하나는 예수님을 죽은 자 가운데서 다시 살려 하나님의 아들로 선포한 능력을 가리키고(롬 1:4), 다른 하나는 우주를 창조하고 유지하는 사역을 통해 나타난 하나님의 능력을 가리킨다(롬 1:20). 둘 다 성경에 나타난 하나님의 전능하신 능력을 드러낸다. 그러나 복음의 능력은 여기에 조금도 뒤지지 않는다. 복음은 구원(정죄함에서 구원하여 새 탄생이라는 영적 부활을 거쳐 계속해서 거룩해지게 만드는 것)을 주는 하나님의 능력이기 때문이다.

복음의 능력을 알려면 두 가지 질문을 던져보면 된다. 첫째, "죄인을 구원하려면 얼마나 큰 능력이 필요한가?" 구원은 결코 쉬운 사역이 아니다. 구원은 오직 하나님만 하실 수 있는 일이다(마 19:26). 인간은 타락해 도덕적으로 부패했기 때문에 스스로를 구원할 수 없다. 성경은 인간에게 주어진 하나님의 형상이 심각하게 훼손되었고, 도덕적 부패가 그의 존재 전체를 오염시켰다고 가르친다.[19] 인간은 하나님과 전쟁을 선포한 상태다. 인간의 능력 안에 있는 것은 모두 하나님의 진리를 가로막거나 짓누른다(롬 1:18, 30, 5:10). 성경은 인간이 하나님께 나아갈 의지가 없기 때문에 그분 앞에 나아갈 수 없다고 가르친다. 게다가 인간의 마음은 악하기 때문에 하나님께 나아가지 않는다. 예수님은 이 진리를 분명하게 가르치셨다.

> 그 정죄는 이것이니 곧 빛이 세상에 왔으되 사람들이 자기 행위가 악하므로 빛보다 어둠을 더 사랑한 것이니라 악을 행하는 자마다 빛을 미워하여 빛으로 오지 아니하나니 이는 그 행위가 드러날까 함이요(요 3:19-20).

---

[19] 도덕적 부패는 인간의 육체(롬 6:6, 12, 7:24, 8:10, 13)와 생각(롬 1:21, 고후 3:14-15, 엡 4:17-19)과 감정(롬 1:26-27, 갈 5:24, 딤후 3:2-4)과 의지(롬 6:17, 7:14-15)에 두루 영향을 끼쳤다.

인간의 마음을 감싸고 있는 타락의 방호벽은 여리고 성벽보다 훨씬 강하고 단단하다. 인간은 스스로의 힘으로는 그 벽을 허물 수 없다. 자신의 부패한 마음을 정복할 수 없다. 이것이 바로 사람을 구원할 때 나타나는 하나님의 능력이 온 우주를 창조할 때 나타난 그분의 능력보다 훨씬 강하다고 말하는 이유다. 하나님은 우주를 "무에서"(ex nihilo) 창조하셨다. 그러나 인간을 구원하시는 일은 그보다 훨씬 어렵다. 타락하고 부패한 인간의 본성에서 선한 것을 재창조하느니 차라리 무에서 선한 것을 창조하는 것이 더 쉽다.

사족처럼 들리더라도 인간의 타락한 상태와 도덕적 부패를 올바르게 이해하기 전에는 구원을 베푸는 복음의 능력을 진정으로 이해할 수 없다는 사실을 거듭 강조해야 한다. 인간의 타락을 깊이 이해할수록 복음의 능력을 더욱 깊이 절감할 수 있다. 아울러 오늘날의 복음전도에서 흔히 찾아볼 수 있는 온갖 방법론과 마케팅 전략, 도구와 수단들이 무익하고 헛되다는 것을 알 수 있다. 사람들이 구원받으려면 복음 선포를 통해 하나님의 초자연적인 능력이 나타나야만 한다.

둘째, "구원의 능력은 오로지 복음에서만 발견되는가?" 예수 그리스도의 복음은 구원을 주시는 하나님의 능력이다. 복음은 필요한 것의 핵심이나 일부가 아니라 전부다. 복음이 사람들에게 영향력을 행사하게 하는 방법은 오직 한 가지, 곧 선포뿐이다. 복음을 적절하게 개작하거나 이해하기 쉽게 조절하거나 힘써 변호하려고 애쓸 필요가 없다. 담대하게 복음을 선포하면 복음은 그 자체로 능력을 발휘한다. 육적인 수단과 방법을 모두 포기하고 오직 복음만 선포하며, 중보기도를 드리고, 희생적인 사랑으로 수고를 다하는 설교자 한 사람이 모든 전략가와 혁신가의 계책을 다 합쳐놓은 것보다 세상을 위해 더 많은 일을 할 수 있다.

성경과 교회가 이 사실을 확증하고 있는데도 현대의 복음전도를 살펴보면, 복음주의자들이 더 이상 이런 식으로 생각하고 있지 않다는 것을 알 수 있다. 옛 찬송가는 부를 때는 무척 은혜롭지만, 실제로 그것을 믿고 적용하는 것은 아무리 좋게 말해도 순진무구한 것 같은 생각이 든다. 이런 이유로 요즘의 "모델 교회"(model church) 가운데에는 시온의 방주보다는 예수님의 이름을 붙인 놀이공원을 연상시키는 교회가 많다. 이들 교회는 축소되었거나 수정된 복음을 제시할 뿐 아니라, 여러 놀거리와 볼거리를 제공하여 성경의 복음을 발견하기 어렵게 만든다. 단순한 메시지 선포에는 더 이상 능력이 없다고 생각하기 때문에 그들은 자신 있는 리더십, 최신 전략, 문화적 감수성, 문화가 요구하는 대로 교회를 변형시키는 방법에 의존한다.

우리 세계는 갈수록 종교화되고 있지만, 동시에 더욱 반기독교적인 성향을 드러내기도 한다. 이런 상황에서 오늘날의 복음전도는 돌파구를 찾는다고 하지만, 방향을 잡지 못하고 있다. 우리는 문화의 유행이나 흐름을 주의 깊게 살핀 다음, 복음의 적절성을 높이는 데 필요하다고 생각하는 것을 변형시킨다. 이 시대 문화가 우리가 지닌 것을 원하지 않을 때는 그들이 원하는 것을 주려고 애쓴다. 특정한 사역 모델이 육에 속한 사람들을 많이 끌어모으는 효과를 나타내기만 하면, 앞다퉈 방법론에 관한 책을 저술해 모두가 그 방법을 따를 수 있도록 유도한다. 우리는 그런 모든 노력으로 사실상 복음이 적절해지는 것은 아님을 의식하지 못한다. 그런 노력은 경건하지 못한 문화를 우리의 울타리 안에 붙잡아두기 위해 사람들의 비위를 맞추는 아첨에 지나지 않는다. 결국 복음은 사라지고, 하나님은 영광을 거두지 못하시며, 세상은 지옥을 향해 달려가고 있는 형국이 되는 것이다.

오늘날의 교회는 오로지 복음을 통해 역사하겠다고 약속하신 하나님과 복음만 굳게 붙들고 적대적인 사람들 앞에 당당히 나설 수 있는 사람들이 필요하다. 사울의 갑옷은 다윗을 성가시게 했을 뿐이다. 만일 다윗이 그 옷을 입었다면 그 모습이 얼마나 우스꽝스러웠을까? 갑옷의 무게는 그의 민첩성과 힘을 약화시킨다. 그는 갑옷을 벗어버리고 오직 하나님의 이름만으로 거인 골리앗을 상대하겠다는 엄중한 결단을 내렸다. 마찬가지로, 우리도 사울의 갑옷과 무기를 버리고 오직 복음이라는 매끈한 돌 하나만 들고 전쟁터에 나가야 한다. 우리는 중대한 결정을 내려야 한다. 현대의 모든 인위적인 방법과 전략, 기발한 복음전도 기술을 포기하라. 오직 십자가에 못 박히셨다가 죽은 자 가운데서 다시 살아나신 그리스도의 절대적인 복음과 성경만 가지고 불신앙과 회의라는 두 거인을 상대하라. 그러면 하나님의 능력이 밝히 나타나 가장 극악한 죄인들조차도 진정으

로 죄를 뉘우치는 모습을 볼 수 있을 것이다. 하나님께 어려운 일이 있겠는가?(창 18:14)

육적인 것과 조금이라도 관련이 있는 수단으로는 구원받을 수 없다. 이 사실과 인간의 전적 타락을 옳게 이해해야만 비로소 바울이 복음의 능력을 그토록 자랑한 이유를 깨달을 수 있다. 그가 아레오바고에서 십자가에 못 박혀 죽은 유대인을 우주의 하나님이요, 세상의 구주로 선포할 수 있었던 것은 바로 그것을 깨달았기 때문이다(행 17:22). 그는 설득력 있는 논증이나 화려한 수사법을 원하지 않았다. 그저 끝까지 인내하며, 오직 복음만 담대하고 분명하게 외치면 사람들이 회심할 것이라고 확신했다(행 17:34). 윌리엄 캐리를 비롯해 수많은 선교사가 오랫동안 영적 가뭄을 견디며 추수할 때를 기다릴 수 있었던 것도 바로 이런 확신 때문이었다. 복음은 구원을 주시는 하나님의 능력이다. 복음을 전하면 사람들은 회심할 것이다.

복음이 주는 선물

성경은 "구원이 믿음의 목적"이라고 가르친다(벧전 1:9). 복음의 경우도 마찬가지다. 바울에 따르면, 복음이 인간에게 주는 가장 큰 선물은 "영혼의 구원"이다. 하나님은 세상을 구원하시기 위해 독생자를 보내셨다(요 3:17). 구원은 지금까지 교회의 영광스러운 주제이자 가장 위대한 찬송가의 주제였다. 옛 성도들에게 구원은 복음이 주는 많은 축복 가운데 하나가 아니었다.

일단 주어지면 성도의 삶을 온통 사로잡아 더 이상 다른 것을 원하지 않게 만드는 가장 큰 축복이었다. 자아와 죄로부터의 구원, 심판과 진노로부터의 구원, 하나님과의 화해, 그리스도를 아는 지식, 그것으로 충분했다.

안타깝게도, 최근 몇 십 년 동안 구원은 그 가치를 상당 부분 잃어버렸다. 구원의 약속은 더 이상 죄인을 회개하게 만들거나 성도에게 참된 헌신의 열정을 심어주는 강하고 충분한 동기로 작용하지 않는다. 결국 복음을 호소력 있게 만들려면 다른 많은 약속을 덧붙일 수밖에 없다. 현대 기독교가 사람들의 이목을 끌기 위해 꺼내는 카드는 건강과 부, 비전과 세력, 현재의 삶을 최대한 개선하는 것 등이다. 사실 설교자가 강단에서 약속하는 것이나 교인들이 가장 바라는 것은 한결같이 예수님이 참된 제자의 삶에 걸림돌이 된다고 경고하신 것들뿐이다(마 16:24-26). 예수님의 가르침에 따르면, 구원받기 위해 온 세상을 잃을 수도 있다. 그러나 그분은 구원을 얻는 것에 비하면 그것은 작은 손실일 뿐이므로 결코 손해가 없는 거래라고 암시하셨다(막 8:36-37).

이렇게 성경은 구원에 엄청난 가치를 부여하고 있는데, 왜 현대인의 영혼은 구원의 약속만으로는 아무런 감동도 느끼지 못하는 것일까? 현대인에게 복음이 호소력을 갖추려면 왜 다른 속된 약속들을 덧붙여야 하는 것일까?

첫째 이유는 사람들이 자신의 비참한 상태를 알지 못하기 때문이다. 운명이 바뀌어 빈털터리가 되기 전까지 부자는 빵 한

조각에 기뻐할 이유를 전혀 알지 못한다. 마찬가지로, 죄인도 죄의 끔찍한 실체가 확연히 드러나 자신의 곤고한 것과 가련한 것과 가난한 것과 눈먼 것과 벌거벗은 것을 알지 못하는 한, 절대 구원의 기쁨을 알 수 없다(계 3:17).

둘째 이유는 자신이 당하게 될 위험이 얼마나 큰지 알지 못하기 때문이다. 바꾸어 말해, 구원을 얼마나 귀하게 여기느냐는 스스로가 처한 위험이 무섭다는 것을 얼마나 의식하느냐에 달려 있다. 지옥의 현실과 하나님의 진노를 분명하게 알아야만, 복음을 통한 구원의 진가를 진정으로 깨달을 수 있다.

셋째 이유는 구원을 확보하기 위해 값을 따질 수 없는 대가가 치러졌다는 사실을 이해하지 못하기 때문이다. 영혼을 구원하는 값은 매우 엄청나 인간으로서는 감당할 수 없다(시 49:8). 그 값을 지불할 수 있는 분은 오직 하나님뿐이다. 하나님은 독생자의 귀한 피로 그 값을 온전히 지불하셨다(벧전 1:18-19). 그리스도의 가치를 알지 못하는 죄인들은 그분이 복음 안에서 자신들을 위해 이루신 일을 결코 이해할 수 없다.

넷째 이유는 거듭나지 못한 사람은 항상 그런 상태로 머물 수밖에 없기 때문이다. 소경은 석양의 아름다움을 알 수 없고, 귀머거리는 가장 아름다운 소나타에도 감동을 느끼지 못하며, 이성이 없는 짐승은 예술을 이해할 수 없다. 마찬가지로, 거듭나시 않고 회개하지 않은 사람은 영적으로 소경과 같고, 귀머거리와 같고, 짐승과 같아서 하나님의 진리를 들을 수 없다. 그리고 주님의 선하심을 맛보아 알 수 없으며(시 34:8), 오직 동물적인 정욕을 채우기에 급급할 뿐이다. 그래서 예수님은 사람이 거듭나지 않으면, 하나님 나라의 가치를 옳게 이해하기는커녕 그 나라를 볼 수 없다고 말씀하신 것이다(요 3:3). 육에 속한 사람들, 곧 그리스도와 의를 사모하는 것(마 5:6) 외에 다른 목적으로 교회에 나오는 사람들은 단지 교회의 등록 명부만 채울 뿐이다. 복음을 매혹적으로 보이게 하려고 현실에 필요한 실질적인 약속들을 덧붙이면, 사람들은 원하는 것을 얻기 위해 계속 교회 안에 머무른다. 이것은 종교라는 허울 아래 그들의 육신을 만족시키는 결과만 낳을 뿐이다. 그런 사람들의 영혼은 참된 구원을 갈망하지 않으며, 하나님에 대해 여전히 죽어 있는 상태다.

구원의 정의

바울 사도는 복음이 구원을 주시는 하나님의 능력이라고 말했다. 이 말만으로 충분한 듯 보이지만 용어를 좀 더 자세히 정의해 보자. 바울은 구원을 어떤 의미로 말했을까? 이 문제에 관해서는 사람마다 견해가 크게 엇갈린다. 우리 모두 똑같은 견해를 갖고 있다는 생각은 잘못된 것이다. 복음이 제공하는 구원은 다양한 측면을 지니지만, 가장 중요한 측면은 크게 세 가지로 압축될 수 있다. 첫째는 정죄함에서의 구원이요, 둘째는 죄의 권세에서의 구원이며, 셋째는 죄의 현실에서의 온전한 구원이다. 이 주제들은 시간적인 순서, 즉 과거와 현재와 미래의 순서대로 전개된다. 복음을 믿는 사람은 정죄함에서 구원받았고, 죄의 권세에서 구원받으며, 궁극적으로 죄의 현실에서 완전히 해방될 것이다.

그리스도인은 정죄함에서 구원받았다. 이것은 이미 이루어진 과거다. 성경은 모든 사람이 아담의 죄와 그 자신의 악한 행위로 인해 정죄되었다고 가르친다(롬 5:12-19, 3:23). 이 정죄함은 궁극적으로 하나님의 심판의 보좌 앞에서 이루어진다. 하나님은 장차 죄인들을 가려내 심문하신 뒤 그들을 지옥에 보내실 것이다(계 20:11-15). 그러나 그리스도인의 경우에는 그런 일이 일어나지 않는다. 그리스도인은 회개하고 복음을 믿는 순간에 하나님 앞에서의 운명이 영원히 온전하게 변화된다(막 1:15). 그는 믿음으로 의롭다 하심을 얻고, 하나님과 화평을 누린다.[20] 성경은 "그러므로 이제 그리스도 예수 안에 있는 자에게는 결코 정죄함이 없나니"(롬 8:1)라고 선언한다.

그리스도인은 현재 죄의 권세에서 구원받고 있다. 그리스도인 안에서 선한 일을 시작하신 하나님은 그 사역을 마지막까지 완전하게 수행하시고, 그를 모든 더러운 것과 우상 숭배에서 깨끗하게 하실 것이라고 약속하셨다(빌 1:6, 겔 36:25). 성경은 하나님이 의롭다 하실 뿐 아니라, 거룩하게 하신다고 가르친다(살

---

20) 롬 5:1. "의롭게 하다"(justified)라는 말은 법정에서 사용하는 법률 용어다. 의롭다 하심을 받는 것은 하나님과의 관계 회복을 법적으로 인정받는 것을 뜻한다. 이것은 인간이 지닌 공로나 가치로 이루어지지 않고, 예수 그리스도와 그분의 죽음이 지닌 공로와 가치로 이루어진다.

전 5:23). 모든 그리스도인은 예외 없이 하나님이 "만드신" 결과물이다(엡 2:10). 하나님은 모든 그리스도인의 삶 속에서 강력하고 효과적으로 역사하시며, 그들의 의지를 인도하시고, 그분을 기쁘시게 하는 일을 행할 수 있는 힘을 주신다(빌 2:13).

성화의 사역은 구원의 핵심 요소 가운데 하나다. 진정한 그리스도인은 하나님이 계획하시고, 이끄시며, 능력을 주어 행하게 하시는 성화의 과정을 반드시 거치게 되어 있다. 현재를 살면서 점차 거룩해지는 것이 의롭다 하심을 받았다는 가장 큰 증거라는 것은 오랫동안 유지되어 온 복음의 진리다. 우리가 정죄함에서 구원받았다고 확신할 수 있는 이유는 하나님이 죄의 권세에서 우리를 구원하고 계시기 때문이다.

육신의 연약함 때문에 이 과정이 순조롭지 못할 때도 있다. 우리의 성화는 대부분 삼보 전진, 일보 후퇴의 과정을 반복하는 경우가 많다. 그러나 모든 그리스도인의 삶에서는 성화가 이루어지는 흔적을 볼 수 있다. 성화 없이 구원받을 수 있다고 말하는 복음은 왜곡된 복음이다. 성경은 "징계는 다 받는 것이거늘 너희에게 없으면 사생자요 친아들이 아니니라……모든 사람과 더불어……거룩함을 따르라 이것이 없이는 아무도 주를 보지 못하리라"고 말한다.[21]

그리스도인은 장차 죄의 현실과 그 부패한 영향력에서 온전

---

21) 히 12:8, 14. "징계"(discipline)라는 말은 하나님이 그리스도인의 삶에 개입하셔서 거룩함을 추구하도록 독려하는 것을 뜻한다.

히 구원받을 것이다. 이 사역은 두 가지를 요구한다. 첫째, 그리스도인은 변화되어야 한다. 그의 부패한 육신이 제거되고, 몸이 속량되는 것이다(고전 15:50, 롬 8:23). 마지막 나팔 소리가 울릴 때 홀연히 변화될 것이고, 그 몸이 썩지 않을 것으로 다시 살아나고 죽을 것이 죽지 않음을 입을 것이다(고전 15:52-53). 둘째, 새 하늘과 새 땅이 준비되고(계 22:3), 피조물이 저주와 부패에서 해방되어 "하나님의 자녀들의 영광의 자유"에 이르러야 한다(롬 8:21-22). 이 마지막 구원의 단계는 아직 미래의 일이지만, 나머지 두 단계만큼이나 확실하다. 성경은 "미리 정하신 그들을 또한 부르시고 부르신 그들을 또한 의롭다 하시고 의롭다 하신 그들을 또한 영화롭게 하셨느니라"(롬 8:30)는 말씀으로 이 사실을 분명히 한다.

하나님의 무한한 능력이 복음 안에 나타났다. 회개와 믿음을 불러일으키는 것은 오직 복음뿐이다. 복음 말고는 그 무엇도 죄인을 성도로 변화시킬 수 없다. 오직 복음만이 많은 사람을 이끌어 영광으로 들어가게 할 수 있다(히 2:10).

9장
모든 믿는 자를 위한 복음

> 이 복음은 모든 믿는 자에게 구원을 주시는 하나님의 능력이 됨이라 먼저는 유대인에게요 그리고 헬라인에게로다(롬 1:16).

복음의 부름은 보편적이다. 그리스도의 구원 사역은 세상의 한쪽 구석이 아니라, 종교적인 세계의 한복판에서 이루어졌다(행 26:26). 그리스도의 죽음과 부활에 관한 소식은 온 세상으로 신속하게 퍼져나갔다(골 1:5-6). 더욱이 그리스도께서는 특정한 사람들만 구원하시기 위해 오신 것이 아니다. 그분은 모든 족속과 방언과 백성과 나라 가운데 속해 있는 사람들을 구원하시기 위해 피를 흘리셨다(계 5:9). 구약 성경은 메시아께서 나라들을 유업으로 받으실 것이라고 예언했다(시 2:8). 그리스도의 "지상명령"(Great Commission)은 그 약속을 실현하기 위한 것이다. 그리스도께서는 그리스도인들에게 온 세상에 나가 모든 민족에게 복음을 전하라고 명령하셨다. 복음을 믿고 세례를 통해 그리스도와 하나가 되었다는 사실을 공개적으로 보여주는 사람은 구원을 받을 것이고, 믿지 않는 사람은 정죄당할 것이다(막 16:15, 마 28:18-20).

모든 믿는 사람에게 주어지는 구원

신구약 성경 모두 믿음으로 복음의 축복을 받을 수 있다고 가르친다. "의인은 그의 믿음으로 말미암아 살리라"는 하박국의 신조는 모든 참믿음의 근간이다(합 2:4, 롬 1:17). 이 말씀은 구원의 핵심 원리이자 참된 영적 부흥을 일으키는 불씨다. 이 말씀이 없으면 구원의 문이 열리지 않는다. 영광에 이르는 비밀 암호는 "나는 믿는다"이다. 바울은 이 진리를 납득시키기 위해 같은 표현을 거듭 사용하였다.

> 사람이 의롭게 되는 것은 율법의 행위로 말미암음이 아니요 오직 예수 그리스도를 믿음으로 말미암는 줄 알므로 우리도 그리스도 예수를 믿나니 이는 우리가 율법의 행위로써가 아니고 그리스도를 믿음으로써 의롭다 함을 얻으려 함이라 율법의 행위로써는 의롭다 함을 얻을 육체가 없느니라(갈 2:16).

행위로 구원받을 수 없는 근본 이유는 두 가지다. 첫째, 인간에게는 내세울 만한 행위가 없다. 인간의 삶에는 구원의 공로가 될 만한 것이 아무것도 없다. 인간의 행위는 모두 거룩하신 하나님의 심판을 불러올 뿐이다. 성경은 의인은 없되, 한 사람도 없다고 선언한다. 선을 행하는 자도 아무도 없다(롬 3:10-12). 사실 인간의 가장 훌륭한 행위나 가장 위대한 희생도 하나님 앞에서는 더러운 누더기 같을 뿐이다(사 64:6). 이 진리는 인간의 자긍심을 꺾어놓는다. 하나님 앞에서 자신을 내세우려는 마음을 없애고, 자신의 힘으로 하나님의 은혜를 얻을 수 있다는 생각을 완전히 제거하려면, 이 진리를 양심에 깊이 새겨야 한다. 인간은 자신의 곤궁한 상태를 의식하고 옛 찬송가 가사처럼 "빈 손 들고 앞에 가 십자가를 붙드네"라고 부르짖은 후에야 비로소 믿음으로 하나님 앞에 나갈 수 있다.[22]

행위로 구원받을 수 없는 둘째 이유는 그것이 하나님을 영화롭게 하지 못하기 때문이다. 행위 구원은 마치 하나님이 채무자인 양 그분께 피조물의 공로에 보상해야 할 의무를 지운다. 행위 구원은 종교 형태를 띤 인본주의에 지나지 않는다. 행위 구원은 자신의 의지로 구덩이에서 일어나 온갖 시련을 극복하면서 구원을 얻어내는 신화적 인간을 만들어낸다. 그와 달리, 진정한 그리스도인은 오직 믿음을 붙잡는다. 그는 자신이 "타락으로 인해 버림받아 멸망했다"는 사실을 알고, 자아를 의지하는 생각을 버리고 구원자이신 하나님의 신실한 약속을 붙잡는다.[23]

성경은 이렇게 말한다.

---

[22] 어거스터스 토플레디, "만세 반석 열리니"(1776).
[23] 조지프 하트, "나 일어나 예수님께 나가리"(1759).

> 여호와여 영광을 우리에게 돌리지 마옵소서 우리에게 돌리지 마옵소서……주의 이름에만 영광을 돌리소서(시 115:1).
>
> 자랑하는 자는 주 안에서 자랑하라(고전 1:31, 참조. 롬 3:27).

구원은 믿음으로만 얻을 수 있기 때문에 믿음의 본질을 이해하는 것은 더할 나위 없이 중요하다. 귀신들도 믿고 떤다. 어쩌면 두려워 떠는 귀신들이 구원 신앙을 가졌다고 자처하는 일부 사람들보다 더 경건할 수도 있다(약 2:19). 성경에 따르면, 믿음이란 회개한 죄인이 하나님이 약속하신 것을 또한 능히 이루실 줄을 확신하는 것이다(롬 4:21). 믿음은 육신을 믿는 헛된 소망을 버리고, 오직 그리스도만 의지하는 것을 말한다. 그리스도인은 믿음을 통해 그리스도의 죽음으로 자신의 죄가 사해졌고, 하나님과 화목하게 되었다는 확신을 갖는다. 이것이 바로 믿음의 본질이다.

그렇다면 우리가 가진 믿음이 그런 믿음에 해당한다는 것을 어떻게 알 수 있을까? 참된 구원 신앙의 표징은 무엇일까? 그것을 어떻게 확인할 수 있을까? 다행히도 성경은 이 문제를 우리 스스로 해결하도록 놔두지 않는다. 야고보 사도는 그 대답을 매우 단순하면서도 명확하게 제시했다.

> 어떤 사람은 말하기를 너는 믿음이 있고 나는 행함이 있으니 행함이 없는 네 믿음을 내게 보이라 나는 행함으로 내 믿음을 네게 보이리라 하리라(약 2:18).

야고보가 행위 구원을 강조하고 있다고 생각한다면 본문을 크게 오해하는 것이다. 그는 행위로 구원받는다고 말하지 않았다. 단지 행위가 참된 구원의 결과라고 말했을 뿐이다. 다시 말해, 행위나 삶의 열매는 믿음으로 구원받았다는 증표다.

이런 가르침을 전한 사람은 비단 야고보만이 아니다. 세례 요한은 사람들에게 "회개에 합당한 열매를 맺으라"고 권했다(마 3:8). 또한 예수님은 "그들의 열매로 그들을 알지니……나더러 주여 주여 하는 자마다 다 천국에 들어갈 것이 아니요 다만 하늘에 계신 내 아버지의 뜻대로 행하는 자라야 들어가리라"(마 7:16, 21)고 경고하셨다. 바울은 그리스도를 믿는다고 고백하는 사람들에게 자신의 삶을 "시험해" 믿음의 참된 증거(표징)를 찾으라고 명령했다(고후 13:5). 또한 하나님을 안다고 고백하면서 행위로 그분을 부정하는 사람들에 관해 경고했다(딛 1:16). 베드로 역시 그리스도인의 미덕을 실천하거나 그리스도와 같은 성품을 지녔다는 증거가 있는지 살펴보아 그 "부르심과 택하심을 굳게 하라"고 당부했다(벧후 1:5-10). 이런 본문들과 성경의 다른 본문들을 살펴보면, 믿는 모든 사람이 구원받지만 삶을 통해 신앙 고백의 진정성을 입증해야 한다는 것을 알 수 있다.

지금까지 그리스도의 복음, 그리고 오직 믿음으로 구원받는다는 진리를 간단히 살펴보았다. 이 주제를 마무리하기 전에 매우 중요한 문제를 하나 더 생각해 보기로 하자. 성경은 복음이 믿는 모든 사람을 구원할 뿐 아니라, 믿지 않는 모든 사람을 정죄한다고 가르친다. 예수님은 이 사실을 이렇게 설명하셨다.

그를 믿는 자는 심판을 받지 아니하는 것이요 믿지 아니하는 자는 하나님의 독생자의 이름을 믿지 아니하므로 벌써 심판을 받은 것이니라……아들을 믿는 자에게는 영생이 있고 아들에게 순종하지 아니하는 자는 영생을 보지 못하고 도리어 하나님의 진노가 그 위에 머물러 있느니라(요 3:18, 36).

전체적인 그림을 보는 것이 매우 중요하다. 복음은 한쪽에는 용서와 생명이, 다른 쪽에는 정죄와 죽음이 새겨진 동전과 같다. 복음은 "모든 사람"이 아니라 "믿는 모든 사람"을 구원한다. 믿지 않는 사람들에게 복음은 사형 선고나 다름없다. 복음은 그들이 하나님 앞에서 정죄당한 상태이며, 그분의 진노가 그들에게 머물러 있다는 것을 늘 상기시킨다. 이것이 믿지 않는 세상이 복음을 미워하고, 최선을 다해 그 진리를 제재하며 억압하려고 노력하는 이유다(롬 1:18). 비그리스도인은 복음의 메시지를 싫어하고, 그것을 묵살하려고 애쓴다. 복음의 사자들은 그의 눈에 가시이자 옆구리를 찌르는 것이요(민 33:55), "이스라엘을 괴롭게 하는 자"(왕상 18:17)이자 "천하를 어지럽게 하던"(행 17:6) 사람이다. 그들은 믿는 자에게는 생명의 향기지만, 나머지 사람들에게는 사망에 이르게 하는 냄새다(고후 2:15-16).

모든 사람을 위한 복음

구약 성경은 세상이 두 종류의 사람들로 구성되었다고 말한다. 즉, 아브라함의 후손들과 그 나머지 사람들이다. 전자는 자녀로 택하심을 받아 언약과 율법, 성전과 약속을 받은 이스라엘 사람들을 가리킨다(롬 9:4-5). 후자는 마음이 허망하고 강퍅해 하나님의 생명에서 떠나 있는 이방인들을 가리킨다(엡 4:17-19). 이 두 부류는 인간이라는 사실 말고는 서로 아무런 공통점이 없다. 그러나 어느 두려운 금요일 오후, 구세주께서 이 두 부류의 사람들을 위해 생명을 내주신 순간, 모든 것이 변했다. 유대인과 이방인들 가운데 수많은 사람이 그분을 통해 하나가 되어 하나님과 화목하게 되었다(엡 2:13-16). 바울은 "또 오셔서 먼 데 있는 너희에게 평안을 전하시고 가까운 데 있는 자들에게 평안을 전하셨으니"(엡 2:17)라고 선언했다.

그리스도의 죽음을 통해 모든 민족에게 구원의 문이 활짝 열렸다. 하나님이 모두에게 구원의 길을 제시하셨다는 사실은 이 놀라운 은혜를 여실히 보여준다. 만일 하나님이 인간의 곤경을 돌아보지 않으시고 아담의 모든 후손이 지옥에 가도록 놔두셨다 해도, 그분은 여전히 의로우시고 그분의 평판은 조금도 나빠지지 않았을 것이다. 만일 그분이 이스라엘만을 위해 구원자를 보내시고 이방인은 그들이 자초한 불행에 계속 방치하셨더라도, 그분의 보좌를 향해 어떤 비방의 말도 쏟아낼 수 없다. 천사들은 인간보다 탁월하지만, 하나님은 그들을 간과하시고 그 일부가 멸망하도록 내버려두셨다(히 2:7). 하나님은 우리에게도 그렇게 하실 수 있었다. 그분은 세상에 구원자를 보내실 의무가 없었다.

무슨 유익이 있기에 이렇게 암울하고 곤혹스러운 주제를 다루느냐고 궁금해할 사람이 있을지도 모르겠다. 그러나 이 진리를 이해해야만 비로소 복음 안에서 우리에게 주어진 은혜를 옳게 이해할 수 있다. 우리는 타락한 죄인이다. 우리는 스스로 결정을 내리고 독립을 선언했다. 그렇게 멸망을 향해 가는 여정을 시작했다. 하나님이 우리를 찾으시거나 구원하실 이유나 가치는 전혀 없었다. 하나님이 우리를 방치해 지옥을 향해 곧장 달려가게 만드셨더라도, 그분의 영광은 조금도 줄어들지 않았을 것이다. 우리도 마땅히 치러야 할 대가 이상의 것을 치르지 않았을 것이다. 그러나 하나님은 독생자의 보배로운 피라는 가장 값비싼 희생을 감수하시고, 모든 족속과 방언과 백성과 나라를 위해 구원의 문을 열어주셨다(계 5:9, 벧전 1:18-19).

복음은 모두를 위한 것이지만, 유대인이 먼저이고 이방인이 그다음이라는 사실은 매우 의미심장하다. 이것은 성경의 오랜 역사를 관통하고 있는 "하나님의 주권"이라는 진리를 입증하는 많은 증거 중 하나다. 다시 말해, 이 사실은 하나님이 그분의 성품과 선택에 따라 사람들을 다루신다는 것을 보여준다(롬 9:15-16). 구원은 사람들에게서 발견되는 공로가 아닌 하나님의 선하신 뜻과 주권적인 사랑에 따라 이루어진다.

> 너는 여호와 네 하나님의 성민이라 네 하나님 여호와께서 지상 만민 중에서 너를 자기 기업의 백성으로 택하셨나니 여호와께서 너희를 기뻐하시고 너희를 택하심은 너희가 다른 민족보다 수효가

많기 때문이 아니니라 너희는 오히려 모든 민족 중에 가장 적으니라 여호와께서 다만 너희를 사랑하심으로 말미암아(신 7:6-8).

하나님이 이스라엘을 특별히 사랑하신 이유는 오직 하나님 자신에게 있다. 하나님이 그들을 사랑하신 이유는 그분이 그들을 사랑하기로 결정하셨기 때문이다(신 7:8). 공로로는 하나님의 사랑을 얻을 수 없다. 이스라엘이 이방인에게는 없는 특별한 것을 가지고 있었기 때문이 아니었다. 이스라엘은 이방인보다 조금도 나을 것이 없었다. 바울 사도는 "그러면 어떠하냐 우리는 나으냐 결코 아니라 유대인이나 헬라인이나 다 죄 아래에 있다고 우리가 이미 선언하였느니라"(롬 3:9)는 말로 이 점을 분명히 했다. 하나님은 이스라엘을 구원하기로 결정하셨다. 그분이 이방인에게 구원의 문을 여신 것도 그분 자신의 결정이었다. 그렇게 하는 것이 기쁘셨기 때문이다. 하나님이 우리를 사랑하신 이유는 우리에게 무슨 공로나 가치가 있기 때문이 아니라, 스스로 그렇게 하기로 결정하셨기 때문이다. 오히려 하나님은 우리에게 아무런 공로나 가치가 없는데도 우리를 사랑하셨다. 하나님은 우리를 마음의 정욕대로 더러움에 내버려두실 수도 있었다(행 14:16, 롬 1:24, 26, 엡 4:17-19). 그분은 "이방인의 길로도 가지 말라"는 금지 명령을 고수하실 수도 있었다(마 10:5). 그러나 선하신 뜻에 따라 그 크신 긍휼을 나타내려고 땅 끝까지 복음의 소리가 울려 퍼지게 하셨다. 성경에는 이 위대하고 영광스러운 진리를 증언하는 말씀이 가득하다.

흑암에 앉은 백성이 큰 빛을 보았고 사망의 땅과 그늘에 앉은 자들에게 빛이 비치었도다(마 4:16).

보라 내가 택한 종……그가 심판을 이방에 알게 하리라……또한 이방들이 그의 이름을 바라리라(마 12:18, 21).

내가 너를 이방의 빛으로 삼아 너로 땅 끝까지 구원하게 하리라(행 13:47).

열방들아 주의 백성과 함께 즐거워하라(롬 15:10).

복음의 보편적 부름은 복음의 아름다움을 잘 보여준다. 하나님은 유대인과 이방인 가운데서 사람들을 부르신다. 그분은 "헬라인이나 유대인이나 할례파나 무할례파나 야만인이나 스구디아인이나 종이나 자유인"을 차별하지 않으시고, 누구든지 믿고자 하는 자에게 믿음의 문을 활짝 열어주신다(행 14:27, 15:14, 골 3:11). 복음을 통해 이방인은 이스라엘의 식탁에서 떨어지는 부스러기를 구한 수로보니게 여인의 소망을 넘어서는 소망을 지닐 수 있게 되었다(막 7:28). 가장 부족하고 악한 백성, 그중에서 가장 큰 죄인이라도 이제는 믿음으로 주님의 식탁에 앉아 자녀처럼 먹을 수 있는 길이 열렸다.

하나님은 유대인과 이방인에게 똑같이 복음을 허락하신다. 지금 다루고 있는 주제를 마무리하기 전에 꼭 살펴봐야 할 진리가 하나 더 있다. 바로 유대인을 구원하는 복음과 이방인을 구원하는 복음이 동일하다는 것이다. 문화가 다르다는 것은 의식해야겠지만, 그렇다고 문화에 맞게 복음의 내용을 수정하거나 복음전도 방법을 달리해서는 안 된다. 복음의 원천은 "성경"이다. 오직 성경만이 복음의 본질과 복음전도 방법을 결정한다. 따라서 인류학자나 사회학자, 선교학자나 교회 성장 전문가가 아니라, 주석학자(성경을 해석하는 일을 전문으로 하는 사람)와 신학자가 복음의 메시지를 맡아서 주관해야 한다.

최근 들어 문화적 감수성을 강조하며 복음의 메시지를 특정 문화 상황에 맞춰야 한다고 주장하는 목소리가 많아졌다. 복음주의자 가운데 대부분이 옛 복음은 효과가 없다고 생각하는 듯하다. 그런 메시지로는 더 이상 인간이 구원받거나 변화될 수 없는 상황이 되어버렸다고 믿는다. 요즘에는 구원의 능력을 지닌 유일한 메시지를 이해하고 선포하는 것보다 문화를 이해하고 그 요구에 응하는 것을 더 많이 강조하는 경향이 있다.

우리는 다시 성경으로 돌아가야 한다. 성경을 통해 오직 복음만이 구원을 주시는 하나님의 능력이라는 사실을 다시금 확신해야 한다. 옛 복음은 이해하기 어렵고 거리낀다. 그러나 하나님이 타락한 인간을 구원하시는 수단으로 사용하겠다고 약속하신 메시지는 오직 그것뿐이다. 각 문화에 더 많은 영향을 끼칠 생각으로 복음을 개정하거나 재구성하는 것은 복음의 진리를 왜곡하고 그 능력을 약화시켜 이 시대를 구원의 능력을 지닌 복음이 없는 세상으로 만들 뿐이다.

모든 사람이 죄를 범하였으매 하나님의 영광에 이르지 못하더니 그리스도 예수 안에 있는 속량으로 말미암아 하나님의 은혜로 값없이 의롭다 하심을 얻은 자 되었느니라 이 예수를 하나님이 그의 피로써 믿음으로 말미암는 화목제물로 세우셨으니 이는 하나님께서 길이 참으시는 중에 전에 지은 죄를 간과하심으로 자기의 의로우심을 나타내려 하심이니 곧 이때에 자기의 의로우심을 나타내사 자기도 의로우시며 또한 예수 믿는 자를 의롭다 하려 하심이라 그런즉 자랑할 데가 어디냐 있을 수가 없느니라 무슨 법으로냐 행위로냐 아니라 오직 믿음의 법으로니라 롬 3:23-27

3부
다시 복음으로

10장
죄를 경시하지 말라

모든 사람이 죄를 범하였으매(롬 3:23).

복음의 핵심은 "그리스도의 죽음"이다. 그리스도께서는 죄 때문에 죽으셨다. 따라서 죄를 성경적으로 이해하지 않고는 복음을 옳게 선포할 수 없다. 죄의 극악한 본성을 일깨우고, 인간이 죄인이라는 것을 보여주어야 한다. 심지어 복음주의 진영에서조차 죄가 시대착오적인 개념이라고 생각하는 사람이 많다. 그러나 정직한 마음으로 성경을 현대 문화와 연관시켜 생각하면, 죄를 심각하게 다루는 것이 여전히 필요하다는 것을 알 수 있다.

죄의 문제를 명확하게 설명하는 것이 시급한 이유는 우리가 죄 가운데서 출생하여 죄를 지으며 살아가기 때문이다(시 51:5, 58:3). 우리는 마치 물을 마시듯 악을 저지른다(욥 15:16). 물고기가 물에 젖은 자신의 상태를 의식하지 못하듯, 우리도 우리의 타락한 상태를 의식하지 못한다. 그렇기 때문에 우리는 죄와 인간의 부패함에 관한 성경의 가르침을 재발견해야 한다. 죄를 어떻게 이해하느냐에 따라 하나님과 복음을 이해하는 것이 달라진다.

예수 그리스도의 복음을 위탁받은 청지기인 우리가 죄를 가볍게 여기거나 죄 문제를 회피한다면, 사람들은 큰 피해를 당하게 될 것이다. 인간의 진정한 문제는 죄 때문에 하나님의 진노를 당하게 되었다는 것이다(요 3:36). 이를 부인하는 것은 곧 기독교의 근본 진리 가운데 하나를 부인하는 것이다. 사람들에게 죄인이라고 말하는 것은 사랑이 없는 것과 아무 상관이 없다. 오히려 그렇게 말하지 않는 것이 큰 죄다. 하나님은 우리가 죄와 임박한 심판을 경고하지 않으면, 그 피를 우리 손에서 찾으시겠다고 말씀하셨다(겔 33:8). 죄의 문제를 거론하지 않고 복음을 전하려는 것은 평강이 없는데도 "평강하다 평강하다"라고 말하면서 죄로 인한 상처를 치유하겠다는 것이나 다름없다(렘 6:14).

로마서는 성경의 조직신학과도 같다. 바울 사도는 로마서를 통해 로마 신자들에게 자신의 신학을 펼쳐 보였다. 그는 로마 방문을 앞두고 그들을 말씀으로 준비시켜 서바나 선교에 협조해 달라고 부탁할 생각이었다(롬 15:23-24). 서두의 간단한 인사말을 제외한 로마서 첫 세 장의 내용은 모두 죄론(죄에 관한 교리)을 다루고 있다.[24] 바울은 성령의 영감을 받아 자신의 지적 능력을 총동원해 한 가지 목적을 달성하려고 노력했다. 그 목적

10장 죄를 경시하지 말라 119

은 바로 인간의 부패함을 입증해 온 세상이 죄 아래 있다는 사실을 보여주는 것이었다.

우리 그리스도인은 하나님이 우리에게 정죄와 죽음의 직분이 아니라, 의와 화해와 생명의 직분을 허락하셨다고 주장한다.[25] 물론 사실이다. 그러나 그렇다고 해서 그 말을 죄에 관해 말하지 않거나 성경을 이용해 죄를 깨우치는 성령의 사역을 강조하지 말라는 뜻으로 오해해서는 곤란하다. "그리스도 예수" 안에서는 정죄함이 없지만, 그리스도를 떠나서는 오직 정죄함밖에 없다(롬 5:18, 8:1).

성경에 따르면, 율법은 구원의 수단이 아니라 죄를 죄로 드러나게 만들고("계명으로 말미암아 죄가 심히 죄 되게 하려 함이라"[롬 7:13]) 인간의 부패함을 보여주는("온 세상으로 하나님의 심판 아래에 있게 하려 함이라"[롬 3:19]) 수단이다. 오늘날 우리는 율법을 그런 목적에 활용하지 않는다. 그러나 율법의 사역이 복음 선포에서 핵심 요소 가운데 하나라는 사실을 부인하는 구절은 신약 성경 어디에도 없다. 과거의 설교자들은 이 사역을 묵은 땅을 갈고, 돌들을 뒤집고, 휘장을 걷어내는 것에 비유했다(렘 4:3, 호 10:12). 그들은 인간을 하나님의 율법이라는 거울에 비춰 그들의 곤궁한 상태를 일깨우고, 긍휼을 부르짖게 해야 한다고 확신했다. 물론 그

---

24) "죄론"을 뜻하는 영어 단어 "hamartiology"는 "죄"를 뜻하는 헬라어 "하마르티아"(*hamartia*)와 "말", "논의"를 뜻하는 헬라어 "로고스"(*logos*)의 합성어다. 따라서 죄론은 죄에 대한 논의를 뜻한다.
25) 이 말은 고린도후서 3장 7-9절과 5장 17-18절에 근거한다.

런 일은 교만한 마음이나 거만한 태도로 행해서는 안 된다. 사람들을 가혹하게 대하는 것은 옳지 않다. 겸손한 태도로 진리를 전해도 격분하는 사람이 많지만, 그래도 공격적이거나 호전적인 태도를 취하는 것은 하나님의 뜻에 어긋난다.

바울 사도의 사역 목표는 정죄가 아니다. 그가 정죄받은 사람들을 위해 수고를 아끼지 않은 이유는 그들이 자신의 도덕적 부패를 깨닫고 회개와 믿음을 통해 그리스도께로 돌아서기를 바랐기 때문이다. 바울은 로마서에서 먼저 온 세상의 도덕적 타락상과 하나님에 대한 반역 행위를 언급하면서 진리를 알면서도 복종하지 않는 인간의 성향을 깨우쳐주었다(롬 1:18-32). 그런 다음 유대인에게 관심을 돌려 그들이 특별 계시를 통해 많은 특권을 누렸지만, 하나님 앞에서는 이방인과 똑같은 죄인일 뿐이라고 역설했다(롬 2:1-29). 그리고 나서 마지막에는 인간의 사악함을 강력히 꾸짖었다(롬 3:1-18). 바울의 목적은 무엇이었을까? 그는 "이는 모든 입을 막고 온 세상으로 하나님의 심판 아래에 있게 하려 함이라"(롬 3:19)고 자신의 목적을 밝혔다.

바울도 예레미야처럼 "건설하고 심을" 뿐 아니라, "뽑고 파괴하며 파멸하고 넘어뜨리게" 하기 위해 부르심을 받았다(렘 1:10).

> 하나님 아는 것을 대적하여 높아진 것을 다 무너뜨리고 모든 생각을 사로잡아 그리스도에게 복종하게 하니(고후 10:5).

바울은 성령의 영감과 성경의 증언을 토대로 이방의 도덕가들과 종교적인 유대인들은 물론, 그 둘 사이에 있는 모든 사람의 희망을 꺾어놓으려고 노력했다. 그는 말과 글을 통해 사람들의 입을 막아 자신의 의로움을 자랑하거나 죄를 변명하지 못하게 하려고 애썼다. 그는 그리스도께 돌아오는 것 말고는 그 어떤 희망도 품지 못하게 만들었다.

그렇다면 바울 사도는 인류를 없애려고 칼날을 벼린 분노와 보복의 화신이었을까? 절대 그렇지 않다. 그는 이방인들을 위해 스스로를 "전제"로 바치는 것조차 마다하지 않고, 동료 유대인들을 위해 저주 받아 그리스도에게서 끊어져도 상관없다고 말할 정도로 인류를 사랑했다(빌 2:17, 롬 9:3). 바울이 죄를 거론한 이유는 의사가 환자의 질병을 진단하고, 그에게 병의 심각함을 알려주는 이유와 똑같다. 바로 사람들을 구원하기 위한 사랑의 진통이다. 의사나 설교자가 그런 식으로 행동하지 않는다면, 그것은 사랑과 양심을 저버린 행위다.

이제 우리의 복음 설교가 그런 목적을 지향하고 있는지 살펴보자. 청중에게 진리를 가르치고 죄를 드러내고 꾸짖을 만큼 그들을 사랑하는가? 죄의 심각성을 뼈저리게 의식하고, 오직 그리스도만 바라보기를 바라는 마음으로 진리를 가르칠 만큼 사람들을 불쌍히 여기는 마음이 충분한가? 사람들에게 진리를 가르치고 그들이 구원받을 수만 있다면, 기꺼이 오해나 비난을 감수할 마음이 있는가? 복음주의자들은 오늘날의 서구 사회가 이미 사람들에게 심리적인 좌절감과 죄책감을 매우 심하게 가중시켜 왔다고 생각한다. 그렇기 때문에 더 이상 압력을 가하다가는 그들을 산산이 부서뜨릴지도 모른다는 우려가 그들 사이에 점점 더 확산되고 있는 듯하다. 만일 그런 생각을 하고 있다면, 심리적인 좌절감과 생명에 이르는 회개가 하늘과 땅만큼이나 크게 다르다는 사실을 결코 이해할 수 없을 것이다. 인간이 이렇게까지 연약해진 이유는 자기도취에 사로잡혀 하나님을 거역하며 살고 있기 때문이다. 인간이 죄책감을 느끼는 이유는 죄를 지었기 때문이다. 인간이 죄를 깨달아 회개하려면 하나님의 말씀이 필요하다. 성경적인 회개만이 생명을 가져다준다.

하나님이 이스라엘 민족을 대하신 태도는 이 진리를 여실히 보여준다. 하나님은 이사야 선지자를 통해 이스라엘의 상태를 묘사하셨다.

> 너희가 어찌하여 매를 더 맞으려고 패역을 거듭하느냐 온 머리는 병들었고 온 마음은 피곤하였으며 발바닥에서 머리까지 성한 곳이 없이 상한 것과 터진 것과 새로 맞은 흔적뿐이거늘 그것을 짜며 싸매며 기름으로 부드럽게 함을 받지 못하였도다(사 1:5-6).

이스라엘 민족은 산산이 부서져 연약할 대로 연약해진 상태였지만, 하나님은 그들을 유익하게 하시려고 그들의 반역 행위를 상기시키며 회개를 촉구하셨다. 그분은 온갖 심한 말을 가차 없이 퍼부으셨다. 그러나 그것은 모두 그들이 죄를 깨우쳐 돌이키게 하시려는 배려였다.

슬프다 범죄한 나라요 허물 진 백성이요 행악의 종자요 행위가 부패한 자식이로다 그들이 여호와를 버리며 이스라엘의 거룩하신 이를 만홀히 여겨 멀리하고 물러갔도다(사 1:4).
여호와께서 말씀하시되 오라 우리가 서로 변론하자 너희의 죄가 주홍 같을지라도 눈과 같이 희어질 것이요 진홍같이 붉을지라도 양털같이 희게 되리라 너희가 즐겨 순종하면 땅의 아름다운 소산을 먹을 것이요(사 1:18-19).

질병의 원인을 찾고 그 심각성을 설명하는 것이 치료책을 찾는 첫 단계다. 자신이 암에 걸린 것을 모르는 사람은 의학적인 도움을 구하지 않는다. 불이 났다는 사실을 알지 못하는 사람은 불난 집에서 뛰어나오지 않는다. 마찬가지로, 자신이 멸망의 길을 가고 있다는 사실을 알지 못하면 그리스도께 나올 수 없다. 그리고 그리스도 말고는 구원의 길이 없다는 사실을 모르면 그분을 간절히 찾을 수 없다. 죄를 인정하게 하려면, 먼저 그 사람의 죄가 무엇인지 말해 주어야 한다. 위험에서 도망치게 하려면, 그 사람이 어떤 위험에 처했는지 알려주어야 한다. 오직 그리스도 안에서만 구원을 발견할 수 있다는 확신을 가져야만, 비로소 자기 의에 근거한 모든 희망을 버리고 그분께 달려갈 수 있다.

지금까지 설명한 진리들을 생각하면, 복음주의 진영 안에 많은 사람이 죄를 심각하게 여기지 않는 현실이 몹시 안타깝다. 죄를 일깨우는 설교를 부정적이고 파괴적이라고 생각해 의식적으로 만류하려고 노력하는 이가 적지 않다. 그러나 죄를 깨우치는 것은 성령의 주된 사역 가운데 하나다.

> 그가 와서 죄에 대하여, 의에 대하여, 심판에 대하여 세상을 책망하시리라 죄에 대하여라 함은 그들이 나를 믿지 아니함이요 의에 대하여라 함은 내가 아버지께로 가니 너희가 다시 나를 보지 못함이요 심판에 대하여라 함은 이 세상 임금이 심판을 받았음이라(요 16:8-11).

주 예수 그리스도께서는 하나님이 성령을 세상에 보내신 이유가 사람들에게 죄와 의와 심판을 깨우쳐주시기 위해서라고 가르치셨다. 죄를 밝히 드러내 죄인을 회개하게 만드는 것은 성령의 주요 사역 가운데 하나다. 복음의 사역자들도 마땅히 그래야 하지 않겠는가? 우리의 설교도 그런 역할을 감당해야 하지 않겠는가? 성령과 함께 사역하지 않으면서 어떻게 성령의 능력으로 복음을 전할 수 있겠는가? 물론 성령께서는 인간이라는 도구에 의존하지 않으신다. 그러나 하나님은 "전도의 미련한 것"으로 인간에게 죄의 깨달음과 회개와 구원 신앙을 허락하기로 작정하셨다(고전 1:21). 죄를 드러내거나 회개를 촉구하는 것을 꺼려한다면, 어떻게 성령께서 설교를 도구로 사용하실 수 있겠는가? 성경은 하나님의 말씀이 곧 성령의 검이라고 가르친다(엡 6:17). 하나님의 사역자들이 그 검을 사용해 사람들에게 죄를 깨우쳐주기를 주저한다면, 그것은 곧 성령의 인격과 사역을 소멸하는 것이 아니겠는가? 성령께서 죄인들을 대하시는 태도를 따르는 것을 두려워하지 말라. 성령께서 사람들에게 죄를 깨우쳐주는 것이 필요하다고 생각하신다면, 그분의 사역에 기꺼이 협력해야 한다. 스스로 "더 나은" 길을 찾으려고 애쓰는 설교자와 교회는 사람들을 그리스도께 인도하시는 성령의 역사를 기대할 수 없다.

이번 장을 마무리하기 전에 마지막으로 생각해야 할 문제가 하나 더 있다. 죄를 심각하게 다루어야 할 가장 큰 이유는 무엇인가? 그것이 복음의 영광을 밝히 드러내기 때문이다. 한낮에는 별들의 아름다움을 볼 수 없다. 햇빛이 별빛을 가리기 때문이다. 그러나 해가 지고 하늘이 칠흑같이 어두워지면, 별들이 그 찬란한 빛을 밝히 드러낸다. 예수 그리스도의 복음도 마찬가지다. 죄를 배경으로 할 때만 복음의 참된 아름다움을 확실히 볼 수 있다. 인간이 더 어둡게 보일수록, 복음의 빛은 더 밝게 빛난다.

죄의 끔찍한 본질을 깨닫고 스스로가 아무 공로도 내세울 것이 없는 영적 파산자라는 사실을 알기 전까지는 그리스도의 아름다우심이나 진정한 가치를 인식할 수 없다. 동서고금을 막론하고, 성령께서 죄와 의와 심판을 깨우쳐주시고 나서야 비로소 그리스도를 존귀하게 여길 수 있었다고 말하는 그리스도인이 수없이 많다. 그들은 칠흑 같은 죄의 어둠에 휩싸여 깊은 좌절을 느끼고 나서야 비로소 그리스도께서 새벽별처럼 찬란하고 무한히 보배로우시다는 사실을 깨달았다(벧후 1:19, 계 22:16).

예수 그리스도를 믿는 참된 그리스도인은 인간의 전적 타락에 관한 설교를 들으면, 그리스도를 따르겠다는 새로운 열정이 마음에 가득해진다. 그리고 기쁨의 환성을 터뜨리며 교회 밖으로 힘차게 걸어 나온다. 그 이유는 그들이 죄를 가볍게 여기지 않고, 죄에 지배당하던 과거의 삶에 만족하지 못하기 때문이다. 그들이 말할 수 없는 기쁨으로 즐거워하는 이유는 어둠이 짙을수록 그리스도를 더 많이 볼 수 있기 때문이다. 사람들이 하나님을 우러러 사모하게 하려면, 그들의 참된 실상을 깨우쳐 주어야 한다.

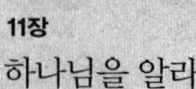

11장
하나님을 알라

모든 사람이 죄를 범하였으매(롬 3:23).
내가 주께만 범죄하여(시 51:4).

이 두 구절은 인간에 대한 하나님의 판결문이다. 죄를 경시할 뿐 아니라, 죄를 미덕처럼 생각하는 시대에는 이러한 판결문이 아무런 의미가 없다. 오늘날의 문화는 악을 선하다 하며, 선을 악하다 하며, 흑암으로 광명을 삼으며, 광명으로 흑암을 삼는다(사 5:20). 이런 풍조를 저지하려면, 죄의 심각성을 일깨우는 설교가 필요하다. 그렇게 할 수 있는 가장 좋은 방법은 성경에서 말하는 인간과 하나님을 있는 그대로 전하는 것이다. 인간이 저지르는 죄의 끔찍한 본질을 이해하려면, 그들이 거역한 하나님에 관해 성경이 어떻게 가르치는지 알아야 한다. 강퍅하고 파렴치한 죄인이 하나님의 본성을 조금이라도 이해한다면, 그 즉시 스스로 저지른 죄의 중압감에 짓눌리고 말 것이다.

오늘날에 논의되는 죄는 주로 인간에 대한 죄, 사회에 대한 죄, 또는 자연에 대한 죄다. 오늘날의 문화는 하나님에 대한 죄는 거의 언급하지 않는다. 그러나 성경은 모든 죄가 궁극적으로 하나님을 거역하는 것이라고 가르친다. 다윗 왕은 백성의 신뢰를 저버리고 간음죄를 저질렀다. 더욱이 그는 모략을 꾸며 무죄한 한 남자를 살해했다. 나단 선지자가 회개를 촉구하자, 그는 "내가 주께만 범죄하여 주의 목전에 악을 행하였사오니"(시 51:4)라고 고백했다.

우리는 이 본문에서 중요한 진리 두 가지를 배울 수 있다. 첫째, 다른 사람은 물론 피조물을 상대로 저지른 죄도 하나님께 저지른 죄다. 둘째, 죄가 극악한 이유는 다른 사람들과 피조 세계 전체에 해를 끼치기 때문만이 아니라, 무엇보다도 무한히 영광스러우신 하나님, 곧 피조물에게 완전한 사랑과 헌신과 복종을 받으시기에 지극히 합당하신 하나님을 거역하는 것이기 때문이다. 따라서 우리가 거역한 하나님이 지극히 영광스럽고 탁월한 분이라는 사실을 더 깊이 이해할수록, 죄의 극악한 본질을 더욱 선명하게 의식할 수 있다. 하나님을 진정으로 알게 되면, 그분의 율법 가운데 가장 작은 계명을 위반하더라도 더할 나위 없이 큰 죄를 지었다고 생각하게 된다. 그러나 하나님을 알지 못하면, 죄를 사소한 문제로 치부할 수밖에 없다.

현실을 올바로 인식하려면, 하나님을 아는 참지식이 반드시 필요하다. 이것은 기독교 신앙의 근본 원리 가운데 하나다. 하나님을 그릇되게 안다면, 결국 다른 모든 것을 잘못 인식하게 된다. 특별히 죄에 대한 인식이 그렇다. 이스라엘 민족은 하나님의 성품에 관한 중요한 진리를 망각하거나 거부하는 잘못을 범했다. 하나님은 시편 50편에서 그런 그들을 어리석다고 책망하셨다. 그들은 하나님이 불의에도 아무런 가책이나 죄책감을 느끼지 못하는 자기들과 같은 줄로 생각했다(시 50:21). 하나님을 잘못 이해했기 때문에 죄도 잘못 이해한 것이다. 그들의 불순종은 멸망으로 이어졌다. 그들은 지식이 없는 탓에 망했다(호 4:6). 예레미야 선지자가 하나님을 아는 참지식이 다른 모든 공로나 미덕, 축복보다 더 가치 있다고 말한 것도 이런 이유 때문이다.

> 여호와께서 이와 같이 말씀하시되 지혜로운 자는 그의 지혜를 자랑하지 말라 용사는 그의 용맹을 자랑하지 말라 부자는 그의 부함을 자랑하지 말라 자랑하는 자는 이것으로 자랑할지니 곧 명철하여 나를 아는 것과 나 여호와는 사랑과 정의와 공의를 땅에 행하는 자인 줄 깨닫는 것이라 나는 이 일을 기뻐하노라 여호와의 말씀이니라(렘 9:23-24).

교회 안팎으로 하나님의 속성을 이해하지 못하는 사람이 넘쳐난다. 몇 가지 특정한 문제에 관해서는 성경의 가르침과 비슷한 견해를 피력하는 이들이 더러 있을 수 있지만, 죄와 죄에 대한 하나님의 태도에 관해서는 많은 사람이 무지를 드러낸다. 하나님의 사랑, 긍휼, 자비에 관해서는 많은 말을 하지만, 이상하게도 그분의 거룩하심, 의로우심, 주권 등에 관해서는 아무런 말이 없다. 그렇기 때문에 많은 사람이 하나님을 옳게 이해하지 못하고, 죄의 참된 본질에 무지한 것이다.

우리는 복음을 전할 때 하나님을 아는 참지식을 가르쳐 죄의 사악함을 밝히 드러내야 한다. 하나님의 모든 속성, 특히 육에 속한 사람들이 달가워하지 않는 속성(하나님의 탁월하심, 주권, 거룩하심, 의로우심, 사랑)에 관한 성경의 가르침을 가감 없이 전해야 한다.

하나님의 탁월하심

우리는 우리가 살고 있는 왜곡된 시대를 잘 이해해야 한다. 이 시대는 인간을 만물의 척도로 삼는다. 세속적인 인본주의자는 항상 아래를 내려다보면서 자신이 진화 단계에서 가장 높은 단계에 올라와 있다고 생각한다. 설혹 위를 올려다보더라도 그는 아무것도 발견하지 못한다. 자신이 왕이고, 자기 운명의 결정권자이며, 지구를 보살피는 관리자인 것이다. 그는 자신보다 더 위대한 존재가 없다고 생각한다. 그렇기 때문에 자신의 생명이 언제 멈출 줄 모르는 코의 호흡에 달려 있고, 자신의 삶이 바람에 날려 없어질 풀잎이나 잠시 있다가 사라지는 안개와 같다는 것을 알지 못한 채 환상에 갇혀 살아간다(사 2:22, 시 103:15, 약 4:14).

한편, 종교적인 인본주의자들도 겉으로는 복음주의의 복식(garb)을 차려입은 모습이지만, 세속적인 인본주의자들에 비해

월등히 나은 것이 없다.[26] 이들은 강한 자긍심 위에 자아실현과 자아 성취라는 오늘날의 심리학까지 더해져 그 양상이 매우 심각하다. 설상가상으로, 교회 안에서 그런 잘못을 올바로 지적해야 할 책임이 있는 설교자들까지 오히려 그런 상황을 조장하고 있다.

하나님에 대한 설교자들의 가르침 가운데는 정통 신앙에 들어맞는 것이 꽤 많다. 그러나 하나님의 영광을 인간의 필요 욕구에 예속시키는 탓에 인간이 하나님을 위해서가 아니라, 하나님이 인간을 위해 존재하는 결과가 초래되기 일쑤다. 더욱이 하나님의 목적과 그 선하고 영원하신 뜻은 인간의 이익에 전적으로 이바지하고 그 이익과 밀접하게 연관되어 있기 때문에 인간 없이 하나님 혼자만으로는 그 이익을 성취하거나 온전하게 하실 수 없다는 생각이 팽배하다. 이런 말이 과장되게 들릴지도 모른다. 그러나 오늘날의 복음주의 공동체가 세상을 향해 전하고 있는 메시지를 정직하게 평가한다면, 결코 과장이 아님을 알게 될 것이다.

현대 기독교의 이런 인본주의적인 경향은 우리가 세상에 전하는 복음에 악영향을 끼쳤다. 하나님에 관한 잘못된 이해는 설교를 통해 나타날 수밖에 없다. 그 결과 청중은 하나님을 경외하거나 그분의 인격을 사모하지 않는다. 그분의 영광 안에서

---

[26] "복식"을 뜻하는 영어 단어 "garb"는 옷을 가리키며, 비유적으로는 내면의 실체를 무심코 드러내는 겉모습을 나타낸다.

자신의 궁극적인 이익과 만족을 찾을 수 있다는 사실을 깨닫지 못한 채 자아에 대한 이단적인 견해를 고집하는 상태에 머무른다. 우리의 사고나 설교가 그릇된 방향으로 치우치는 바람에 정통 신앙을 대변하는 교리문답에서 가장 중요하고 첫째 되는 문답조차 이해하지 못하는 사람이 복음주의자들 가운데 대부분을 차지하게 되었다. 우리의 훌륭한 교리문답은 "인간의 제일 되는 목적이 무엇인가? 그것은 하나님을 영화롭게 하고, 그분을 영원히 즐거워하는 것이다"라고 진술한다.[27]

그렇다면 이런 모든 혼란 속에서 과연 무엇을 할 수 있을까? 우리가 나아가야 할 길은 어려우면서도 간단하다. 하나님의 속성을 성경이 가르치는 대로 전하면 된다. 우리 시대의 인본주의 철학으로 내용을 걸러 내거나 감하거나 수정하지 말고 그대로 전하라. 하나님은 우리가 나서서 그분을 입증해 주기를 원하지 않으신다. 우리가 성경에 계시된 대로 하나님을 전하기만 하면, 하나님은 친히 스스로를 입증하실 것이다.[28] 우리는 자아도취에 빠진 사람들 사이에서 당당하게 그들의 신념에 맞서 진리를 선포하여 그들이 눈을 들어 위를 바라보게 만들어야 한다. 사람들에게 우리의 주님이 영원하시고, 불변하시며, 보이지 않으시고, "온 땅 위에 지존하시고" 유일하신 참하나님이라

---

27) 『웨스트민스터 대요리문답』 문 1.
28) 이 개념은 스펄전에게서 빌려온 것이다. 스펄전은 성경에 관해 이와 비슷한 견해를 피력했다. 그는 "성경은 사자와 같다. 사자를 보호한다는 말을 들어본 적이 있는가? 사자는 단지 풀어놓기만 하면 스스로를 보호한다"라고 말했다.

는 사실을 알려주어야 한다(시 97:9, 사 57:15, 딤전 1:17). 하나님이 보시기에 민족들은 "통의 한 방울 물과 같고 저울의 작은 티끌과 같으며"(사 40:15-18)라고 경고해야 한다. 우리는 위대하심과 권능과 영광과 승리와 위엄, 곧 천지에 있는 것이 모두 하나님께 속했다는 결론으로 이끌어야 한다(대상 29:11). 바울은 "만물이 주에게서 나오고 주로 말미암고 주에게로 돌아감이라"(롬 11:36)고 말했다. 우리는 인간이 바로 이 하나님을 거역했다는 사실을 정확하고 명확하게 전해야 한다. 인간의 죄가 이토록 사악한 이유는 하나님이 그만큼 위대하시기 때문이다.

하나님의 주권

육에 속한 사람은 하나님의 주권을 그분의 속성 가운데 가장 달갑지 않게 여길 것이 분명하다. 개인주의와 자율성, 민주주의를 신성한 주제이자 고유한 권리요, 자명한 진리로 떠받드는 현대 서구 사회에서는 특히 더 그렇다. 인간이 인간을 지배하는 것을 제한하고 한정짓는다는 점에서는 틀림없이 매우 고귀한 개념이지만, 그렇다고 하나님의 주권적 통치까지 제한할 수 있다고 생각하면 큰 오산이다. 우리는 그런 생각을 갖지 않도록 항상 주의해야 한다. 성경은 조금도 주저하지 않고 하나님이 그분의 보좌를 하늘에 세우셨으며, 그분의 주권으로 만물을 다스리신다고 선언한다(시 103:19). 그분의 통치에는 제한이 없다. 그분께 지배받지 않는 피조물이나 사건은 어디에도 없다.

살아 있는 모든 존재와 만물, 역사의 모든 사건이 그분께 통제받는다. 하나님은 그분이 원하시는 것은 무엇이든 행하신다(시 115:3, 135:6). 하나님은 모든 일을 그분 뜻대로 결정하신다(엡 1:11). 그분의 뜻을 돌이킬 수 있는 사람은 아무도 없다(욥 23:13). 하나님은 죽이기도 하시고, 살리기도 하신다(삼상 2:6). 그분은 평안도 짓고, 환난도 창조하신다(사 45:7). 그분의 손을 금하거나 그분께 무엇을 하시느냐고 할 자가 아무도 없다(단 4:35). 여호와의 계획은 영원히 서고, 그분의 생각은 대대로 지속된다(시 33:11). 지혜로도, 명철로도, 모략으로도 하나님을 당할 수는 없다(잠 21:30). 하나님의 권세는 영원한 권세이며, 그분의 나라는 대대에 이른다(단 4:34). 하나님의 통치는 변하지 않으며, 그분의 직임을 대신할 존재는 어디에도 없다. 그분은 우리가 반드시 대면해야 할 주님이다.

죄를 짓는 것은 작은 지역을 다스리는 통치자나 세력이 미약한 신을 거역하는 것이 아니다. 모든 신보다 크신 하나님, 곧 천지의 주재요 복되시고 유일하신 주권자시며, 만왕의 왕이요 만주의 주님을 거역하는 것이라는 사실을 모두가 이해해야 한다(시 95:3, 행 17:24, 딤전 6:15). 죄는 말씀으로 우주를 창조하셨을 뿐 아니라, 만물을 능수능란하게 다스리시는 하나님을 향해 전쟁을 선포하는 것이다.

하나님은 별들에게 정확한 시간에 맞춰 밤하늘 위에 모습을 드러내라고 명하셨다. 별들은 그분의 명령에 따랐다. 하나님은 행성들에게 제 궤도를 돌라고 명령하셨다. 행성들도 그분의 명령에 복종했다. 하나님은 골짜기는 낮아지고, 산들은 높이 솟아오르라고 명령하셨다. 골짜기와 산들도 두려워하며 그 명령에 복종했다. 하나님은 모래 위에 선을 그리시고, 바다가 더 이상 그 선을 넘지 못하게 하셨다. 바다는 하나님의 명령에 공손히 따랐다. 이렇듯 피조물 가운데 가장 큰 힘을 지닌 것들이 모두 변함없이 하나님께 복종하는데도, 오직 인간만이 하나님을 향해 그 작은 주먹을 계속 휘두르고 있다. 인간의 모습은 마치 주먹으로 바위를 치는 어린아이처럼 애처롭기 그지없다. 인간의 행동은 생명 유지 장치에 의존하는 사람이 스스로 목숨을 끊기 위해 벽에서 장치의 코드를 뽑아내는 행동만큼이나 파괴적이다.

복음 설교자는 하나님의 주권을 강조해야 한다. 인간의 타락한 마음은 자폭을 원하는 미치광이와 같은 본성을 지니고 있으며, 죄는 바로 그런 본성에서 비롯한다는 사실을 분명하게 일깨워주어야 한다. 청중에게 하나님의 충만하심을 알리지 않고 이 진리들을 전하지 않으면, 무지와 우상 숭배의 삶을 살게 만드는 불의를 저지를 수밖에 없다. 성경은 하나님이 이스라엘에게 스스로를 계시하신 이유가 그들로 그분을 경외하게 하기 위해서라고 가르친다(출 20:20). 우리는 하나님에 관한 온전한 계시를 전해 모든 민족이 구원받고 그분을 경외하게 해야 한다. 민족들이 죄의 사악한 본질을 깨달아 예수 그리스도의 복음 안에서 그 치유책을 찾을 수 있을지 여부는 그들이 하나님을 얼마나 아느냐에 달려 있다.

하나님의 거룩하심

신구약 성경 모두 하나님을 "거룩하다 거룩하다 거룩하다"라고 일컫는다(사 6:3, 계 4:8). 종종 "트리사기온"(trisagion)으로 일컬어지는 이 삼중 표현은 히브리어 가운데 가장 강한 최상급에 해당한다.[29] 성경은 하나님의 다른 속성들은 그렇게까지 강조하지 않는다. 하나님의 거룩하심은 그분의 많은 속성 가운데 하나가 아니라, 나머지 모든 속성을 정의하고 그 의미를 드러내는 근본 속성이다. 따라서 우리는 무엇보다 하나님이 거룩하시다는 사실을 이해해야 한다. 이 한 가지 속성을 올바로 이해하면, 하나님, 자아, 죄, 구원을 비롯해 모든 것을 옳게 이해할 수 있다. 잠언 저자는 거룩하신 하나님을 아는 지식이 곧 명철이라고 말한다(잠 9:10). 이 중요한 한 가지 속성을 알지 못하면, 하나님을 알 수 없고, 그분의 다른 모든 속성과 행사를 잘못 이해하게 된다. 또한 거룩하신 하나님을 알지 못하면, 자아에 대해서도 왜곡되거나 삐뚤어진 견해를 가질 수밖에 없다. 따라서 죄의 사악한 본질을 옳게 이해하려면, 먼저 하나님의 거룩하신 속성을 이해해야 한다.

"거룩하다"는 "분리하다", "구별하다", "따로 떼어놓다", "일

---

[29] "트리사기온"은 "셋"을 뜻하는 헬라어 "트리스"(tris)와 "거룩한"을 뜻하는 헬라어 "하기온"(agion)의 합성어다. 다음 자료를 참고하라. John N. Oswalt, *The Book of Isaiah: Chapters 1-39*, The New International Commentary of the Old Testament (Grand Rapids: Eerdmans, 1986), 181.

반적인 용도로 사용하지 않다"와 같은 의미를 지닌 히브리어 "카도쉬"(qadosh)를 번역한 것이다. 이 말은 하나님에 관해 두 가지 중요한 사실을 알려준다. 첫째, 하나님의 거룩하심은 그분의 초월성을 의미한다.[30] 하나님은 창조주로서 피조물을 초월하시며, 그분이 지으시고 유지하시는 모든 것과 온전히 구별되신다. 하나님과 피조물의 분리 또는 구별은 단지 양적인 의미(즉, "하나님이 더 크시다"라는 의미)에 국한되지 않는다. 하나님은 피조물과 질적으로 다른 존재이시다(즉, 하나님은 피조물과 본질적으로 다르시다). 땅과 하늘에 있는 존재들은 아무리 영광스러워도 한갓 피조물일 뿐이다. 오직 하나님만이 하나님이다(신 4:35). 그분은 가까이 다가갈 수 없는, 초월적이고 독립적인 존재이시다(딤전 6:16). 하나님을 모시는 가장 영광스러운 천사도 그분에 비하면, 땅바닥을 기어 다니는 작은 벌레일 뿐이다. 하나님처럼 거룩한 존재는 어디에도 존재하지 않는다(삼상 2:2). 그분은 비교를 불허하신다.

하나님의 절대 타자성은 인간에게 두려움과 경외심을 불러일으킨다. 하늘과 땅에 있는 가장 무섭고 경이로운 존재들도 우리와 똑같은 피조물일 뿐이다. 크기로 우리를 왜소해 보이게 만들고, 능력으로 우리를 압도하고, 지혜와 아름다움으로 우리

---

30) "초월성"을 뜻하는 "transcendence"라는 말은 라틴어 동사 "트랜센데레"(transcendere)에서 유래했다("트랜스"[trans]는 "위에"를, "스칸데레"[scandere]는 "올라가다"를 의미한다). 이 말은 "뛰어나다", "넘어서다", "능가하다"를 의미한다.

를 부끄럽게 만들지라도 피조물이라는 한계를 벗어날 수 없다. 그들과 우리는 단지 양적으로만 차이가 날 뿐이다. 그러나 하나님은 거룩하시다. 그분은 홀로 뛰어나시며, 모든 피조물과 구별되신다. 그분은 위대하실 뿐만 아니라, 온전히 전적으로 다르시다. 이것이 모세와 이스라엘 백성이 "여호와여 신 중에 주와 같은 자가 누구니이까 주와 같이 거룩함으로 영광스러우며 찬송할 만한 위엄이 있으며 기이한 일을 행하는 자가 누구니이까"(출 15:11)라고 찬양한 이유다.

둘째, 하나님의 거룩하심은 그분이 피조물의 도덕적 부패를 온전히 초월하신다는 의미를 지닌다. 하나님은 속되고 악한 모든 것에서 자유로우시다. 그분은 완벽하고 순수하시다.[31] 하나님은 빛이시며, 그분 안에는 어둠이 조금도 존재하지 않는다(요일 1:5). 하나님은 빛들의 아버지시며, 변함도 없으시고 회전하는 그림자도 없으시다(약 1:17). 하나님은 악에게 시험을 받지 않으시고, 친히 악으로 아무도 시험하지 않으신다(약 1:13). 주께서는 눈이 정결하셔서 차마 악을 보지 못하시며 방관할 수도 없으시다(합 1:13). 하나님은 죄라면 무엇이든 가증하게 여기신다. 죄는 하나님의 증오심과 혐오감을 불러일으킨다. 불의하게 행동하는 사람은 누구나 하나님께 가증스럽다(신 25:16). 하나님은

---

31) "완벽하다"를 뜻하는 영어 단어 "impeccable"은 "죄를 지을 수 없다", "오류나 결함이 없다"라는 뜻인 라틴어 "임페카빌리스"(*impeccabilis*)에서 유래했다("임"[*im*]은 반대를 뜻하는 접두어이며, "페카레"[*peccare*]는 "죄를 짓다"를, "아빌리스"[*abilis*]는 "할 수 있다"를 의미한다).

불의를 저지르는 모든 사람을 미워하신다(시 5:4). 이런 이유로 성경에서 가장 충실하고 경건한 사람들은 하나님의 거룩하심을 깊이 의식하고, 그분 앞에 죽은 자처럼 엎드려 이사야처럼 "화로다 나여 망하게 되었도다 나는 입술이 부정한 사람이요 나는 입술이 부정한 백성 중에 거주하면서 만군의 여호와이신 왕을 뵈었음이로다"(사 6:5)라고 부르짖지 않을 수 없었다.

인간의 구원은 논리적인 순서에 따라 이루어진다. 구원받으려면 먼저 스스로가 타락했다는 사실을 알아야 한다. 스스로가 타락했다는 사실을 알면 자신이 죄인이라는 것을 의식해야 한다. 그리고 하나님이 거룩하시다는 사실을 이해해야만 자신이 저지른 죄의 사악한 본질을 온전히 이해할 수 있다. 따라서 죄에 관한 진실을 밝히지 않으면 사람들을 유익하게 할 수 없고, 거룩하신 하나님에 관한 지식을 가르치지 않으면 사람들에게 호의를 베풀 수 없다. 주 예수 그리스도께서는 복음과 하나님 나라의 확장이 사람들이 하나님의 이름을 얼마나 영화롭게 하고, 거룩하신 그분을 얼마나 공경하느냐에 달려 있다는 사실을 잘 알고 계셨다(마 6:9). 이처럼 복음 설교는 하나님의 거룩함을 강조해야 한다. 그렇지 않으면 충실한 복음 설교가 이루어지기 어렵다.

하나님의 의로우심

"의롭다"(*righteous*)는 히브리어 "차디크"(*tsaddik*)와 헬라어 "디

카이오스"*(dikaios)*를 번역한 것이다. 두 단어 모두 하나님의 의로우심과 올바르심, 도덕적 탁월하심을 가리킨다. 성경에 따르면, 하나님의 의로우심은 단지 그분의 존재 방식이나 행동 방식만 가리키는 것이 아니다. 이것은 하나님의 본질적 속성 가운데 하나다. 하나님은 의로우신 하나님이고, 그분의 의는 영원하며 결코 변하지 않는다(시 7:9, 119:142). 하나님은 신실하시며, 정의를 굽게 하지 않으신다(신 32:4, 욥 8:3). 하나님의 행동은 항상 그분의 본성에 일치한다. 그분이 행하시는 모든 일은 완전하고 정의롭다(신 32:4).

피조물을 의롭게 다스리시는 하나님의 행위는 그분의 의로우신 속성을 밝히 드러낸다. 성경은 의와 공의가 하나님의 보좌의 기초라고 말한다(시 89:14). 하나님은 편견이나 변덕이나 불의로 만물을 다스리지 않으신다. 하나님은 의로우시기 때문에 의로운 일을 좋아하시고(시 11:7), 의롭지 않은 일은 무엇이든 증오하신다(시 5:5). 하나님은 인간과 천사의 인격이나 사역에 무관심하거나 중립적이지 않으시다. 그분은 그들을 절대적인 공의와 공평함으로 심판하신다. 시편 저자는 "여호와께서 영원히 앉으심이여 심판을 위하여 보좌를 준비하셨도다 공의로 세계를 심판하심이여 정직으로 만민에게 판결을 내리시리로다"(시 9:7-8)라고 선언했다.

우리는 이런 진리를 통해 하나님이 만민의 행위를 심판하실 날, 곧 저주받은 자들까지 머리를 조아리며 그분의 의로우심을 인정할 날이 반드시 올 것이라고 확신할 수 있다. 만군의 하나님은 심판을 통해 높임받으실 것이며, 의로우신 판단으로 그분의 거룩하심을 밝히 드러내실 것이다(사 5:16). 그 누구도 하나님이 불의하시다고 비난하지 못할 것이다. 하나님은 의로우시고, 그분의 사역과 계획과 심판은 모두 완전하기 때문이다(욥 36:23).

하나님의 의로우심에 관한 이런 진리는 좋은 소식이면서 나쁜 소식이기도 하다. 먼저, 우리는 무한한 능력과 절대적인 주권을 지니신 하나님이 의롭고 공의로우시기를 바라기 때문에 좋은 소식이다. 전능한 힘을 지닌 사악한 존재보다 더 두려운 존재는 없다. 절대 권력을 소유한 부도덕한 신이 있다면, 히틀러 같은 사람은 단지 사소한 비행을 저지른 잡범에 지나지 않을 것이다. 사람들은 하나님이 계신다면 그분이 의로운 분이기를 바란다.

그러나 의로우신 하나님은 인간에게 큰 문제가 아닐 수 없다. 인간의 가장 큰 문제는 하나님의 의로우심이라고 해도 과언이 아니다. 우리는 간단한 논리를 통해 이와 같은 결론을 도출할 수 있다.

전제 1 : 우주의 창조주요 주권자는 의롭고 선하시다.
전제 2 : 의롭고 선하신 하나님은 악하고 불의한 모든 것을 미워하시고 심판하신다.
전제 3 : 모든 인간은 악하고 불의하다.
결론 : 그러므로 하나님은 모든 인간을 엄중히 심판하실 것이다.

하나님의 의로우심은 의로운 피조물에게는 좋은 소식이지만, 불의한 피조물에게는 참으로 끔찍한 소식이다. 잠언 저자는 이 진리를 이렇게 요약했다.

정의를 행하는 것이 의인에게는 즐거움이요 죄인에게는 패망이니라(잠 21:15).

하나님이 의로우신 것처럼 우리도 의롭다면 심판의 소식은 축하해야 할 일일 테지만, 우리는 사실상 의롭지 못하다. 의인은 없되 한 사람도 없다(롬 3:10). 따라서 하나님의 의로우신 심판은 모두에게 큰 두려움을 불러일으켜 자신을 보호해 줄 자를 찾게 만들어야 마땅하다. 그러나 사람들은 대부분 미래의 심판을 두려워하지 않는다. 결국 우리는 다음 네 가지 결론 가운데 하나에 이를 수밖에 없다. 첫째, 사람들의 양심이 화인 맞았다. 사람들은 모든 것을 신화로 생각한다. 둘째, 사람들은 자신이 의롭다고 생각한다. 셋째, 사람들은 하나님이 생각보다 덜 의로우시다고 생각한다. 넷째, 사람들은 이 진리를 모르고 있다. 복음주의 설교자들이 강단에서 이 사실을 명확하게 전하지 않고 있기 때문이다.

세계 곳곳의 문화권에서 정의는 종종 천으로 눈을 가린 채 손에 저울을 든 여인의 형상으로 묘사된다. 이 형상은 정의는 편파적인 판결이나 뇌물을 거부한다는 의미를 담고 있다. 그러나 타락한 인간에게 이 형상은 그와는 다른 의미를 지닌다. 바꾸어 말해, 우리는 오히려 정의와 공의와 공평을 도외시한다. 우리는 저울을 속이고 부당한 분동을 사용한다(잠 11:1). 이웃의 눈에 있는 티는 보지만, 우리 눈에 있는 들보는 보지 못한다(마 7:3-4). 우리는 국민을 착취하는 부패한 독재자들을 비난하고, 탐욕스러운 재벌들을 규탄하지만, 그들과 우리가 놀랍도록 닮았다는 사실을 의식하지 못한다. 그들과 우리는 단지 정도만 다를 뿐이다. 우리도 훔친 빵을 몰래 먹어치우고 입을 닦은 뒤 아무 잘못도 하지 않은 것처럼 행동한다. 이 세상의 극악무도한 죄인들에게만 하나님의 심판이 임하기를 바라는 것은 곧 우리 머리 위에 심판의 숯불을 쌓는 것과 같다. 성경은 "의인은 없나니 하나도 없으며"(롬 3:10)라는 말로 우리 모두를 단죄하지만, 우리는 이 사실을 조금도 의식하지 못하는 듯하다.

복음 설교자는 하나님의 의를 전해 인간의 불의함을 밝히 드러내야 한다. 하나님의 의가 지극히 엄격하다는 것을 알려야 한다. 그리고 그분이 정하신 완전한 기준에서 조금이라도 벗어난다면, 정죄와 심판을 받을 수밖에 없다는 것을 보여주어야 한다. 인류의 첫 조상이 단 한 차례 저지른 죄로 인해 온 인류가 정죄당하고, 피조물이 모두 돌이킬 수 없는 혼란에 빠져버렸다는 사실을 깨우쳐주어야 한다(롬 5:12-19). 그렇게 해야만 사람들이 스스로의 공로나 미덕으로는 하나님과 올바른 관계를 맺을 수 없다는 것을 깨달을 수 있다. 비그리스도인들이 어떻게 해야 하나님 앞에 설 수 있느냐고 물으면, 확실하고 정확하게 대답해 주어야 한다. 하나님과 관계를 맺으려면 반드시 한

가지 조건이 필요하다. 즉, 일평생 동안 매일, 매순간 단 한 차례의 실패나 결함 없이 도덕적으로 완벽하게 사는 것이다.[32] 청중이 그렇게 사는 것이 불가능하다고 인정하면, 그때는 그들에게 그리스도를 제시해야 한다.

하나님의 사랑

하나님의 사랑을 일관되게 강조하는 설교보다 인간의 죄와 부패를 더 확실하게 드러내는 방법은 없다. 지극히 높으신 하나님이 지니고 계신 이 놀라운 속성과 그분을 냉담한 태도로 적대시하는 피조물인 인간의 태도를 대조하면, 인간의 사악함과 함께 죄가 극도로 심각한 문제라는 사실을 보여줄 수 있다(롬 7:13).

복음 설교자는 사람들에게 하나님의 사랑을 풍성하게 드러내야 한다. 하나님이 값비싼 희생을 치르시고도 아무런 대가를 받지 않고 인간을 복되고 유익하게 하기로 결정하신 이유가 인간의 공로나 가치가 아니라, 그분의 사랑 때문이라는 사실을 모두가 확실하게 이해해야 한다(신 7:7-8). 하나님의 사랑은 단순히 한 가지 감정이나 태도, 행위에 국한되지 않는다. 그것은 속성, 곧 하나님의 존재와 본성의 일부다. 하나님은 사랑하실 뿐

---

[32] 이 개념은 켄터키 퍼두커의 오크그로브 침례교회의 마이클 더햄 목사에게서 빌려온 것이다.

아니라 사랑 자체이시다(요일 4:8, 16). 하나님은 참된 사랑의 정수이시다(고후 13:11). 모든 참된 사랑이 사랑의 궁극적인 원천이신 그분에게서 흘러나온다. 하나님의 사랑을 측정하거나 묘사하는 것보다는 차라리 땅 위의 모래알이나 하늘의 별들을 세는 편이 훨씬 쉬울 것이다. 가장 위대하고 가장 총명한 피조물조차도 하나님의 사랑이 지닌 높이와 깊이와 넓이를 이루 다 헤아릴 수 없다.

복음 설교자는 하나님의 긍휼(피조물을 유익하게 하고, 그들을 축복하고 행복하게 해주려는 마음)을 강조하여 죄인들을 향한 그분의 사랑을 보여주어야 한다. 성경은 하나님이 천사들과 사람들과 짐승들을 행복하고 유익하게 하기를 원하시는 사랑의 창조주이시라고 증언한다(욘 4:11, 잠 12:10). 하나님은 변덕과 보복을 일삼는 신, 곧 피조물이 몰락하고 불행하길 바라는 신과는 정반대시다. 하나님은 모두에게 선하시며, 모든 것에 긍휼을 베푸신다(시 145:9). 해를 악인과 선인에게 비추시며, 비를 의로운 자와 불의한 자에게 똑같이 내려주신다(마 5:45). 하나님은 은혜를 모르는 자와 악한 자에게도 인자하시다(눅 6:35). 온갖 좋은 은사와 온전한 선물이 다 하나님에게서 나온다(약 1:17).

복음 설교자는 하나님의 긍휼과 은혜를 정의하고 구체적으로 설명하여 죄인들을 향한 하나님의 사랑을 보여주어야 한다. 하나님의 긍휼이란 가장 비참하고 애처로운 피조물에게까지 인애와 자비와 동정심을 베푸는 것을 의미한다. 설교자는 이 점을 사람들에게 일깨워주어야 한다. 성경은 하나님을 긍휼이 많으신 하나님, 곧 인자하심이 크고 은혜가 풍성한 하나님이라고 일컫는다(시 145:8, 고후 1:3, 엡 2:4). 하나님의 은혜는 피조물의 공로나 가치가 아니라, 그분의 친절하심과 관대하심에 따라 기꺼이 피조물을 받아들이시는 것을 의미한다. 설교자는 사람들에게 이러한 하나님의 은혜를 일깨워주어야 한다. 하나님은 "모든 은혜의 하나님"이다(벧전 5:10). 하나님은 사람들에게 은혜와 긍휼을 베푸시기 위해 높은 곳에서 기다리신다(사 30:18). 하나님은 스스로를 구원할 능력이 없는 사람들을 은혜로 구원하신다. 그분은 자격이 없는 사람들에게 긍휼을 베푸셔서 그 은혜의 지극히 풍성함을 오는 여러 세대에 나타내신다(엡 2:7-8).

복음 설교자는 하나님의 인내와 오래 참으심을 강조해서 그분의 위대한 사랑을 보여주어야 한다. 설교자는 사람들에게 피조물의 잘못과 연약함을 기꺼이 참고 오래도록 견디시는 하나님을 전해야 한다. 하나님은 인간이 한갓 육체요, 인생이 한 번 가면 다시 돌아오지 못하는 바람과 같다는 것을 알고 계시기 때문에 분노를 억제하시고 진노를 다 쏟지 않으신다(시 78:38-39). 하나님은 노하기를 더디 하시며, 아무도 멸망하지 않고 다 회개하기를 바라신다(출 34:6, 벧후 3:9). 그분은 모든 사람이 구원을 받고 진리를 알게 되기를 원하신다(딤전 2:4). 악인이 죽는 것을 기뻐하지 않으시고, 악한 길에서 돌이켜 생명을 얻는 것을 기뻐하신다(겔 18:23, 32).

마지막으로, 복음 설교자는 하나님이 독생자를 대가 없이 내주셨다는 사실을 강조하여 하나님의 사랑을 전해야 한다. 이것은 다른 무엇보다 중요하다. 하나님의 사랑은 우리의 이해를 초월한다. 그분은 무수한 방법으로 피조물에게 사랑을 나타내셨다. 그러나 성경은 그 모든 것에 가장 뛰어난 사랑이 나타났다고 증언한다. 곧 선택하신 백성을 위해 독생자를 내주신 사랑이다. 성경은 하나님이 사랑이시라고 가르친다. 하나님은 사람들에게 생명을 주시기 위해 독생자를 보내셨고, 그 크신 사랑을 나타내셨다. 우리의 성향이나 태도는 사랑의 척도가 될 수 없다. 참된 사랑은 속죄를 위한 화목제물로 독생자를 허락하신 하나님의 사랑이다(요일 4:8-10). 선인을 위해 죽는 경우는 혹 있을지 몰라도, 의인을 위해 죽는 것은 그리 쉽지 않다. 그러나 하나님은 우리가 아직 죄인이었을 때 전적으로 무능하고 불의한 우리를 대신해 그리스도를 죽게 하심으로 우리를 향한 사랑을 나타내셨다(롬 5:6-8). 우리를 구원하시기 위해 그렇게 큰 대가가 치러졌다는 사실은 하나님의 사랑이 지극히 귀하고, 우리 죄는 지극히 사악하다는 것을 여실히 보여준다.

지금까지 말한 것은 사람들이 성경의 하나님을 알고, 그분을 거역하는 죄의 사악한 본질을 이해하는 데 필요한 몇 가지 진리에 지나지 않는다. 죄는 무엇이든 무한히 선하신 하나님, 곧 우리의 사랑과 헌신과 복종을 받으시기에 지극히 합당하신 하나님을 거역하는 것이기 때문에 궁극적으로 모두 악하다. 설교를 통해 하나님을 더 많이 증언할수록, 사람들은 자신의 죄가 얼마나 심각한지 깨닫고 구원의 필요성을 절감하게 될 것이다.

12장
모두가 죄인이다

모든 사람이 죄를 범하였으매 하나님의 영광에 이르지 못하더니(롬 3:23).

성경의 하나님을 아는 것도 중요하지만, 성경이 가르치는 인간의 본성을 아는 것도 그에 못지않게 중요하다. 인간에 대한 세상의 생각과 성경의 가르침은 크게 대조된다. 이 시대는 인간이 근본적으로 선하다고 믿고, 인간의 문제가 불건전한 외부의 영향력(예를 들어, 사회, 정치, 경제, 교육)에서 비롯한다고 생각한다. 그와 달리, 성경은 인간이 타락했으며 마음이 도덕적으로 부패한 데서부터 모든 불행이 싹튼다고 가르친다.

예수 그리스도의 복음을 전할 때, 우리는 죄와 죄인에 관한 성경의 가르침을 잘 전달하려고 노력해야 한다. 그런 노력을 기울일 수 있는 유일한 방법은 성령의 능력으로 성경을 강해하는 것이다. 이 일은 어렵고 때로 오해를 불러일으키지만, 씨앗을 뿌리기 전에 땅을 갈아엎는 일처럼 꼭 필요하다. 많은 사람이 잊고 있는 한 가지 주제를 전하는 것이 바로 우리의 임무다. 우리의 일은 결코 평범하지 않다. 청중이 마음속으로 죄를 얼마나 깊이 의식하고, 얼마나 애통해하는 마음으로 뉘우치느냐에 따라 사역의 성공 여부가 결정되기 때문이다. 매우 어렵지만, 오직 이것만이 구원에 이르는 유일한 길이다.

로마서 3장 23절에서 "죄를 범하였으매"로 번역된 헬라어는 "과녁을 벗어나다", "잘못을 저지르다", "길에서 벗어나다"를 뜻하는 헬라어 "하마르타노"(hamartano)다. 한편, 죄를 뜻하는 가장 대표적인 히브리어는 "차타"(chata)다. 이 말도 의미가 같다. 사사기 저자는 베냐민 지파 사람들이 "물매로 돌을 던지면 조금도 틀림이 없는 자들"이었다고 말했다(삿 20:16). 그의 말은 이 성경 원어들 뒤에 깔린 개념을 잘 전하고 있다. 잠언 저자도 "발이 급한 사람은 잘못 가느니라(죄를 짓다)"고 경고했다(잠 19:2). 성경에 따르면, 사람이 겨냥하는 표적과 그가 걷는 길은 하나님의 뜻을 가리킨다. 이 기준에 들어맞지 않는 생각과 말과 행동은 모두 죄다. 심지어 약간만 벗어나도 죄이기는 마찬가지다. 이런 이유로 『웨스트민스터 대요리문답』은 "하나님의 계명 가운데 어느 한 가지만 어겨도" 죄라고 가르친다(문 24). 성경은 "과녁을 벗어나는 것"을 무심코 저지른 실수나 의도하지 않은 잘못으로 간주하지 않는다. 이 사실을 깨닫는 것은 매우 중요하다. 모든 잘못은 인간의 도덕적 부패와 하나님과의 어그러진 관계에서 비롯하는, 의도적인 불순종에 해당한다.

로마서 3장은 단 한 사람도 예외 없이 모두가 죄를 지었다고 선언한다. 이 진리는 성경 전체를 관통하고 있다. 구약 성경은 "범죄하지 아니하는 사람이 없사오니"(왕상 8:46), "주의 눈앞에는 의로운 인생이 하나도 없나이다"(시 143:2)라고 증언한다. 지혜로운 솔로몬 왕은 인간의 얄팍한 도덕성을 꿰뚫어보고 "선을 행하고 전혀 죄를 범하지 아니하는 의인은 세상에 없다"고 선언했다(전 7:20). 이사야 선지자도 인간의 본성을 유심히 관찰하고 나서 "우리는 다 양 같아서 그릇 행하여 각기 제 길로 갔거늘"(사 53:6)이라고 말했다.

구약 성경의 저자들은 인간을 단죄하는 데 주저하지 않았다. 신약 성경 저자들도 마찬가지다. 그들도 죄를 강력히 규탄했다. 바울 사도는 로마서 3장에서 구약 성경의 말씀을 잇따라 인용해 죄의 보편성과 인간의 철저한 부패를 입증했다.

> 그러면 어떠하냐 우리는 나으냐 결코 아니라 유대인이나 헬라인이나 다 죄 아래에 있다고 우리가 이미 선언하였느니라 기록된 바 의인은 없나니 하나도 없으며 깨닫는 자도 없고 하나님을 찾는 자도 없고 다 치우쳐 함께 무익하게 되고 선을 행하는 자는 없나니 하나도 없도다(롬 3:9-12).

이 말씀은 인간의 악한 본성을 길고도 솔직하게 다루었다.

성경은 죄를 몇몇 사람에게만 국한된 유별난 현상으로 가르치지 않는다. 성경에 따르면, 죄는 보편적인 현상이다. 아담의 후손 전체가 그가 저지른 반역죄에 동참한다. 이 진리를 부인하려면, 성경의 증언과 인류의 역사, 스스로의 악한 생각과 말과 행위를 부인해야 한다. 요한 사도는 죄의 현실을 부인하는 사람은 하나님을 거짓말쟁이로 만들고, 자신이 그분과 아무런 관계가 없다는 것을 스스로 입증하는 것과 같다고 지적했다.

> 만일 우리가 죄가 없다고 말하면 스스로 속이고 또 진리가 우리 속에 있지 아니할 것이요……만일 우리가 범죄하지 아니하였다 하면 하나님을 거짓말하는 이로 만드는 것이니 또한 그의 말씀이 우리 속에 있지 아니하니라(요일 1:8, 10).

성경을 대충 훑어보아도 인간의 가장 큰 불행이 죄라는 것을 곧 알 수 있다. 그러나 오늘날의 문화는 죄를 가볍게 취급한다. 이런 현상은 이 시대 문화가 만들어낸 기독교에서도 똑같이 발견할 수 있다. 따라서 우리는 더욱 주의를 기울여 성경 저자들을 본받으려고 노력해야 한다. 그들은 죄를 드러내어 그 심각성을 여실히 보여주려고 노력했다. 우리는 아무 해가 없다는 식으로 죄를 얼버무리지 않도록 조심해야 한다. 만일 그럴 경우에는 사람들이 죄책감을 느끼지 못해 회개하지 않을 것이 분명하다.

우리는 죄의 참된 속성을 명확히 정의하고, 겉으로 나타나는 죄의 양상을 정확히 규명해야 한다. 청중의 마음과 생각 속에 죄의 끔찍한 실체를 보여주어 어린양이신 주님의 보혈 말고는 도무지 죄에서 벗어날 길이 없다는 결론에 이르게 하는 것이 우리의 목표다. 이 목표를 이루기 위해서는 가장 흔하고 빈번하게 나타나는 죄의 특성 몇 가지를 세밀히 살펴보아야 한다.

죄는 허물이다

> 크게 외치라 목소리를 아끼지 말라 네 목소리를 나팔같이 높여 내 백성에게 그들의 허물을, 야곱의 집에 그들의 죄를 알리라(사 58:1).

하나님은 대변자인 이사야에게 열정을 다해 이스라엘 백성의 허물을 밝히 드러내라고 명령하셨다. 하나님은 그에게 크게 외치고 나팔처럼 목소리를 높여 이스라엘을 파멸로 몰고 갈 죄를 상세히 전하고, 널리 공포하라고 말씀하셨다. 또한 하나님은 명령하시면서 "목소리를 아끼지 말라"는 경고까지 덧붙이셨다. 이사야 선지자는 그릇된 동정심을 남발해 죄를 꾸짖는 일을 주저해서는 안 되었다. 그는 말로 사람들에게 상처를 줄까 두려워할 필요가 없었다. 성령의 검으로 이스라엘을 가차 없이 베어버려야 했다. 이스라엘이 구원받으려면 깊고 고통스러운 수술이 필요했다. 이것은 참된 복음 설교의 필수 요소다. 본문은 이런 임무를 자주 소홀히 하는 오늘날의 복음 설교자들을 책망하고 권고한다.

구약 성경에서 "허물"(transgression)로 번역된 히브리어는 "건너다", "가로지르다", "지나가다"를 뜻하는 "아바르"(*abar*)다. 신약 성경의 경우에는 "곁을 지나가다", "넘어가다"를 뜻하는 "파라바이노"(parabaino)가 사용되었다. 죄를 짓는 것은 하나님의 인격과 권위를 무시한 채 그분의 율법을 회피하거나 간과하는 것을 의미한다. 하나님이 허용하신 한계를 넘어서고, 그분의 율법이 제한하는 것을 무시하는 것이 곧 죄다. 바꾸어 말해, 죄는 그릇 행하여 각기 제 길로 가버린 양들처럼 울타리를 벗어나 우리에게 속하지 않은 곳에 발을 들여놓는 것을 의미한다(사 53:6). 하나님의 명령에 복종해 그분이 설정하신 한계선을 넘어서지 않는 바다와는 달리, 인간은 끊임없이 그분이 정해 주신 한계와 경계선을 넘으려고 애쓴다.

죄가 허물이라는 점을 설명하면 여러 가지 유익이 있다.

첫째, 인간의 마음에 도사리고 있는 교만을 드러낼 수 있다. 이토록 미약한 인간이 대체 무엇이기에 하나님이 친히 정하신 한계를 대담하게 뛰어넘는 것인가? 인간은 모든 피조물의 수치요 불명예가 아닐 수 없다. 인간보다는 차라리 소와 나귀가 더 총명하다(사 1:3).

둘째, 인간의 어리석음을 드러낼 수 있다. 인간은 마치 어제 갓 태어난 아이처럼 아는 것이 지극히 적다(욥 8:9). 그런데도 우리는 영원하신 하나님, 곧 지식과 지혜가 지극히 탁월하고 무궁하신 하나님의 경륜을 거역하는 길을 선택한다.

셋째, 인간이 겪는 모든 불행의 진정한 원인을 보여줄 수 있다. 그 원인은 바로 거룩하신 하나님을 멸시하고 멀리한 데 있다(사 1:4). 우리의 머리가 병들고 마음이 피곤한 이유는 우리의 허물 때문이다. 발바닥부터 정수리까지 성한 곳이 한 군데도 없이 온통 상하고 터지고 새로 맞은 흔적뿐이다(사 1:5-6). 이 모든 것을 우리가 자초했다.

죄는 반항과 불순종이다

> 거역하는 것은 점치는 죄와 같고 완고한 것은 사신 우상에게 절하는 죄와 같음이라(삼상 15:23).

우리는 죄를 편리한 대로 해석하고 정의하는 시대에 살고 있다. 사람들은 자신이 삶에서 도덕적으로 약간 잘못했다는 것은 인정하지만, 스스로가 악하다거나 다른 사람만큼 나쁘다고 생각하지는 않는다. 그러나 사무엘상 15장 23절은 사소한 죄는 없다는 것을 분명하게 보여준다. 하나님이 보시기에는 가장 사소한 반항조차도 마귀를 섬기는 의식에 참여하는 것과 같고, 가장 미미한 불순종도 우상을 숭배하는 무서운 죄와 같다. 어떤 죄는 다른 죄보다 그 결과가 훨씬 더 심각하지만, 모든 죄의 핵심에는 반항과 불순종이 도사리고 있다. 일부러 바닥에 음식 접시를 던져 카펫을 더럽히는 어린아이나 장난감을 제자리에 치우지 않는 어린아이나, 둘 다 부모의 권위를 거역하기는 마찬가지다. 그들의 잘못된 행동이 가져온 결과는 다르지만, 그런 잘못이 반항심에서 비롯했다는 점은 똑같다.

사무엘상 15장 23절은 반항과 불순종의 관점에서 죄를 묘사한다. "반항"은 "반란", "반역", "모반", "폭동"을 뜻하며, "불순종"은 "밀어 제치며 나가다"를 뜻하는 히브리어 "파트사르"(*patsar*)를 번역한 것이다. 이 말은 강퍅하고, 뻔뻔하고, 무례하고, 주제넘고, 교만한 사람을 가리킨다. 이런 사실은 인간의 불순종이 얼마나 무서운 성질을 지니고 있는지 잘 보여준다. 죄인은 하나님을 거스르는 반역자다. 죄인은 하나님 나라에 맞서 대항하여 자신의 나라를 건설하려고 노력한다. 죄인은 자신의 아비, 곧 하나님의 보좌를 뒤엎고자 하는 마귀의 일을 행한다(요 8:44). 죄인은 무례하고 강퍅한 짐승과 같아 창조주의 뜻을 거역할 뿐 아니라, 자신의 뜻을 그분에게 강요한다.

하나님의 탁월하심과 주권과 능력을 가르치는 성경 말씀에 비춰보면, 우리의 죄가 교만과 광기의 극치라는 사실을 분명히 알 수 있다. 한갓 안개에 지나지 않는 인간이 어떻게 감히 영원하신 하나님을 대적할 수 있으며, 산산이 부서진 토기 조각일 뿐인 인간이 어떻게 감히 창조주의 손을 완강하게 거부할 수 있겠는가?(약 4:14) 그러나 인간은 하나님의 주권을 거부하고 자율을 추구한다. 하나님의 뜻을 거역할 뿐 아니라, 그분을 자신의 뜻에 굴복시키려고 한다. 현대인은 스스로를 이런 관점으로 바라보지 않기 때문에 자신의 죄가 하나님을 향한 반항과 불순종이라는 사실을 깨닫지 못한다. 따라서 복음 설교자는 비록 받아들이기 어렵더라도 구원받으려면, 이 사실을 반드시 깨달아야 한다는 것을 이해할 수 있게 도와주어야 한다.

죄는 불법이다

죄를 짓는 자마다 불법을 행하나니 죄는 불법이라(요일 3:4).

이 말씀은 죄는 형태나 종류에 상관없이 모두 위험하고 중대한 범죄라는 사실을 분명히 보여준다. 인간이 생각할 때 가장 큰 죄든, 가장 작은 죄든 죄의 행위는 모두 불법이다. 어떤 죄를 저지르든 그것은 곧 불법을 자행하는 것이다.

"불법"은 "법이 없다"라는 뜻인 헬라어 "아노미아"(*anomia*)를 번역한 것이다. 불법을 행하는 사람은 마치 하나님이 도덕적으로 중립적이시거나 무관심하시다고 여기며 사는 사람, 또는 하나님이 인류에게 그분의 뜻을 전혀 계시하지 않으신 것처럼 사는 사람을 의미한다. 이 두 가지 태도 모두 성경에 부합하지 않는다.

성경은 하나님이 의로우신 분이라고 가르친다. 그분은 마음에 새겨진 율법을 통해 그분의 계명과 뜻을 인류에게 계시하셨고, 일부 사람들에게는 성경이라는 특별 계시까지 허락하셨다(롬 2:14-16, 딤후 3:15-17). 성경은 하나님의 뜻을 나타내는 빛이 온 인류에게 충분히 전해졌기 때문에 모두가 심판의 날에 아무 변명도 할 수 없다고 가르친다(롬 1:20). 미가 선지자가 이스라엘 백성에게 전한 말씀은 정도의 차이는 있더라도 모든 사람에게 적용될 수 있다.

사람아 주께서 선한 것이 무엇임을 네게 보이셨나니 여호와께서 네게 구하시는 것은 오직 정의를 행하며 인자를 사랑하며 겸손하게 네 하나님과 함께 행하는 것이 아니냐(미 6:8).

하나님의 율법을 공공연히 거부하여 불법을 저지를 수도 있고, 그분의 계명에 무관심하거나 일부러 모르는 척해서 불법을 저지를 수도 있다. 어느 경우든 하나님과 그분의 권위를 멸시하는 것은 똑같다. 아울러 반역의 경중은 큰 계명을 어겼느냐 작은 계명을 어겼느냐에 달려 있지 않다. 모든 죄가 불법이다. 성경은 "누구든지 온 율법을 지키다가 그 하나를 범하면 모두 범한 자가 되나니"(약 2:10, 참조. 요일 3:4)라고 말한다. 더욱이 적그리스도가 "불법의 사람"으로 일컬어진다는 사실은 불법의 가증스러운 본질을 여실히 보여준다(살후 2:3). 예수님은 심판의 날에 불법을 행하는 사람들에게 자기를 떠나라고 말씀하실 것이다(마 7:23). 모든 죄는 지옥에서 나오는 불법으로서 정죄받아야 마땅하다.[33]

하나님은 복음 설교자에게 그런 불법을 밝히 드러내고, 그 영향력이 사람들 사이에 널리 퍼지지 못하게 하라고 명령하신다. 그 명령에 따르려면 하나님의 온전하신 뜻을 전하는 방법밖에 없다. 잠언 저자는 "묵시가 없으면 백성이 방자히 행하거

---

[33] 죄는 모두 마귀에게서 나온다(요 8:44). 야고보서 3장 6절은 비슷한 표현을 사용해 혀에 관해 이렇게 말했다. "혀는 곧 불이요……그 사르는 것이 지옥 불에서 나느니라."

니와 율법을 지키는 자는 복이 있느니라"(잠 29:18)고 경고했다. 하나님의 뜻을 보여주는 계시나 묵시가 없으면, 인간과 인간 사회는 불법으로 치달을 수밖에 없다. 하나님은 사람들에게 그분의 계명을 나타내시고, 성령께서는 그들을 꾸짖어 예수 그리스도를 아는 구원의 지식을 얻게 하신다. 복음 설교는 나약한 인간들의 비위나 맞추는 것과는 거리가 멀다. 하나님은 우리가 시대의 풍조에 당당히 맞서 그 흐름을 저지하기를 원하신다. 그분은 우리가 죄는 불법이며 인간이 범죄자라는 사실을 일깨워 사람들을 하나님과 인간 사이의 유일한 중보자이신 그리스도께 인도하기를 바라신다(딤전 2:5).

죄는 적대감이다

> 육신의 생각은 하나님과 원수가 되나니 이는 하나님의 법에 굴복하지 아니할 뿐 아니라 할 수도 없음이라(롬 8:7).

인간의 죄와 관련해 가장 충격적인 진리 가운데 하나는 죄가 하나님에 대한 적대감과 반목과 증오심의 표출이라는 것이다. 이 진리를 옳게 이해하려면 먼저 그 이유를 따져보아야 한다. 왜 의존자인 인간이 무한히 선하신 하나님께 적의를 품게 되었을까? 성경에 따르면, 타락한 인간이 도덕적으로 부패한 탓에 불의를 사랑하고, 자기가 보기에 옳다고 생각하는 것을 행하려는 자율성(스스로 결정짓는 독립적인 상태)을 주장하기 때문이다(롬

3:12, 사 64:6, 욥 15:16, 삿 17:6, 잠 14:12). 따라서 인간은 의로우신 하나님을 미워하고, 그 의로움을 표현한 율법을 증오할 수밖에 없다(롬 1:30). 본문이 가르치는 대로, 인간은 스스로 원하지 않기 때문에 하나님의 율법에 복종할 수 없다. 그가 복종하고 싶어하지 않는 이유는 하나님을 미워하기 때문이다. 자유의지가 아니라 그릇된 의지가 문제다. 타락한 인간은 하나님을 극도로 미워하기 때문에 비록 영원히 멸망할지라도 하나님께 복종하기를 거부한다.

주 예수 그리스도께서는 "너희가 나를 사랑하면 나의 계명을 지키리라"(요 14:15)고 가르치셨다. 이 말씀은 하나님을 향한 우리의 마음과 그분의 뜻을 행하려는 의지가 서로 밀접하게 관련되어 있다는 것을 보여주는 증거다. 하나님의 뜻에 진정으로 복종한다는 것은 곧 그분을 진정으로 사랑한다는 뜻이다. 죄는 그와 정반대다. 죄는 하나님에 대한 반감과 반목의 표출이다. 인간이 저지르는 모든 죄의 중심에는 하나님을 향한 증오심이 도사리고 있다. 인간이 보기에 큰 죄든 작은 죄든 상관없이, 모든 죄는 사랑과 감사와 찬양을 받으시기에 무한히 합당하신 하나님을 대적하는 마음에서 비롯하기 때문에 말로 다할 수 없을 만큼 악하다.

복음 설교자는 사람들에게 이 진리를 강조해야 한다. 죄는 어둡고 부패한 마음(악을 사랑하고, 의로우신 하나님의 주권적인 통치를 거역하는 마음)을 보여준다. 모든 교회가 나서서 신앙을 개혁하고 규칙을 정하더라도 인간의 마음을 변화시키거나 그 마음에서 하나님에 대한 적대감을 제거할 수는 없다. 복음의 참된 역사가 없으면, 곧 성령의 거듭나게 하시는 능력을 수반한 복음 선포가 없으면 인간은 절망적이다.

죄는 반역이다

그들은 아담처럼 언약을 어기고 거기에서 나를 반역하였느니라 (호 6:7).

죄는 종류에 상관없이 모두 반역의 속성을 지닌다. "반역"은 "마알"(maal)과 "바가드"(bagad)라는 두 히브리어를 번역한 것이다. 이 말은 "불충실하게 속임수를 사용하거나 신뢰를 저버리다"라는 뜻이다. 『웹스터 사전』은 이 단어를 "충절을 저버리는 행위", "신뢰를 깨뜨리는 행위", "반역의 행위"로 정의한다. 호세아 6장 7절은 인류의 조상 아담이 처음 저지른 죄를 하나님에 대한 "반역"이라고 표현했다. 성경을 살펴보면, 반역이 모든 죄의 공통 요소라는 것을 알 수 있다(겔 18:24). 죄는 반역 행위, 곧 참된 하나님을 저버리고 우상을 섬기거나 온갖 형태의 배교를 일삼거나 하나님에게서 돌아서는 것을 의미한다(사 48:8, 대상 5:25, 시 78:57).

하나님의 본성과 사역을 생각하면, 인간이 그분을 상대로 저지른 반역을 좀 더 분명하게 이해할 수 있다. 하나님은 신실하신 분이다(신 7:9). 그분의 인자하심은 하늘까지 이르고, 그 성실

하심은 대대에 미친다(시 36:5, 100:5). 하나님은 모든 계획과 사역을 진실함으로 행하신다(시 33:4, 사 25:1, 살전 5:24). 영원히 진실함을 지키시며 변하지 않으신다(시 146:6, 말 3:6). 그분은 자신의 언약을 지키시고 천 대까지 인애를 베푸신다(신 7:9, 수 23:14). 그분의 말씀이나 약속은 단 한 가지도 헛되이 돌아가지 않는다(왕상 8:56). 따라서 하나님께 죄를 짓는다는 것은 곧 가장 큰 충성과 충절과 헌신을 다해 섬겨야 할 분을 배신하는 행위다. 이런 점에서 죄는 가장 큰 반역으로 죽음의 형벌을 받아야 마땅하다(겔 18:24). 인간이 저지르는 모든 죄는 예수님을 체포하는 데 앞장섰던 가룟 유다의 행위와 조금도 다르지 않다(행 1:16). 복음 설교자는 인간의 반역죄를 엄중히 꾸짖어야 한다. 만일 그러지 않으면 우리는 우리가 섬겨야 할 하나님, 그리고 우리가 전해야 할 복음과 진리를 간절히 듣고 싶어하는 사람들을 배신하는 죄를 저지를 수밖에 없다.

죄는 가증스럽다

여호와께서 미워하시는 것 곧 그의 마음에 싫어하시는 것이 예닐곱 가지이니(잠 6:16).
이런 일들을 행하는 모든 자, 악을 행하는 모든 자는 네 하나님 여호와께 가증하니라(신 25:16).

죄의 끔찍한 본질을 묘사하는 용어 가운데 "가증하다"라는 말이 가장 적절해 보인다. 이 말은 히브리어 "토에바"(*towebab*)와 헬라어 "브델루그마"(*bdelugma*)에서 유래했다. 이 두 용어는 더럽고, 혐오스럽고, 고약한 것을 묘사할 때 사용하는 가장 강한 표현 가운데 하나다. 『웹스터 사전』은 "가증하다"를 "극도로 싫고, 지긋지긋하고, 혐오스럽고, 구역질나고, 몹시 지겨운 것"이라고 정의했다. 간단히 말해, 죄는 무엇이든 모두 하나님께 가증스럽다. 하나님은 죄를 극도로 싫어하고, 혐오하며, 증오하신다. 상당히 심하게 느껴지는 말이지만, 거룩하고 의로우신 하나님, 곧 눈이 지극히 정결하시어 악을 차마 보지 못하시며 사악한 행위를 용납할 수 없으신 하나님으로서는 당연히 그러실 수밖에 없다(합 1:13).

성경에 따르면, 불의하게 행동하는 사람은 모두 하나님께 가증스럽다(신 25:16). 죄는 가증스럽게 행동하는 것을 의미한다(겔 16:52). 사악한 자들은 하나님을 기쁘시게 할 수 없기 때문에 그들이 거행하는 종교 의식도 그분께 가증스럽기는 마찬가지다(잠 15:8). 잠언 저자는 죄는 하나님께 가증할 뿐 아니라, 그분의 의로우신 분노와 진노의 대상이라고 말한다(잠 6:16). 하나님은 불순종을 저질러 스스로를 가증스럽게 만드는 자들은 모두 벌을 면하지 못할 것이라고 경고하셨다(잠 16:5). 요한계시록은 가증한 것과 가증스러운 일을 행하는 사람들은 하나님이 계시는 곳에 들어가지 못하고 영원히 형벌을 당할 것이라고 말했다(계 21:27).

죄에 관한 이런 사실을 알, 믿고 있는 우리가 어찌 이 사실을 다른 사람들에게 전하지 않을 수 있겠는가? 공손함과 예의라는 명분을 내세워 이런 진실을 알리지 않는 것이 과연 옳을까? 아무것도 모르고 살다가 그리스도 없이 죽게 될 인간들의 죄를 하나님이 사용하신 강력한 표현으로 지적하는 것이 과연 잘못일까? 죄는 가증스럽다. 죄는 수많은 사람을 멸망에 이르게 한다. 복음 설교자는 스스로를 보호하고, 사람들의 인기를 누리려는 마음을 과감히 내버려야 한다. 그리고 담대함과 사랑으로 이 강력한 표현들을 사용해 죄의 사악함을 여실히 드러내어 그들이 죄를 치명적인 전염병으로 알고 그리스도께 도망쳐 구원을 얻도록 해야 한다.

죄의 개념이 사라진 시대

이번 장 내용을 모두 읽고는 "이 말씀은 어렵도다 누가 들을 수 있느냐"(요 6:60)라고 생각하는 독자가 있을지도 모르겠다. 사실 죄에 관한 진실은 참으로 곤혹스럽고, 그 표현은 몹시 거칠다. 그렇지만 우리는 죄에 관한 솔직한 가르침이 예수 그리스도의 복음을 구성하는 핵심 요소라는 사실을 잊어서는 안 된다. 사람들은 자신이 어떤 사람인지, 무슨 일을 행했는지 분명하게 알아야 한다. 이런 진리들은 몹시 부담스러울 뿐 아니라, 심지어 고통스럽기까지 하다. 그러나 반드시 필요한 성경의 가르침이다.

우리는 오늘날 죄라는 용어를 거의 사용하지 않는다. 좀 더 적절한 용어를 찾았기 때문이 아니다. 그 말의 개념 자체가 사라졌기 때문이다. 오늘날의 사람들은 도덕적인 분별력이나 무엇을 판단하는 능력이 없든지, 아니면 일부러 그런 것을 거부하든지 둘 중 하나다. 사람들은 더 이상 죄를 심각하게 여기지 않는다. 또한 인간의 전적 타락을 믿지 않는다. 심지어 무엇이 잘못되었다고 말하거나, 어떤 일을 죄라고 지적하거나, 인간이 죄인이라는 암시는 도무지 용납할 수 없고 생각할 수도 없는 범죄 행위처럼 취급된다. 그런데도 이 시대의 사람들은 거룩하시고, 의로우시고, 변하지 않으시는 하나님이 언젠가는 그들을 심판하실 것이라는 사실을 알아야 한다. 과거에 죄였던 것은 지금도 여전히 죄다. 수많은 사람을 영원한 멸망으로 몰아넣은 죄가 지금도 여전히 수많은 사람을 집어삼키고 있다.

복음 설교자는 이 진리를 사람들에게 힘써 강조해야 한다. 우리의 말을 거리끼는 것으로 받아들이고 우리의 동기를 의문시하는 사람이 많을지라도, 우리는 하나님이 사용하시는 언어를 철회해서는 안 된다. 우리는 인간의 본성을 곧이곧대로 증언하여 사람들이 자신의 실체를 깨닫게 해야 한다.

13장
죄인은 하나님의 영광에 이르지 못한다

모든 사람이 죄를 범하였으매 하나님의 영광에 이르지 못하더니(롬 3:23).

"이르지 못하다"(fall short)는 목적을 이루지 못하거나 거기에 미치지 못하는 것을 뜻하는 헬라어 "휘스테레오"(*hustereo*)를 번역한 것이다. 본문은 인간이 이르지 못한 목표가 "하나님의 영광"이라고 가르친다. 교회 역사상 이 표현의 정확한 의미를 두고 많은 의견이 있었지만, 가장 흔히 인정받는 해석은 이것이다. 즉, 인간이 하나님의 영광에 이르지 못했다는 것은 하나님이 마땅히 받으셔야 할 영광을 인간이 그분께 돌리지 못하고, 그분의 영광을 반영하는 특권을 상실했다는 것이다.

하나님을 영화롭게 하라

성경에 따르면, 인간은 하나님의 영광과 찬양과 선하신 기쁨을 위해 창조되었다. 우리가 살아가는 목적은 하나님께 찬양과 영광을 돌리기 위해서다. 우리의 심장이 규칙적으로 뛰는 이유는 하나님을 위해 살면서 그분 안에서 온전히 만족하기 위해서다. 우리의 정신이 참으로 경이로운 이유는 하나님에 관해 위대한 생각을 하며 그분을 경외하기 위해서다. 우리의 육체가 강건한 이유는 하나님을 섬기고 그분의 뜻을 행하기 위해서다. 간단히 말해, 우리는 하나님에게서 나오고, 하나님으로 말미암고, 하나님에게로 돌아간다(롬 11:36). 마음과 영혼과 생각과 힘을 다해 하나님을 사랑하고 영화롭게 하는 것이 우리의 "최고선"(*summum bonum*)이다.[34]

인간은 하나님께 온전히 매료되어야 한다. 그분과 상관없이 얻은 만족은 모두 우상과 같다. 심지어 먹고 마시는 것과 같은 단순한 일조차도 하나님의 영광을 위해 해야 한다(고전 10:31). 『웨스터민스터 소요리문답』은 "인간의 제일 되는 목적이 무엇인가? 그것은 하나님을 영화롭게 하고, 그분을 영원히 즐거워하는 것이다"라고 진술한다(문 1). 하나님을 다른 누구보다 높이고, 그분 안에서 온전히 만족하며, 그분을 공경하고 숭앙하며, 감사하고 복종하는 마음으로 하나님 앞에서 살아가는 것은 인간의 특권이자 의무다. 이것이 타락 이전 인간의 본래 상태다. 본래 모습을 회복해 창조된 목적을 수행하지 않는 한, 인간은

---

34) "*summum bonum*"은 "최고선"을 뜻하는 라틴어다. 인간은 하나님 안에서 자신의 가장 큰 목적을 발견한다. 마태복음 22장 37절과 고린도전서 10장 31절을 참조하라.

결코 온전해질 수 없다.

성경은 하나님이 그분의 영광을 위해 인간을 지으셨지만, 인간은 고집스럽게 이 목적을 등한시해 왔다고 가르친다. 바울은 로마 신자들에게 보낸 편지에서 이 불행한 현실을 구체적으로 증언했다.

> 하나님을 알되 하나님을 영화롭게도 아니하며 감사하지도 아니하고 오히려 그 생각이 허망하여지며 미련한 마음이 어두워졌나니 스스로 지혜 있다 하나 어리석게 되어 썩어지지 아니하는 하나님의 영광을 썩어질 사람과 새와 짐승과 기어 다니는 동물 모양의 우상으로 바꾸었느니라(롬 1:21-23).

이 말씀에 따르면, 인간은 유일하신 참하나님을 충분히 알고 있기 때문에 심판의 날에 변명할 수 없다. 그러나 인간은 사실로 알고 있는 것을 도외시하고 자신이 창조된 목적(하나님의 영광)을 고의로 거부한다. 인간은 진리를 거부하고, 어둠과 허망한 것에 치우쳤다. 그런데도 죄를 뉘우치기는커녕 자신이 사실로 알고 있는 것을 고집스럽게 거부하며, 도덕적 어둠과 타락, 허무함 속으로 점점 깊이 추락한다.

모든 인간의 삶에서 발견되는 죄는 하나님을 영화롭게 하는 것을 거부한다. 이 사실은 인간이 왜곡되고 부패했다는 증거다.[35] 인간은 하나님이 창조하신 본래 목적에서 이탈하여 자신의 유일한 존재 이유를 저버렸다. 그는 썩지 않는 하나님의 영광을 버리고, 스스로를 경배 대상으로 치켜세웠다(롬 1:23). 인간은 하나님의 뜻을 완강히 거부하고 독자적으로 행동한다. 그러니 의미를 찾으려고 아무리 애써도 소용없고, 자신의 중요성을 발견하려고 아무리 노력해도 어리석기만 한 것이 당연하지 않겠는가?

인간이 하나님을 영화롭게 하지 못하는 것은 무의미한 존재가 되게 할 뿐 아니라, 온갖 악의 원천으로 작용한다. 바울이 로마서에서 길게 언급한 온갖 악덕과 방탕함은 모두 가장 큰 한 가지 죄(곧 하나님을 인정하고 그분을 영화롭게 하기를 거부하는 죄)의 결과물일 따름이다(롬 1:21-32). 이 죄는 성경의 판도라 상자로서 온 세상에 혼돈과 멸망을 가져왔다.[36]

사람들이 "착한" 무신론자를 언급할 때마다 우리는 하나님의 영광을 일깨워주어야 한다. 사람들은 종종 하나님을 믿지도, 찬양하지도 않지만 다른 사람을 위해 헌신하는 도덕군자들이 있다는 말로 기독교의 주장을 논박하려고 시도한다. 사람들은 하나님의 존재를 믿을 수 있는 증거가 충분하지 못하다는 이유를 내세우면서 도덕적인 사람들을 심판하고 정죄하는 것은 부당하다고 주장한다.

이런 주장은 사람들 가운데 널리 퍼져 있지만, 성경에 비춰

---

35) 죄는 하나님을 영화롭게 하는 것과는 정반대다.
36) 그리스 신화에 나오는 판도라 상자에는 인간의 온갖 불행이 담겨 있었다. 제우스는 그 상자를 판도라에게 주었고, 판도라는 제우스의 명령을 어기고 상자를 열었다.

보면 조금도 옳지 않다. 첫째, 성경은 순수한 무신론자는 없다고 가르친다. 사람은 누구나 유일하신 참하나님을 알고 있다. 하나님을 알 만한 것이 그들 안에 있기 때문이다. 창조된 만물을 통해 하나님의 존재가 밝히 드러나기 때문에 사람들은 어떤 핑계도 내세울 수 없다(롬 1:19-20).

둘째, 성경은 무신론자의 문제가 지성이 아닌 도덕의 차원이라고 가르친다. 시편 저자는 마음속으로 하나님이 없다고 생각하는 사람은 어리석다고 말했다. 그가 그렇게 생각하는 이유는 지성적인 이유 때문이 아니라, 악을 행하고 싶어하는 스스로의 부패한 본성 때문이다. 그는 하나님이나 그분의 도덕적 성품을 인정하지 않고 그 모두를 부인한다.[37] 무신론자가 하나님을 믿지 않는 이유는 지성적으로 탁월하기 때문이 아니라, 불경건함과 불의로 진리를 가로막기 때문이다(롬 1:18).

셋째, 성경은 도덕적인 무신론자가 존재할 수 없다고 말한다. 하나님의 은혜가 없는 상태에서는 의인은 없되 하나도 없기 때문이다(롬 3:10-12). 누군가가 도덕적이라고 자부한다고 해서 실제로 도덕적인 것은 아니다. 자신이 도덕적이라고 아무리 주장해도 자신의 말을 실천에 옮기지 않는 한, 진정으로 의로울 수 없다(롬 2:13, 약 1:22).

---

[37] 시 14:1-3, 53:1-3. "어리석다"는 어리석고 분별없는 사람을 가리키는 히브리어 "나발"(nabal)을 번역한 것이다. "나발"은 도덕적인 의미를 지닌다. 이 말은 지혜를 원하지만 무지해서 그것을 알지 못하는 사람이 아니라, 지혜를 멸시하고 고의로 외면하는 사람을 가리킨다.

넷째, 도덕적인 무신론자를 정죄하는 것이 부당하다는 주장은 인본주의적이고 인간 중심적인 현실 인식에 근거한다. 인간 중심적인 세계에서 인간은 다른 사람에게 책임을 다해야 한다. 그러나 하나님 중심적인 세계에서는 먼저 하나님께 책임을 다하고, 그 후에 사람에게 책임을 다해야 한다. 설혹 다른 사람에게 의를 자랑하는 무신론자의 말이 사실이라고 해도 그는 생명과 호흡과 만물을 허락하신 하나님과 우선적으로 관계를 맺어야 할 책임과 의무를 저버린 셈이다(행 17:15). 하나님을 섬기지 않는 죄는 그가 다른 사람에게 저지른 그 어떤 죄보다 무한히 더 크다.

마지막으로, 겉으로 보기에 도덕적인 무신론자는 사실 하나님을 영화롭게 하기를 거부하고, 그분의 영광을 훔치는 죄를 저지르고 있다고 할 수 있다. 모든 인간은 나면서부터 도덕적으로 타락했고, 철저히 부패했다. 인간의 악을 억제하고, 겉으로나마 선하게 행동하게 만드는 것은 하나님의 일반 은혜뿐이다. 하나님이 이 은혜를 거두시고, 그 마음이 부패한 대로 행하도록 인간을 방치하신다면, 인류는 즉시 자멸하고 말 것이다. 그렇게 되면 세상이 존재하는 동안 이 세상 자체는 지옥으로 변하고 말 것이다. 하나님의 은혜가 인간 사회를 지탱하고 있는 이유는 절망적인 상황에 놓인 부패한 인간을 구원하는 사역이 필요하기 때문이다. 인간을 연쇄 살인범이 되지 못하게 막고 겉으로나마 선한 일을 하게 만드는 것은 무신론자의 인도주의나 고도로 진화된 도덕성이 아니라, 모든 일을 그 뜻대로 결정하시는 하나님의 은혜로운 사역 때문이다(엡 1:11). 따라서 무신론자의 죄는 그의 악을 억제하고 겉으로나마 선한 일을 할 수 있도록 은혜를 베푸시는 하나님을 완강히 부인하는 데 있다. 무신론자는 자신이 그 일을 했노라고 주장하여 하나님이 받으셔야 할 영광을 스스로에게 돌린다. 이런 점에서 그는 가장 극악한 도적이요, 비열한 사기꾼이다. 그가 정죄받는 것은 마땅하다(롬 3:8).

하나님의 영광을 드러내라

하나님은 인간을 그분의 영광스러운 형상대로 창조하셨다(창 1:26). 이 말의 뜻을 온전히 이해할 수는 없지만, 한 가지는 분명하다. 즉, 하나님은 인간을 진흙덩이 이상의 존재(영광의 수용자이자 반영자)로 만들기로 작정하셨다는 것이다. 인간은 하나님과 교제하며 살 수 있는 놀라운 특권을 부여받았다. "수건을 벗은 얼굴"로 하나님을 바라보면서 "영광에서 영광에" 이르는 축복을 누렸다(고후 3:18). 그러나 아담이 하나님보다 자신을 높여 무한히 지혜롭고 관대하신 그분의 주권을 거부하고 유한한 피조물의 자율성을 선택한 순간, 인간은 그 모든 특권을 잃고 말았다. 아담은 전에 충만하던 자신의 영광을 모두 잃었다. 죄는 하나님의 형상을 훼손했고, 인간의 이마에는 "이가봇"("하나님의 영광이 떠났다"는 뜻)이라는 글귀가 새겨졌다(삼상 4:21). 아담은 본래 창조된 모습과 정반대가 되었다. 그는 제구실을 못하는 상하고 깨진 유리처럼 변해 버렸다.[38] 아담의 마음은 화강암처럼 단단한 외피에 감싸인 허무하고 공허한 공간으로 변했다. 그의 겉사람은 내면 상태를 고스란히 드러내는 형상이 되었다. 그는 자신의 지위를 잃고 흉하게 일그러진 모습으로 전락했고, 자신의 존재 이유를 왜곡시켰다.

바로 이것이 아담이 그의 후손들에게 물려준 것이다. 그동안 수많은 세월이 흘렀지만, 인간은 본래 모습을 회복하지 못했다. 모두 타락한 아담의 형상으로 태어난다(창 5:3). 인간은 이런 저주스러운 상태로 근근이 살아가고 있다. 그러나 인간에게는 자신이 도망쳐 나온 하나님 말고는 그 누구도, 그 무엇도 만족시킬 수 없는 하나님의 형상이 남아 있다(창 3:16-24, 약 3:9). 인간은 이 세상의 명예와 부로 자신을 치장할 수는 있지만, 여전히 벌거벗은 상태다. 자긍심으로 무장하고 자신의 생각과 행동을 지지하는 사람들을 거느릴지라도 준엄한 양심의 소리를 피할 수는 없다. 온 세상을 얻고, 천 번을 더 얻는다고 해도, 그의 내면은 그저 가난하기만 하다. 인간의 마음은 하나님의 거처가 되도록 창조되었기 때문에 그분 말고는 그 무엇도 그곳을 채울 수 없다. 그런 이유로 성 어거스틴이 "주님은 우리로 주님을 찬양하여 기뻐하게 하시나이다. 주님을 위해 우리를 지으셨으니 주님 안에서 안식할 때까지 우리 마음은 쉼을 얻지 못하나이

---

38) 타락한 인간의 특징 가운데 하나는 전적인 무용성이다. "다 치우쳐 함께 무익하게 되고"(롬 3:12).

다"라고 고백한 것이다.[39]

인간의 현실은 몹시 어둡지만, 인간이 자초한 불행은 동시에 기회를 제공한다. 다시 말해, 교회는 이런 상황을 복음을 전할 수 있는 절호의 기회로 삼아야 한다. 그러려면 교회와 교회의 메시지가 철저히 성경에 근거해야 한다.

첫째, 우리는 현재의 불행과 하나님을 대신할 것을 찾으려는 무익한 시도에서 온전히 벗어나야 한다. 이 공허한 세상에서 복음의 증인이 되려면, 하나님이 우리를 충만하고 만족하게 하시어 그 뜻을 행하게 하셔야 한다. 서구의 기독교인들은 교회 역사상 가장 안전하고 가장 부유하지만, 또한 가장 공허하기도 하다. 기독교 서점에 가보면, 우리의 공허함을 드러내는 증거들을 쉽게 찾을 수 있다. 우리의 공허함을 달래주고, 목적을 상실한 우리를 치유하고, 자긍심을 북돋우려는 목적으로 쓰인 책이 얼마나 많은가? 우리는 공허하다. 그러나 예수님은 그렇지 않으셨다. 그분은 종종 피로와 허기를 느끼시고 많은 오해와 박해와 비방을 받기도 하셨지만, 공허함을 느낀 적은 한 번도 없으셨다. 그분은 "내게는 너희가 알지 못하는 먹을 양식이 있느니라……나의 양식은 나를 보내신 이의 뜻을 행하며 그의 일을 온전히 이루는 이것이니라"(요 4:32, 34)는 말씀으로 그분의 충만함을 드러내셨다. 아울러 이 말씀은 우리가 공허해진 이유를

---

[39] Augustine, *The Confessions of St. Augustine, Bishop of Hippo* (London: J. M. Dent, 1950), 1.1. 『성 어거스틴의 참회록』, 생명의말씀사.

잘 설명하고 있다. 서구의 기독교인들이 공허한 이유는 세상의 것이 마음에 가득하고 자아도취에 빠져 자신의 뜻을 행하려고 애쓰기 때문이다. 공허함에서 벗어나 참된 만족을 누리려면, 자아와 자기의 뜻을 버리고 하나님과 그분의 뜻에 복종하는 획기적인 변화가 필요하다.

둘째, 교회는 적절성을 추구하기보다 성경에 충실해야 한다. 문화를 연구하고 거기에 순응하여 영향을 끼치려고 해서는 안 된다. 세상의 빛으로서 영향력을 발휘하려면, 늘 급속히 변하는 문화 속에서도 항상 하나님의 진리를 연구하고, 그 진리에 충실해야 한다. 세상처럼 되는 것이 적절성은 아니다. 오히려 세상을 정면으로 거부하고 그 반대편에 설 때 적절성을 발휘할 수 있다.

오늘날의 어두운 현실은 교회가 세상의 소금이 될 수 있는 좋은 기회를 제공한다. 그러나 우리가 노출되어 있는 세상의 온갖 불순함이 우리에게 영향을 끼친다면, 더 이상 쓸모가 없어져 우리가 영향을 끼쳐야 할 사람들의 발에 도리어 짓밟혀버리고 말 것이다(마 5:13). 지금은 우리가 산 위에 있는 동네처럼 될 수 있는 절호의 기회다. 그러나 우리가 비추는 빛이 세상의 생각과 욕망을 기독교적으로 포장한 것에 지나지 않는다면, 영향력을 발휘하기 어려울 것이다(마 5:14-16). 사실 우리 사회는 이미 우리가 모든 영향력을 잃었다고 믿는다. 우리는 성경의 복음을 가감 없이 전하여 이 시대의 공허함에 맞서야 한다. 오직 하나님만으로 만족하고, 그분의 뜻만 추구하며, 그분의 형상만 닮으려고 노력해야 한다. 그러면 흠 없고 순전한 하나님의 자녀가 될 수 있고, 어그러지고 거스르는 세대 가운데서 순결함을 유지할 수 있을 것이다. 그리스도의 날까지 생명의 말씀을 굳게 붙잡으면, 세상에서 빛이 되어 어둠을 밝힐 수 있을 것이다(빌 2:15-16).

그런 삶을 살려면 큰 용기가 필요하다. 스스로 의미와 자긍심과 자기실현을 추구하는 것은 근본적으로 잘못되었다고 담대히 외쳐야 한다. 우리는 인본주의와 물질주의의 그릇된 희망을 폭로하고, 그와 똑같은 것을 기독교적으로 포장해 사람들을 치유하려는 시도가 큰 잘못이라는 것을 보여주어야 한다. 우리는 예수님을 최대한 이용하려고 하거나, 스스로 삶의 목적을 결정하고 현세에서 최선의 삶을 살려고 애쓰는 것이 얼마나 큰 잘못인지 깨우쳐주어야 한다. 세상의 관점을 받아들여 그것을 기독교적으로 포장해서는 안 된다. 분명하게 선을 긋고, 그리스도와 복음의 혁신적인 가르침을 굳게 견지해야 한다. 우리는 진리를 전하고, 또 그 진리를 실천에 옮겨 본을 보여야 한다. 주 예수 그리스도를 아는 지식을 가장 고상하게 생각하고, 그 밖에 다른 것은 다 해로 여겨야 한다. 우리는 그리스도를 얻고 그분 안에서 발견되기 위해 그 모든 것을 배설물로 여겨야 한다(빌 3:7-9).

14장
철저히 부패한 죄인

모든 사람이 죄를 범하였으매 하나님의 영광에 이르지 못하더니(롬 3:23).

이번 장에서 우리는 매우 중요한 진리를 다룰 것이다. 사람들이 죄를 짓는 이유는 도덕적으로 부패한 상태로 태어나기 때문이다(창 8:21, 시 51:5, 58:3). 인간이 대대로 물려받는 도덕적 타락을 묘사하기 위해 신학자들이 사용하는 중요한 용어 가운데 "부패"(depravity)라는 말이 있다. 이 말은 의미를 강조하기 위한 접두사 "de"와 "왜곡되다", "구부러지다"라는 뜻인 라틴어 "프라부스"(*pravus*)로 이루어졌다. 어떤 것이 부패했다는 것은 그 본래 상태나 형태가 철저히 왜곡되었다는 뜻이다. 따라서 인간이 부패했다는 말은 의롭던 본래 상태에서 타락했다는 뜻이다. 그 결과 모든 인간이 도덕적으로 부패한 본성을 지닌 죄인으로 태어나게 되었다. 신학자들은 이 도덕적 부패의 범위를 묘사하기 위해 종종 다양한 표현을 사용했다. 그들의 표현은 모두 똑같은 진리를 전한다. 그 가운데 가장 보편적인 표현은 "전적 타락"(total depravity), "영적 사망"(spiritual death), "도덕적 무능력"(moral inability)이다.

전적 타락

"전적 타락"은 개혁주의 신학자들을 비롯해 많은 신학자가 오랫동안 인간의 타락한 상태를 묘사하기 위해 사용해 온 표현이다. 이 표현은 옳게 정의된다면 정확한 의미를 전달하지만, 그보다는 "광범위한 타락"(pervasive depravity), "철저한 타락"(radical depravity)이라는 표현이 좀 더 적절하다.[40] 모든 사람이 전적으로 타락했다는 것은 단지 인간이 사악할 수 있다거나 그 행위가 전적으로 악하다는 의미가 아니다. 오히려 타락, 곧 도덕적 부패가 인간의 존재 전체(육체와 생각과 의지)에 영향을 끼쳤다는 것을 뜻한다. 전적 타락이 의미하는 것과 의미하지 않는 것을 살펴보자.

첫째, 전적 타락은 인간에게 있는 하나님의 형상이 타락으로 모두 사라졌다는 것을 의미하지 않는다. 성경은 여러 곳에서 인간이 여전히 "하나님의 형상"으로 지으심을 받았다고 증언한다(창 9:6, 고전 11:7, 약 3:9). 전적 타락이란 인간에게 있는 하나

---

[40] 동사 "pervade"는 "고루 미치다", "모든 부분에 퍼지다"라는 뜻이다. 이처럼 타락은 우리 본성에 영향을 끼친다. 타락은 우리 영혼의 뿌리에서 직접 기인한다.

님의 형상이 심각하게 훼손되거나 변형되었으며, 그 결과 도덕적 부패가 인간의 존재 전체(육체와 생각과 감정과 의지)를 오염시켰다는 뜻이다.[41]

둘째, 전적 타락은 인간이 하나님의 인격이나 뜻을 전혀 알 수 없다는 것을 의미하지 않는다. 성경은 모든 인간이 참하나님과 그분의 뜻을 충분히 알고 있기 때문에 심판의 날에 하나님 앞에서 아무 변명도 할 수 없다고 가르친다(롬 1:20). 전적 타락이란 특별한 은혜의 사역이 없으면, 모든 사람이 하나님의 진리를 거부하고 자신의 무익한 사변을 추구한다는 것을 의미한다. 사람들은 하나님의 진리를 적대시하며, 양심의 가책을 느끼지 않으려고 진리를 가로막는다(롬 1:21-23, 1:18). 인간은 하나님을 미워하고 그분의 뜻을 거역하고 대항할 만큼, 그분과 그분의 뜻을 충분히 알고 있다.

셋째, 전적 타락은 인간이 양심이 없다거나 선과 악에 무감각하다는 의미가 아니다. 성경은 모든 인간이 양심을 소유하고 있다고 가르친다. 인간의 양심은 화인 맞은 상태가 아니라면, 덕스러운 성품과 행위를 추구하게 하는 기능을 충실히 이행할 수 있다(롬 2:15, 딤전 4:2). 전적 타락이란 인간이 양심의 소리에 전적으로 복종하지 않는다는 것을 의미한다. 단지 선한 것을 알고 있거나 악한 것을 비난한다고 해서 저절로 의로워지는 것

---

41) 육체(롬 6:6, 12, 7:24, 8:10, 13), 생각(롬 1:21, 고후 3:14-15, 4:4, 엡 4:17-19), 감정(롬 1:26-27, 갈 5:24, 딤후 3:2-4), 의지(롬 6:17, 7:14-15).

은 아니다. 의로워지려면 선하다고 생각하는 것을 실천해야 한다(롬 2:13, 3:10-12, 17-23, 약 4:17).

넷째, 전적 타락은 인간이 미덕을 실천할 수 없다는 것을 의미하지 않는다. 가족을 사랑하고, 다른 사람을 구하기 위해 목숨을 바치며, 시민의 의무를 다하고, 종교의 이름으로 선을 행하는 사람이 얼마든지 있을 수 있다. 전적 타락이란 그런 미덕의 동기가 하나님을 향한 진정한 사랑이나, 그분의 명령에 복종하려는 마음에서 비롯하지 않는다는 것을 뜻한다. 성경은 진정으로 하나님을 사랑하거나 율법이 명령하는 대로 그분을 섬기는 사람도 없고, 생각과 말과 행위로 하나님을 영화롭게 하는 사람도 없다고 증언한다(신 6:4-5, 마 22:37, 고전 10:31, 롬 1:21). 모든 사람은 하나님보다 자아를 더 사랑하는 경향이 있다. 인간이 이타주의를 실천하고, 영웅적인 일을 행하며, 시민의 의무를 다하고, 겉으로 종교적인 선행을 행하는 이유는 하나님을 사랑하기 때문이 아니다. 자아나 다른 사람들을 사랑하기 때문이다(딤후 3:2-4).

다섯째, 전적 타락은 모든 사람이 부도덕한 행위를 저지른다는 것, 곧 모두가 똑같이 부도덕하고, 존재하는 온갖 악을 저지른다는 의미가 아니다. 다시 말해, 모든 인간이 비행이나 음행이나 살인을 저지르는 것은 아니다. 전적 타락이란 모든 사람이 악을 저지를 수 있는 성향을 타고난다는 것을 의미한다. 사람은 누구나 가장 극악한 죄와 가장 수치스러운 비행을 저지를 가능성이 있다. 인류는 전체적인 차원에서 갈수록 도덕적으로 더 부패해지는 경향이 있다. 하나님의 일반 은혜가 없었다면 도덕적으로 부패하는 속도는 상상할 수 없을 만큼 빠를 것이다.[42] 인간은 자신의 행위로 이런 몰락의 상태에서 스스로를 구원하거나 자유롭게 할 수 없다(렘 13:23, 롬 7:23-24).

마지막으로, 전적 타락은 하나님께 복종하는 데 필요한 기능이 인간에게 전혀 없다는 것을 의미하지 않는다. 다시 말해, 이 말은 복종하고는 싶은데 스스로 통제할 수 없는 요인 때문에 그렇게 할 수 없는 상태를 뜻하지 않는다. 하나님은 인간에게 지성과 의지와 선택의 자유를 허락하셨다. 따라서 인간은 도덕적인 행위자로서 하나님 앞에서 책임 있게 살아가야 한다. 전적 타락은 의지가 없어서 하나님께 복종할 수 없다는 뜻이 아니라, 하나님을 적대시하는 마음 때문에 복종을 거부한다는 뜻을 담고 있다(롬 8:7-8).

영적 사망

신학자들이 인간의 도덕적 타락을 묘사하기 위해 사용하는 또 다른 표현은 영적 사망이다. 하나님은 에덴동산에서 아담에게 금단의 열매를 먹는 날에는 반드시 죽을 것이라고 경고하셨다(창 2:17). 아담은 죄를 지은 후에도 육체적으로 오랫동안 살다가 죽었다(창 5:5). 그러나 자신의 결정에 따라 하나님께 복종하

---

42) A. A. Hodge, *Outlines of Theology* (Edinburgh: Banner of Truth), 329.

지 않는 길을 선택하는 순간, 실제로 영적으로는 사망했다. 아담의 치명적인 선택은 그와 하나님의 관계를 단절시켰다. 그 결과 그의 존재 안에서 창조주를 알고 그분과 교제를 나눌 수 있게 하는 기능이 죽어버렸다. 간단히 말해, 그는 영적으로 시체가 된 것이다. 육체적으로는 살아 있지만, 영적으로는 죽었다. 아담은 인간이나 마귀에게서 비롯하는 모든 종류의 사악한 자극에는 반응했지만, 하나님의 인격과 뜻에 대해서는 무감각했다.

성경은 아담의 불순종이 가져온 이 무서운 결과가 그에게만 국한되지 않고, 그의 후손에게 전가되어 모두가 영적 사망 상태로 태어난다고 가르친다. 바울은 그런 의미에서 에베소 신자들에게 이렇게 말했다.

> 그는 허물과 죄로 죽었던 너희를 살리셨도다 그때에 너희는 그 가운데서 행하여 이 세상 풍조를 따르고 공중의 권세 잡은 자를 따랐으니 곧 지금 불순종의 아들들 가운데서 역사하는 영이라 전에는 우리도 다 그 가운데서 우리 육체의 욕심을 따라 지내며 육체와 마음의 원하는 것을 하여 다른 이들과 같이 본질상 진노의 자녀이었더니(엡 2:1-3).

이 말씀은 모든 인간이 참된 영적 생명 없이 하나님의 인격과 뜻에 무감각한 상태, 곧 영적 사산아 상태로 세상에 태어난다고 가르친다. 인간은 "하나님의 생명에서 떠나 있으며", 하나님에 대해 죽은 것처럼 살아간다(엡 4:18). 그래서 시편 저자는 타락한 인간은 하나님을 구하지 않고, "그의 모든 사상에 하나님이 없다 하나이다"라고 말했다.[43] 타락한 인간은 하나님의 존재를 고려하지 않거나 그분의 명령에 따라 살아갈 필요성을 의식하지 않는다. 인간은 무신론자처럼 살아간다. 설혹 하나님이나 초월자의 존재를 인정하더라도, 그런 생각이 그의 삶에 실제로 아무 영향도 끼치지 못한다. 인간은 살았으나 실상은 죽은 자와 다름없다(딤전 5:6, 계 3:1). 하나님을 향한 인간의 마음은 돌처럼 단단하다(겔 11:19). 인간은 뿌리까지 뽑힌 열매 없는 가을 나무와 같다(유 1:12). 인간은 살아 있는 시체와 다름없고, 그의 의는 더러운 의복 같으며, 그의 가장 경건한 행위조차도 죽은 행실에 지나지 않는다(사 64:6, 히 6:1, 9:14).

도덕적 무능력

영적 사망의 교리와 밀접하게 관련된 또 다른 표현은 "도덕적 무능력"이다. 이 표현은 인간이 도덕적으로 얼마나 부패했는지를 묘사하는 데 주로 사용된다. 이 교리는 타락한 인간은 하나님을 사랑하거나 기쁘시게 할 수 없고, 그분께 복종할 능력이 없다고 가르친다.

---

[43] "악인은 그 교만한 얼굴로 말하기를 여호와께서 이를 감찰하지 아니하신다 하며 (악인은 그 교만한 얼굴로 하나님을 구하지 아니하며) 그의 모든 사상에 하나님이 없다 하나이다"(시 10:4).

이 교리를 듣는 순간, "인간은 하나님이 명령하신 것을 아무 것도 행할 능력이 없는데, 어떻게 그분 앞에서 책임을 질 수 있습니까?"라고 물을 것이 분명하다. 이 물음에 대한 대답은 매우 중요하다.

인간이 하나님을 사랑하거나 그분께 복종하지 못하는 이유가 그렇게 할 수 있는 정신 기능이 결여되었거나 육체적으로 제약이 있기 때문이라면, 하나님이 인간에게 책임을 추궁하시는 것은 부당할 것이다. 그런 경우라면 인간은 무고한 희생자가 될 것이다. 그러나 사실은 그렇지 않다. 인간의 무능력은 도덕적인 성격을 띤다. 그의 무능력은 하나님을 적대시하는 마음에서 비롯한다(롬 5:10, 8:7-8).

인간이 하나님을 사랑할 수 없는 이유는 그분을 미워하기 때문이다(롬 1:30). 인간이 하나님께 복종하지 않는 이유는 그분의 계명을 멸시하기 때문이며, 하나님을 기쁘시게 할 수 없는 이유는 그분의 영광과 선하신 기쁨을 고귀한 목적으로 받아들이지 않기 때문이다(롬 1:21). 인간은 희생자가 아닌 범죄자다. 인간이 할 수 없는 이유는 그럴 의향이 없기 때문이다. 인간의 부패와 하나님에 대한 반목은 하나님을 하나님으로 인정하고 그분의 주권에 복종하기보다 차라리 영원한 형벌을 받기 원할 만큼 크고도 깊다.

이런 이유로 도덕적 무능력은 "고의적인 적개심"으로 바꾸어 말할 수 있다. 요셉과 그의 형제들의 관계가 이 진리를 구체적으로 보여준다.

그의 형들이 아버지가 형들보다 그를 더 사랑함을 보고 그를 미워하여 그에게 편안하게 말할 수 없었더라(창 37:4).

요셉의 형제들은 요셉에게 우호적으로 말할 수 없었다. 그렇게 말할 수 없는 육체적인 한계를 지녔기 때문이 아니라, 그를 향한 증오심이 몹시 컸기 때문이었다. 그와 마찬가지로, 타락한 인간은 하나님을 증오하기 때문에 그분을 사랑하거나 그분의 명령에 복종할 수 없다.

왕과 국가를 배신한 죄로 감옥에 갇혀 있는 정치범을 생각해 보라. 어느 날, 의롭고 자비로운 왕이 감옥에 찾아와 문을 열고, 그 죄수에게 한 가지 조건만 들어주면 온전히 사면해 주겠노라고 말했다. 왕은 반역죄를 저지른 잘못을 뉘우치고, 자신을 존중하며, 자신의 법에 복종하라고 요구했다. 그러나 죄수는 왕의 말을 듣는 순간, 문 앞으로 달려가 문을 세차게 닫고 끔찍한 감옥을 떠나려 하지 않았다. 그는 분을 이기지 못하고 왕에게 침을 뱉으며 소리쳤다. "당신에게 무릎 꿇느니 차라리 이 감옥에서 죽겠소이다!" 거듭나지 못한 사람의 마음 상태가 바로 이와 같다. 하나님에 대한 인간의 반목은 그분이 마땅히 받으셔야 할 복종과 영광과 존귀함을 인정하기보다 차라리 지옥에 머무는 것을 좋아할 정도다.

성경은 인간의 의지가 본성에 지배받는다고 가르친다. 인간이 도덕적으로 순수한 본성을 지녔다면, 그의 의지도 도덕적으로 순수한 행위를 지향할 것이다. 다시 말해, 거룩하고 의로우신 하나님을 사랑하고 그분의 명령을 존중히 여겨 복종할 것이다. 그러나 타락한 인간은 도덕적으로 부패한 본성을 지니고 있기 때문에 그의 의지도 도덕적으로 부패한 행위를 지향한다. 인간은 거룩하고 의로우신 하나님을 미워하며, 그분의 진리를 무시하고, 그분의 명령을 거역한다.

"인간은 자유 의지를 가지고 있는가?"라는 문제가 자주 논의된다. 우리는 타락한 인간의 본성과 의지가 서로 떼려야 뗄 수 없는 관계를 맺고 있다는 사실에서 이 물음에 대한 대답을 찾을 수 있다. 성경은 인간이 자신이 원하는 대로 선택할 자유를 가지고 있지만, 전적으로 타락했기 때문에 악을 선택하는 것을 좋아한다고 가르친다. 다시 말해, 타락한 인간은 자유 의지를 가지고 있지만, 그의 의지는 선하지 않다. 인간의 의지는 그의 타락한 본성에 속박되어 있다. 따라서 인간은 항상 하나님의 인격과 성품에 반대되는 것을 자유롭게 선택한다. 바리새인들을 엄히 꾸짖으셨던 예수님의 말씀이 이 사실을 분명하게 보여준다.

> 독사의 자식들아 너희는 악하니 어떻게 선한 말을 할 수 있느냐 (마 12:34).

마르틴 루터는 도덕적 무능력을 가르치는 성경의 진리에 따라 『노예의지론』(*The Bondage of the Will*)이라는 유명한 책을 저술했다. 이 책의 제목은 인간이 스스로의 본성을 피할 수 없다는 의미를 전달한다. 인간은 본성상 악하고, 악한 일을 스스럼없이 저지른다. 타락한 인간이 나쁜 열매를 맺는 이유는 그가 "못된 나무"이기 때문이다(마 7:18). 인간의 의지는 부패한 본성에 속박되어 있다. 이 사실에서 비롯하는 끔찍한 결과 몇 가지를 살펴보면 다음과 같다.

타락한 인간은 하나님을 알 수 없다

하나님의 은혜로운 섭리 덕분에 인류는 과학, 기술, 의학과 같은 분야에서 지적으로 크게 발전했다. 그렇지만 하나님에 관한 인간의 지식은 기껏해야 혼란스럽고 왜곡된 이단 사상이나 무익한 사고에 그대로 머물러 있다(롬 1:21-23, 엡 4:17-19). 이런 무지는 하나님이 자신을 알리지 않으시기 때문이 아니다. 그 이유는 인간이 그분 앞에서 끊임없이 숨으려고 하기 때문이다. 하나님은 창조, 역사의 섭리, 성경, 인간의 몸을 입으신 성자를 통해 자신을 분명하게 계시하셨다(롬 1:19-20, 딤후 3:16, 요 1:18). 그런데도 인간은 눈을 감고 귀를 막은 채 하나님의 계시를 거부했다.

인간이 진리를 알 수 없는 이유는 진리를 미워하고, 애써 무시하기 때문이다(롬 1:18, 욥 21:14-15). 그리고 인간이 진리를 대적하는 이유는 그것이 하나님의 진리이기 때문이다. 하나님의 진리는 인간의 실상을 드러내기 때문에 인간은 하나님의 진리를 못 견뎌하는 것이다.

타락한 인간은 하나님을 사랑할 수 없다

많은 사람들, 심지어 비그리스도인조차 어느 정도는 하나님을 향해 애정이나 사랑을 느낀다. 그러나 성경은 타락한 인간이 하나님을 진정으로 사랑할 수 없다고 증언한다. 성경은 회심 이전에는 아담의 모든 후손이 하나님을 미워하고, 그분을 거역하며 살아간다고 가르친다(롬 1:30, 5:10). 인간이 그런 적대감을 느끼는 이유는 본성이 도덕적으로 부패해 거룩하고 의로우신 하나님을 받아들이거나 그분의 뜻에 복종할 수 없기 때문이다.

하나님을 진정으로 사랑한다고 말하는 사람들 가운데는 성경이 가르치는 그분의 속성과 사역을 거의 알지 못하는 사람이 대부분이다. 그들이 사랑하는 신은 그들의 상상이 빚어낸 허구일 뿐이다. 그들은 자신의 형상대로 신을 만들고, 그것을 사랑한다. 하나님은 시편 저자를 통해 "네가 나를 너와 같은 줄로 생각하였도다 그러나 내가 너를 책망하여"(시 50:21)라고 말씀하셨다.

대부분의 사람들, 심지어 스스로 경건하다고 생각하는 사람들까지도 성경을 자세히 들여다보면, 자신이 사랑한다고 주장하는 신과 성경의 하나님이 크게 다르다는 사실을 발견할 것이다. 성경이 가르치는 대로 거룩하심, 의로우심, 주권, 진노와 같은 하나님의 속성을 액면 그대로 받아들인다면, 아마도 혐오스러운 표정으로 "나의 하나님은 이렇지 않아"라거나 "나는 이런 하나님을 절대 사랑할 수 없어"라고 외칠 것이 틀림없다. 따라서 타락한 인간은 성경의 하나님과 마주할 때 반감을 드러내며 강력히 거부할 수밖에 없다. 인간이 그렇게 반발하는 이유는 무엇일까? 앞서 말한 대로, 그 이유는 인간의 본성과 밀접하게 관련된다. 인간이 거룩하고 의로운 본성을 지니고 있다면, 거룩하고 의로우신 하나님을 쉽게 사랑할 수 있을 것이다. 그러나 인간은 본성상 타락했기 때문에 그렇게 할 수 없다.

타락한 인간은 하나님을 추구할 수 없다

요즘에는 하나님을 찾는 구도자라고 스스로 주장하는 사람이 많다. 그러나 성경은 "하나님을 찾는 자도 없고"(롬 3:11)라는 말씀으로 그런 허황된 주장을 간단하게 묵살한다. 기독교 신앙을 받아들인 회심자들이 "오랫동안 하나님을 찾으려고 노력해 왔습니다"라고 간증하는 말을 종종 들을 수 있다. 그러나 성경은 그렇게 말하지 않는다. 인간은 타락한 피조물이다.

인간이 하나님을 미워하는 이유는 그분이 거룩하시기 때문이고, 하나님의 진리를 가로막는 이유는 그 진리가 자신의 부패함과 불순종을 드러내기 때문이다(요 3:19-20). 따라서 인간은 하나님께 나올 의향이 없다. 오히려 그는 자신이 할 수 있는 방법을 총동원해 하나님을 회피하고, 그분의 율법을 양심에서 남김없이 제거하려고 노력한다. 옛 설교자들은 이 진리를 이렇게 요약했다. "인간이 하나님을 찾을 의향이 없는 것은 도주 중인

범죄자가 법을 집행하는 관리를 찾을 의향이 없는 것과 같다."[44]
예수님의 생각도 마찬가지였다.

> 그 정죄는 이것이니 곧 빛이 세상에 왔으되 사람들이 자기 행위가 악하므로 빛보다 어둠을 더 사랑한 것이니라 악을 행하는 자마다 빛을 미워하여 빛으로 오지 아니하나니 이는 그 행위가 드러날까 함이요(요 3:19-20).

타락한 인간은 하나님을 기쁘시게 하거나 그분께 복종할 수 없다

기독교를 제외한 다른 종교에서 발견되는 한 가지 큰 공통점이 있다. 바로 신과의 올바른 관계가 개인의 복종과 공로, 또는 신을 기쁘게 하는 능력에 달려 있다는 신념이다. 오직 기독교만이 하나님의 특별한 사역이 없는 한, 인간은 하나님께 복종하거나 그분을 기쁘시게 할 수 없다고 선언한다(롬 7:14-24, 엡 2:4-5). 인간은 전적으로 부패했기 때문에 아무런 공로도 내세울 수 없다. 심지어 가장 훌륭한 행위조차도 거룩하고 의로우신 하나님 앞에서는 더러운 누더기에 지나지 않는다(사 64:6). 이것은 우리를 가장 겸손하게 하는 성경의 진리 가운데 하나다.

---

44) 아담과 하와가 하나님을 피해 숨으려는 무익한 노력을 기울였다는 성경 말씀(창 3:8)이 이 진리를 구체적으로 예시한다.

아담의 후손인 인간은 이 진리를 증오하며 반대한다. 그러나 이 진리는 복음의 핵심 요소다. 인간이 이 진리의 중압감을 충분히 느낄 때까지 이 진리를 강조하고, 또 강조해야 한다. 인간은 스스로는 어찌해 볼 수 없는 절망적인 상태다. 인간은 오직 하나님을 통해서만 구원받을 수 있다.

타락한 인간은 스스로를 개혁할 수 없다

20세기는 인간이 더 위대하고 고귀한 피조물로 진화될 것이라는 낙관론과 더불어 시작되었다. 혁신의 시대가 될 것으로 믿었지만, 절망과 혼란으로 귀결되었다. 성경은 인간이 영적으로 죽었고, 도덕적으로 부패한 상태로 태어났다고 가르친다. 자기 혁신을 위한 인간의 시도는 무엇이든 아무런 효과도 발휘하지 못하고, 번번이 실패로 끝날 뿐이다. 족장 욥이 이렇게 부르짖었듯이 말이다.

> 내가 정죄하심을 당할진대 어찌 헛되이 수고하리이까 내가 눈 녹은 물로 몸을 씻고 잿물로 손을 깨끗하게 할지라도 주께서 나를 개천에 빠지게 하시리니 내 옷이라도 나를 싫어하리이다(욥 9:29-31).

하나님은 예레미야 선지자를 통해 이렇게 선언하셨다.

네가 잿물로 스스로 씻으며 네가 많은 비누를 쓸지라도 네 죄악이 내 앞에 그대로 있으리니(렘 2:22).

구스인이 그의 피부를, 표범이 그의 반점을 변하게 할 수 있느냐 할 수 있을진대 악에 익숙한 너희도 선을 행할 수 있으리라(렘 13:23).

인간의 희망은 오직 하나뿐이다. 그러나 그 희망을 붙잡으려면, 먼저 자신의 전적 무능력을 깨닫고 스스로에 대해 절망해야 한다. 바로 이것이 복음 설교의 핵심 기능이다.

타락한 인간은 사탄의 노예다

태초에 아담은 자유롭게 하나님께 복종하며 세상을 다스릴 수 있었다(창 1:27-28). 그러나 하나님께 반역한 탓에 그와 그의 후손은 본성이 부패한 노예 상태로 전락했다. 아담의 타락 이후, 모든 인간은 부패한 본성에 속박된 채로 태어나 사탄의 노예가 된다. 자신이 사탄의 추종자라고 생각하는 사람은 거의 없을 테지만, 성경은 모든 인간이 "공중의 권세 잡은 자", 곧 "지금 불순종의 아들들 가운데서 역사하는 영"을 따라 살고 있다고 증언한다(엡 2:2). 또한 성경은 온 세상이 마귀의 권세 아래에 놓여 있고, 모든 사람이 그에게 통치받으며, 모든 사람이 마귀에게 사로잡혀 그의 뜻을 행한다고 말한다(요일 5:19, 행 26:18, 딤후 2:26).

인간과 사탄의 관계를 "노예 상태"라는 말로 묘사하는 것은 매우 적절하지만, 그렇다고 해서 인간이 자신의 의지와 상관없이 무고한 희생자가 되었다고 생각하면 큰 오산이다. 인간은 스스로 하나님의 통치를 거부하고, 사탄에게 지배받는 길을 선택했다. 사로잡힌 인간이나 인간을 사로잡은 사탄이나 둘 다 타락한 피조물이기는 마찬가지다. 따라서 그들 사이에는 큰 유사점이 있다.[45] 이들은 도덕적으로 부패했고, 하나님을 대적한다는 점에서 서로 닮았다. 많은 사람이 불쾌하게 생각할 말이지만 엄연한 사실이다. 타락한 인간과 사탄은 도덕적으로 매우 흡사하기 때문에 회심 이전의 인간은 모두 마귀의 자녀로 불려야 마땅하다(요일 3:8, 요 8:44).

인간이 진정 그렇게 사악한가?

우리는 헛된 망상에 근거한 낙관론을 신봉하는 시대, 곧 인간을 우주의 중심에 올려놓고 만물의 척도라고 치켜세우는 시대에 살고 있다. 숱한 실패의 역사, 양심의 가책, 성경의 명백한 가르침에도, 인간은 스스로의 미덕과 공로를 자랑하며 좀 더 밝은 미래를 낙관한다. 인간은 도덕 규칙을 변경하고, 전에는 악하다고 하던 것을 선하다고 일컫는 간단한 방법을 통해 자신의 수많은 부도덕과 끊임없는 타락을 감추려고 한다.[46] 인

---

[45] 이런 유사점 때문에 예수님은 요한복음 8장 44절에서 마귀를 믿지 않는 자들의 "아비"라고 일컬으셨다.

간은 이처럼 스스로 현혹된 상태이기 때문에 성경의 책망에 대해 사람들이 "우리가 진정 그렇게 사악한가?"라는 식으로 반응하는 것은 조금도 놀랍지 않다. 그러나 성경은 "그렇다. 너희는 그렇게 사악하다"라고 대답한다.

성경은 하나님이 노아 시대에 큰 홍수로 온 세상을 심판하셨다고 증언한다(창 7-9장). 하나님이 세상을 심판하신 이유는 인간의 극심한 부도덕과 불신앙 때문이었다.

> 여호와께서 사람의 죄악이 세상에 가득함과 그의 마음으로 생각하는 모든 계획이 항상 악할 뿐임을 보시고 땅 위에 사람 지으셨음을 한탄하사 마음에 근심하시고(창 6:5-6).

이 말씀은 인간의 사악함은 물론, 그 범위("그의 마음으로 생각하는 모든 계획이 항상 악할 뿐임을 보시고")를 언급하고 있다. 또한 인간의 철저하고 광범위하고 완전한 타락을 증언하는 강력한 구절이다. 언뜻 보면 이 말씀은 역사상 양심이 완전히 마비된 몇몇 사람에게만 적용될 수 있는 극단적인 경우처럼 보인다. 그러나 좀 더 자세히 살펴보면, 우리 모두에게 적용되는 말씀이라는 것을 분명히 알 수 있다.

우리가 하는 모든 생각을 시각 이미지로 바꾸어 영상으로 보

---

46) "악을 선하다 하며 선을 악하다 하며 흑암으로 광명을 삼으며 광명으로 흑암을 삼으며 쓴 것으로 단 것을 삼으며 단 것으로 쓴 것을 삼는 자들은 화 있을진저 스스로 지혜롭다 하며 스스로 명철하다 하는 자들은 화 있을진저"(사 5:20-21).

여줄 수 있는 장치가 개발되었다고 가정해 보자. 그리고 우리 가족과 친구들, 동료들이 그 영상을 볼 것이라고 생각해 보자. 그럴 경우, 우리는 분명 모든 수단과 방법을 동원하여 그 영상을 보지 못하게 하지 않겠는가? 만일 그들이 그 영상을 본다면 고개를 들 수 없을 정도는 아니더라도 그들의 눈을 똑바로 쳐다볼 수 없지 않겠는가? 만일 그런 상황에서도 뻔뻔하게 고개를 쳐들고 아무것도 부끄러운 것이 없다고 주장한다면 거짓말을 하고 있거나, 헛된 착각에 빠져 있거나, 양심이 마비되었다는 증거가 아니겠는가? 우리 가운데 가장 훌륭한 사람도 친구들에게 감히 내보이지 못할 생각을 하며 살아가고 있다는 것은 부인하기 어려운 사실이다. 이런 사실은 우리 안에 무엇인가 잘못된 것이 도사리고 있음을 분명히 보여준다.

우리에게는 악을 행하려는 성향이 있다. 우리 안에는 우리의 양심이 반대하고 비난하는 일을 원하는 마음이 도사리고 있다. 이 문제는 지금까지 가장 계몽된 철학자와 윤리학자, 신학자들을 곤혹스럽게 만들어왔다. 바울 사도는 인간의 딜레마를 "내가 행하는 것을 내가 알지 못하노니 곧 내가 원하는 것은 행하지 아니하고 도리어 미워하는 것을 행함이라"(롬 7:15)는 말씀으로 간단히 요약했다.

지금까지 논의해 온 인간의 사악함은 홍수 이전 시대에만 국한되지 않는다.[47] 대홍수도 인간의 악한 성향을 없애지 못했다.

---

47) "홍수 이전"이란 노아의 홍수 이전을 말한다.

노아도 아담보다 더 나은 유산을 물려주지 못했다. 홍수가 잦아들자 하나님은 노아에게 방주에서 나오라고 명령하셨다. 그리고 그분은 거듭나지 않은 인간의 표징인 인간의 부패한 마음은 세상 끝날까지 계속될 것이라고 암시하셨다.

> 여호와께서 그 향기를 받으시고 그 중심에 이르시되 내가 다시는 사람으로 말미암아 땅을 저주하지 아니하리니 이는 사람의 마음이 계획하는 바가 어려서부터 악함이라 내가 전에 행한 것 같이 모든 생물을 다시 멸하지 아니하리니(창 8:21).

하나님은 홍수 이전에 인간의 마음에서 나오는 생각은 무엇이든 항상 악할 뿐이라고 말씀하셨다(창 6:5-6). 그 사실은 홍수 뒤에도 전혀 변하지 않았다. 인간의 마음에서 나오는 생각은 악하다. 이 말은 악의 근원지를 분명히 보여준다. 다시 말해, 악은 나면서부터 인간의 마음에 내재되어 있다. 이 악은 아담에게서 물려받은 것이다(창 5:3, 롬 5:12). 성경은 악이 유전되는 비밀을 자세히 설명하지는 않지만, 분명히 그것이 엄연한 현실이라고 말한다. 인간은 죄 가운데 잉태되어 나면서부터 죄를 짓는다(시 51:5, 58:3). 어린아이들에게 굳이 이기적인 행동과 남을 속이는 행동을 가르칠 필요가 없는 이유가 여기에 있다. 오히려 부모들은 부지런히 그들의 이기심을 억제하고, 다른 사람들을 배려하라고 가르쳐야 한다. 어린아이들이 세상을 다스릴 날을 꿈꾸는 사람이 있는가? 가장 나이 어린 아이들 사이에서도 사납고 무자비한 서열이 존재하는 현실이나, 한 아이가 다른 아이의 장난감을 탐할 때 벌어지는 상황을 목격하면 곧바로 그 환상이 깨질 것이다. 이 사실을 부인하려면 날마다 뉴스를 장식하는 사건과 역사의 증언을 부인해야 할 것이다.

성경은 인간이 악을 행하는 이유는 그의 내면에 악이 거하기 때문이라고 가르친다. 내재하는 죄가 인간 안에 두루 퍼져 모든 생각과 말과 행동에 영향을 끼친다. 이사야 선지자의 탄식은 이 사실을 구체적으로 보여준다.

> 무릇 우리는 다 부정한 자 같아서 우리의 의는 다 더러운 옷 같으며 우리는 다 잎사귀같이 시들므로 우리의 죄악이 바람같이 우리를 몰아가나이다(사 64:6).

"더러운 옷"이라는 이사야의 표현을 둘러싸고 많은 의견이 엇갈린다. 그 가운데에는 이 말이 의식적으로 불결한 옷, 곧 죽은 사람이나 피, 또는 나병환자와 닿은 옷을 가리킨다고 보는 견해가 많다. 그중에서 우리의 관심을 끄는 것은 셋째 경우다.

역사적으로, 나병은 가장 무서운 질병 가운데 하나로 간주되어왔다. 따라서 나병은 죄를 구체적으로 예시하는 강력한 비유로 활용될 수 있다. 나병은 온몸을 파괴해 인체를 악취가 가득한 썩은 고깃덩이로 만든다. 고통당하는 당사자는 물론이고, 그 모습을 지켜보는 사람들조차도 도무지 견딜 수 없게 만드는 질병이 나병이다. 이제 이 점을 염두에 두고, 한 지역 단체가 가난한 나병환자를 찾아가 그를 깨끗하게 단장하려고 노력하는 상황을 상상해 보자. 그들은 그를 조심스럽게 씻기고, 가장 값비싼 향수를 이용해 냄새를 없애고, 아름다운 비단으로 만든 순백색의 옷을 입힌 다음, 세상 사람들 앞에 내세웠다. 그들의 수고는 나병환자에게 잠시 유익을 주고 사람들의 박수갈채를 얻어낼 수 있을지 몰라도, 외관상의 아름다움은 그리 오래 가지 못한다. 곧 나병환자의 육신이 썩어 옷에 피가 배어나오고, 썩는 냄새가 향수 냄새보다 더 짙게 풍길 것이다. 나병환자와 그의 옷, 그가 만지는 모든 것이 순식간에 부패하고 불결해질 것이다.

인간의 경우가 바로 그렇다. 스스로 종교적으로나 도덕적으로 아무리 많은 개혁을 시도해도, 인간의 내면은 조금도 변하지 않는다. 예수님은 인간을 "겉은 깨끗하지만 속은 불결한 잔"과 "겉은 깨끗하게 단장되었지만 안에는 죽은 사람의 뼈가 가득한 무덤"에 비유하셨다(마 23:25-28). 옷에 피가 배어나와 모든 것을 불결하게 만드는 나병환자처럼 인간의 부패한 본성(마음)도 생각과 말과 행위를 통해 배어나와 모든 것을 더럽힌다. 그렇기 때문에 거듭나지 못한 사람은 자신의 행위나 공로로 하나님과 올바른 관계를 맺을 수 없다.

인간의 본성에 대한 성경의 가르침은 복음과 복음전도를 옳게 이해하는 토대가 된다. 인간이 근본적으로 선하다거나 그 안에 선한 것이 조금이라도 남아 있다면, 설교자는 인간에게 깨달음을 줄 수 있고, 인간은 그 말에 응할 수 있을 것이다. 그러나 인간이 전적으로 부패했다면, 인간의 마음과 생각을 열어 죄를 뉘우치고 구원에 이르는 믿음을 갖게 만들 수 있는 것은 오직 하나님의 초자연적인 능력뿐이다(행 16:14, 눅 24:45, 딤후 2:25, 엡 2:8, 롬 12:3).

그리스도인이자 복음의 사역자인 우리는 하나님의 위대하심과 풍성한 은혜뿐 아니라, 말씀의 빛과 성령의 능력으로 인간의 마음을 있는 그대로 증언해야 한다. "그리스도 예수로 자랑하고 육체를 신뢰하지 않으려면" 인간의 도덕적 타락을 밝히 드러내야 한다(빌 3:3). 인간의 도덕적 어둠은 하나님의 은혜와 자비라는 별이 그 빛을 환히 드러낼 수 있게 해주는, 칠흑처럼 깜깜한 밤하늘 같은 역할을 한다.

15장
하나님의 의로운 분노

하나님은 의로우신 재판장이심이여 매일 분노하시는 하나님이시로다(시 7:11). 오만한 자들이 주의 목전에 서지 못하리이다 주는 모든 행악자를 미워하시며(시 5:5).

복음주의자들은 대부분 이 말씀들을 잊어버린 듯하다. 요즘에는 이 말씀들이 더 이상 논의의 빌미조차 제공하지 못한다. 설교자들이 죄인들을 향해 하나님의 의로운 분노를 전하는 경우가 얼마나 되는가? 강단에서 하나님의 진노나 거룩한 증오와 같은 주제를 다루는 경우가 얼마나 되는가? 우리가 더 이상 성경을 연구하지 않기 때문일까? 아니면 성경의 어떤 구절은 성령의 영감으로 기록되지 않았거나 무용지물이 되었다고 결론을 내렸기 때문일까? "정치적 공정성"을 요구하는 사회 분위기와 문화의 변덕스러운 유행 앞에서 주눅이 들었기 때문일까? 아니면 진리를 전하는 것은 더 이상 교회를 성장시키는 방법이 될 수 없다고 생각하기 때문일까?

현 세대 사람들이 달갑게 생각하든 말든, 하나님의 의로운 분노는 성경의 명백한 가르침이자 참된 복음 선포의 핵심 요소다. 따라서 우리는 이 교리와 그와 관련된 진리를 명확히 이해해야 한다. 또한 우리는 이해한 진리를 담대하게 전해야 한다. 성경을 연구하는 목적은 단지 균형 있는 신학을 세우기 위해서가 아니라, 우리가 발견한 진리를 선포해 하나님의 백성에게 유익하게 하기 위해서다. 말씀을 배우는 데는 아무런 위험이 따르지 않지만, 배운 것을 전할 때에는 종종 큰 위험이 뒤따른다. 우리가 알고 있는 진리가 서재에만 갇혀 있다면, 우리를 해롭게 하지는 않을 것이다. 그러나 교회를 유익하게 하지도 못할 것이다.

우리는 의로우신 하나님을 원하는가?

다른 사람들과 우리 자신에게 가장 먼저 물어야 질문이 있다. "우리는 진정으로 의로우신 하나님을 원하는가?" 조금 이상하기도 하고 불필요하게 들릴지 모르겠다. 사실 이 질문은 인간의 상태와 인간이 하나님 앞에서 어떤 문제를 지니고 있는지를 잘 보여준다.

우리는 한편으로는 의로우신 하나님을 원한다. 불의하면서 전능한 힘을 가진 존재가 다스리는 우주에서 살아야 한다고 생각하면, 참으로 두렵고 끔찍할 것이다. 히틀러 같은 사람들은 역사라는 무대 위에 잠시 나타났다가 그들의 악과 더불어 신속히 사라지지만, 그들이 저지른 파괴의 흔적은 세대를 뛰어넘어

오래도록 지속되는 것처럼 보인다. 그렇다면 영원히 존재하는 부도덕한 신이 불의한 통치를 자행하는 상황에서 살아가야 하는 삶은 과연 어떨까? 생각한 해도 끔찍하다.

그의 불의한 통치는 일관되지 못하고 변덕스럽게 전개될 것이며, 그의 능력은 모두에게 두려움을 심어줄 것이다. 심지어 꽤 오랫동안 선을 베푼다고 해도 그 선이 언제까지 지속될지 몰라 불안할 것이 틀림없다. 그런 상황은 광폭한 폭풍우가 몰아닥치기 직전에 고요한 바다를 항해하는 것과 같을 것이다. 아무런 확실성도 없고, 신뢰할 만한 합리적인 근거도 없다. 불법이나 부도덕한 행위를 저질러도 형벌이나 심판이 없다면, 현 세상의 그릇된 것을 바로잡아줄 미래를 희망할 수 없다. 따라서 인간에게 선택권이 주어진다면, 현명한 사람들은 모두 "불의함도 없으시고"(대하 19:7) 의로우신 하나님께 표를 던질 것이다. 절대적으로 신뢰할 수 있는 하나님이 세상을 의로 다스리고, 온전하고 공평하게 모두를 심판하시기를 바랄 것이 분명하다(신 7:9, 시 9:8).

사람들은 대부분 의로우신 하나님을 원하고 요구한다. 하나님의 개입이나 심판 없이 세상에서 미친 듯 큰 불법이 자행된다면, 분별없는 사람들은 짐승처럼 으르렁대며 하늘의 정의를 요구할 것이다. 그러나 사려 깊은 사람들은 손으로 머리를 가리고 한쪽 구석에 조용히 앉아 있을 것이다. 그들은 이러나저러나 죽기는 매한가지라는 사실을 알고 있다. 그들은 양심의 꾸짖음을 통해 하나님이 사람들이 요구하는 공의를 베푸시면,

그렇게 요구하는 사람들은 물론이고 모두가 정죄를 당할 것이라는 사실을 의식한다. 성경에 기록된 대로 "의인은 없나니 하나도 없기" 때문이다(롬 3:10). 정의의 심판을 요구하는 사람들은 그들 자신을 심판해 달라고 간구하는 것이나 마찬가지다. 모든 사람이 다 똑같이 극악한 죄를 범하는 것은 아니지만, 모두가 제각기 죄를 지은 상태이기 때문에 거룩하고 의로우신 하나님과 영원히 단절된 채 죽음의 형벌을 당해야 할 운명이다. 자기 자신과 극악한 죄인을 구별하려고 하는 사람은 자신의 부패함과 행위의 사악함을 보지 못하는 소경이나 다름없다.

"우리는 진정으로 의로우신 하나님을 원하는가?"라고 물어야 할 이유는 바로 이런 딜레마 때문이다. 우리 삶 전체, 곧 우리의 생각과 말과 행위를 샅샅이 알고 계시고, 우리 각자에게 마땅한 형벌을 내리시는 하나님을 과연 우리는 진정으로 원하는 것일까? 아마도 양심이 마비된 사람만이 하나님께 우리 삶을 샅샅이 살펴주시기를 바라며, 온전히 의로우신 하나님의 심판을 모두 받아들이겠다고 말할 것이 분명하다.

하나님이 의로우시다는 진리는 양날을 가진 검과 같다. 전능한 힘을 지니고 있으면서 부도덕한 존재가 세상을 다스리고 있지 않다는 사실을 알면, 참 다행이라는 생각이 든다. 그러나 양심이 있는 사람들은 이 사실이 참으로 두렵기만 하다. 하나님이 진정으로 의로우시다면, 곧 옳은 것을 온전히 사랑하시고 불의를 온전히 미워하신다면, 우리의 악을 어떻게 처리하실지 불을 보듯 뻔하지 않은가?

하나님은 분노하시는가?

오늘날의 설교자와 복음전도자들이 하나님은 분노하는 하나님이 아니시라고 말하는 경우가 종종 있다. 그러나 그런 말은 크게 잘못되었을 뿐 아니라, 심지어는 이단적인 가르침이다.[48] 그런 말은 사람들에게 참된 위로를 줄 수 없다. 성경은 하나님이 분노하는 하나님이라고 가르친다. 하나님이 분노하시는 것은 오히려 우리에게 유익이 된다.

> 여호와는 질투하시며 보복하시는 하나님이시니라 여호와는 보복하시며 진노하시되 자기를 거스르는 자에게 여호와는 보복하시며 자기를 대적하는 자에게 진노를 품으시며(나 1:2).
> 하나님은 의로우신 재판장이심이여 매일 분노하시는 하나님이시로다(시 7:11).
> 주께서는 경외받을 이시니 주께서 한 번 노하실 때에 누가 주의 목전에 서리이까(시 76:7).

거룩하시고, 의로우시고, 사랑이 많으신 하나님이 부패하고, 불의하고, 사랑이 없는 인간과 마주하시면 필연적으로 거룩한 분노와 증오를 느끼실 수밖에 없다. 하나님의 진노는 시편 저

---

[48] "진노하신 하나님의 손에 붙들린 죄인들"이라는 조나단 에드워즈의 설교 제목을 자신도 모르는 사이에 "약간의 불만을 느끼는 신의 손에 붙들린 조금 비정상적인 인간들"이라고 바꾸는 설교자가 적지 않다.

자가 "누가 주의 노여움의 능력을 알며 누가 주의 진노의 두려움을 알리이까"(시 90:11)라고 말할 만큼 두렵다. 구약 성경에서 "진노"로 번역된 히브리어는 모두 세 가지다. 첫째는 "진노", "분노", "의분"을 뜻하는 "케쩨프"(qetsep)이고, 둘째는 "진노", "분노", "혐오감", "격분", "격노", "독심"을 뜻하는 "헤마"(bema)이며, 셋째는 "코" 또는 "콧구멍"을 뜻하는 "아프"(aph)이다. 이 말은 하나님의 분노를 흥분한 맹수가 불같은 분노의 콧김을 내뿜는 모습에 비유한다. 세련된 비유는 아니지만, 강렬한 인상을 심어주는 표현이다.

신약 성경에서 "분노"로 번역된 헬라어는 모두 두 가지다. 하나는 "진노", "분노"를 뜻하는 "오르게"(orge)이고, 다른 하나는 "분노", "격분", "울화", "격노"를 뜻하는 "투모스"(thumos)다. 이렇듯 하나님의 진노는 성경에서 죄인과 죄를 향한 그분의 거룩한 혐오감과 의로운 분노를 가리킨다.

물론 하나님의 분노를 불합리하거나 이기적이거나 통제할 수 없는 격정으로 이해하는 것은 잘못이다. 하나님의 분노는 그분의 거룩하심과 의로우심과 사랑에서 비롯하는 결과일 뿐 아니라, 그분의 통치에 반드시 필요한 요건이다. 하나님은 거룩하시기 때문에 죄를 미워하신다. 악은 하나님을 불쾌하게 만든다. 그분은 악인들과 관계를 맺지 않으신다. 또한 하나님은 사랑이시다. 그분은 선한 모든 것을 강렬하게 사랑하신다. 의를 향한 그런 강렬한 사랑은 모든 악을 강렬하게 증오하기 마련이다. 이처럼 하나님의 사랑은 그분의 분노를 부정하지 않고, 오히려 확증하고 보증한다. 하나님은 의로우시다. 따라서 그분은 악을 심판하고 정죄하신다. 인간이 하나님께 진노의 대상이라면, 그 이유는 그가 하나님의 주권에 반기를 들고 그분의 거룩한 뜻을 거역하여 심판을 자초했기 때문이다.

하나님은 거룩하시고, 의로우시고, 사랑이 많으시기 때문에 죄를 미워하신다. 또한 종종 무섭고 격렬한 진노를 쏟아내셔서 죄를 징벌하신다. 하나님이 진노하시면 땅이 진동하며 바위가 깨진다(렘 10:10, 나 1:6). 민족들은 그분의 분노를 감당할 수 없다. 그 누구도 그분의 분노를 견딜 수 없다. 인간과 천사들 가운데 가장 강한 존재라도 양초로 만든 작은 형상이 용광로 앞에서 순식간에 녹아내리듯 하나님 앞에서 녹아내릴 수밖에 없다.[49]

오늘날에는 "하나님의 진노"라는 교리, 곧 사랑과 긍휼이 많으신 하나님이 진노하시며, 그 진노를 쏟아내셔서 죄인을 심판하시고 정죄하신다는 가르침을 거부하는 사람이 많다. 그들은 그런 가르침이 하나님을 적대적이고, 잔인하고, 복수를 일삼는 존재로 간주한 고대인들의 그릇된 사상일 뿐이라고 주장한다. 그들은 하나님을 잔인하게 묘사하거나 그분의 긍휼을 무시하는 교리를 단호히 거부하는 것이 옳다고 생각한다. 그러나 성경은 분명히 하나님의 진노와 형벌의 교리를 가르치고 있다. 성경은 곳곳에서 하나님의 사랑, 은혜, 긍휼과 마찬가지로 그

---

[49] 미주리 커크빌에 있는 레이크로드 교회의 찰스 레이터 목사가 말한 개념을 빌려 온 것이다.

분의 진노와 분노를 똑같이 강조한다. 이런 성경의 가르침을 도외시해서는 안 된다.

하나님은 자비로우시고, 은혜로우시고, 노하기를 더디 하시고, 인자가 많으시지만, 회개하지 않은 자들을 벌하셔서 피조물 가운데서 공의를 실현하시고, 그 거룩한 이름을 옹호하신다(출 34:6-7). 지극히 위대하시고 탁월하신 하나님은 그분을 거스르는 이들을 둘러엎으시고, 불같은 진노를 발하시어 그들을 지푸라기처럼 태워버리신다(출 15:7). 심지어 신약 성경도 하나님을 "소멸하는 불", 곧 악인들 가운데서도 가장 강하고 권세 있는 자들조차 산과 바위를 향해 "우리 위에 떨어져……그 어린 양의 진노에서 우리를 가리라"고 부르짖게 만들 만큼 큰 진노를 발하시는 하나님으로 묘사한다(히 12:29, 롬 3:5, 계 6:16). 그래서 바울 사도는 하나님의 진노가 불순종의 아들들에게 임할 것이라고 하면서 헛된 말에 속지 말라고 경고한 것이다(엡 5:6).

하나님은 분노하지 않으신다고 종종 말하지만, 그 말은 사실이 아니다. 그런 말은 사람들에게 진정한 위로를 주지 못한다. 악에 대해 중립적이고 어떤 분노도 드러내지 않으시는 하나님이라면, 무슨 위로를 찾을 수 있겠는가? 하나님이 노예 매매와 아우슈비츠를 비롯해 편의에 따라 수많은 태아를 살해하는 행위에 진노하지 않으신다면, 어떻게 그런 하나님이 선하고, 도덕적이고, 사랑이 많으시다고 할 수 있겠는가? 우리조차도 그런 잔악한 행위에 관한 소식을 전해들을 때면 말할 수 없는 도덕적 분노를 느낀다. 그런 비윤리적인 행위에 아무런 감정도 느끼지 않는 사람이 있다면, 우리는 그 사람을 그런 행위를 저지른 사람들과 하나도 다를 바 없는 괴물로 생각한다. 그런데 대체 무슨 생각으로 하나님이 분노하지 않으신다고 말하는 것인가? 하나님의 분노할 권리는 부인하면서 그런 불의에 분노하는 우리를 어떻게 정당화할 수 있겠는가?

하나님을 이 속된 세상의 구미에 맞추려는 설교자들의 번지르르한 화법과 달리, 성경은 무한히 거룩하시고, 의로우시며, 사랑이 많으신 하나님이 분노하시는 하나님이라고 가르친다. 하나님은 악에 결코 무관심하지 않으시다. 그분은 악을 향해 불같은 진노를 발하신다. 하나님을 거스르는 죄가 저질러질 때마다 그분은 의로운 분노를 드러내신다.

> 보라 여호와의 이름이 원방에서부터 오되 그의 진노가 불붙듯 하며 빽빽한 연기가 일어나듯 하며 그의 입술에는 분노가 찼으며 그의 혀는 맹렬한 불같으며(사 30:27).
> 시온의 죄인들이 두려워하며 경건하지 아니한 자들이 떨며 이르기를 우리 중에 누가 삼키는 불과 함께 거하겠으며 우리 중에 누가 영영히 타는 것과 함께 거하리요 하도다(사 33:14).
> 보라 여호와의 노여움이 일어나 폭풍과 회오리바람처럼 악인의 머리 위에서 회오리칠 것이라(렘 30:23).

하나님의 꺼지지 않은 진노의 불길이 가장 끔찍한 범죄나 가장 사악한 사람만 겨냥한다고 생각한다면 큰 오산이다. 하나님은 죄를 두 가지 범주, 곧 분노를 발하게 만드는 죄와 그렇게 만들지 않는 죄로 나누어 생각하지 않으신다. 성경은 모든 죄가 불법이고, 모든 형태의 반역이 점치는 죄에 해당하며, 모든 불순종 행위가 사악한 부도덕과 우상 숭배와 같다고 가르친다(요일 3:4, 삼상 15:23). 죄가 크든 작든 불순종의 아들들에게는 어김없이 하나님의 진노가 임한다(엡 5:6). 무슨 죄를 짓든 그 대가는 사망이다(롬 6:23).

인류의 첫 조상이 죄를 짓자 하나님은 크게 분노하셨다. 이 사실은 모든 형태의 죄가 사악한 속성을 지닌다는 것을 분명히 보여준다. 금단의 열매를 따먹은 것은 인류 역사에 나타난 잔악한 행위나 뉴스의 첫머리를 장식하는 범죄 행위와 비교했을 때, 언뜻 그리 큰 죄가 아닌 것처럼 보인다. 그러나 그 불순종의 죄는 하나님의 분노를 자극했다. 그리고 온 세상이 정죄당하는 결과를 초래했다. 이런 사실은 거룩하시고 의로우신 하나님께서는 모든 죄가 가증스럽고, 그런 죄를 범하는 자는 누구나 그분이 진노하시는 대상이 된다는 것을 분명히 보여준다(엡 2:3, 5:6, 골 3:6).

하나님은 증오하시는가?

하나님은 사람들을 향해 증오심을 드러내시는가? 사람들은 대부분 이런 주제를 다루는 설교를 들어보지 못했거나 이런 생각을 반기지 않는다. 이런 질문을 던지는 것만으로도 논쟁을 불러일으킬 수 있다. 믿음이 있다고 생각하는 사람들은 이 질문을 듣는 순간 즉시 반발한다. 심지어는 하나님이 증오하실 수 있다는 암시조차도 오늘날의 복음주의 설교자들이 전하는 가르침과는 크게 모순된다. 그러나 성경은 하나님의 증오심이 그분의 사랑만큼 확실하다고 증언한다. 성경은 거룩하시고, 사랑이 많으신 하나님이 증오하시고, 혐오하시고, 미워하실 뿐 아니라, 심지어는 진저리를 내신다고 말한다. 더욱이 하나님은 종종 타락한 인간들을 향해 그런 증오심을 드러내신다.

하나님은 사랑이시기 때문에 미워하실 수 없다고 생각하고, 그분의 증오심을 언급하는 말을 강하게 거부하는 사람이 많다. 물론 하나님의 사랑은 분명한 현실이다. 그러나 하나님의 사랑에서 그분의 증오심이 비롯된다는 사실을 기억해야 한다. 하나님은 사랑이시기 때문에 미워하실 수 없다고 말해서는 안 된다. 오히려 하나님은 사랑이시기 때문에 미워하실 수밖에 없다고 말해야 옳다. 생명을 사랑하고, 그 신성함을 인정하며, 모든 어린아이를 하나님의 선물로 알고 소중히 여기는 사람은 낙태를 증오할 수밖에 없다. 어린아이를 몹시 아끼고 사랑하면서 모태 안에 있는 생명을 죽이는 일에 무관심하다는 것은 도무지 있을 수 없다. 마찬가지로, 하나님은 옳고 선한 것은 무엇이든 지극히 사랑하시기 때문에 악하고 그른 것을 그만큼 미워하실 수밖에 없다.

성경에 따르면, 하나님은 죄를 미워하시고 죄를 짓는 사람들에게 증오심을 나타내신다. 사람들은 흔히 "하나님은 죄를 미워하시고, 죄인은 사랑하신다"고 말한다. 그러나 이 말은 성경의 가르침을 부인하는 것이다. 시편 저자는 성령의 영감을 받아 하나님이 죄를 미워하실 뿐 아니라 "모든 행악자를 미워하신다"고 말했다.[50]

죄와 죄인을 구분하는 것은 불가능하다. 하나님은 죄가 아닌 죄를 저지른 자를 벌하신다. 지옥에 가는 것은 죄를 저지른 사람이다.

> 오만한 자들이 주의 목전에 서지 못하리이다 주는 모든 행악자를 미워하시며(시 5:5).
> 여호와께서는 그의 성전에 계시고 여호와의 보좌는 하늘에 있음이여 그의 눈이 인생을 통촉하시고 그의 안목이 그들을 감찰하시도다 여호와는 의인을 감찰하시고 악인과 폭력을 좋아하는 자를 마음에 미워하시도다 악인에게 그물을 던지시리니 불과 유황과 태우는 바람이 그들의 잔의 소득이 되리로다 여호와는 의로우사 의로운 일을 좋아하시나니 정직한 자는 그의 얼굴을 뵈오리로다(시 11:4-7).

성경에는 위 구절 말고도 거룩하신 하나님이 증오심을 드러내신다고 말하는 구절이 많다. 레위기에서 하나님은 이스라엘

---

[50] 시 5:5. "주는 불의를 행하는 모든 자를 미워하시나이다"(NASB). "주는 죄악을 저지르는 모든 자를 미워하시나이다"(KJV). "주는 모든 악인을 미워하시나이다"(ESV).

백성에게 그들 앞에서 쫓아내신 이방인의 관습을 따르지 말라고 경고하시면서 "그들이 이 모든 일을 행하므로 내가 그들을 가증히 여기노라"고 덧붙이셨다(레 20:23). 하나님은 신명기에서도 이스라엘 백성에게 가나안 족속을 쫓아내신 이유가 그들이 가증했기 때문이라고 말씀하셨다(신 18:12). 하나님은 불의한 행위를 저지르는 사람은 누구나 가증하게 여기신다(신 25:16). "내가 사십 년 동안 그 세대로 말미암아 근심하여"라는 시편 저자의 말은 하나님을 믿지 못하고 약속의 땅에 들어가기를 거부하던 이스라엘 백성에 대한 그분의 심정을 묘사한다(시 95:10). 이 밖에도 바울은 공허한 신앙고백, 곧 말로만 하나님을 믿는다고 고백하는 사람들을 가증한 자라고 말했다(딛 1:16). 또한 요한은 밧모 섬에서 불과 유황으로 타는 못이 가증한 자들이 영원히 거하는 처소가 될 것이라고 경고했다(계 21:8).

하나님의 증오심은 어떤 의미를 지니는가?

하나님이 죄인을 미워하신다는 성경의 가르침은 어떤 의미를 지닐까?

첫째, 『웹스터 사전』은 증오심을 "누군가를 향한 극도의 적개심이나 반감"이라고 정의한다. 증오심이란 혐오하고, 미워하고, 싫어하고, 가증스럽게 여기는 것을 의미한다. 받아들이기 힘든 말이지만, 성경은 죄와 죄인에 대한 하나님의 태도를 묘사할 때 이 표현을 즐겨 사용한다.

둘째, 하나님의 증오심은 그분의 다른 속성과 완벽하게 조화를 이룬다. 인간과 달리, 하나님의 증오심은 거룩하고 의롭다. 그분의 증오심은 사랑에서 비롯한다.

셋째, 하나님의 증오심은 그분의 사랑을 부인하지 않는다. 시편 5편 5절은 요한복음 3장 16절이나 마태복음 5장 44-45절과 모순되지 않는다. 하나님의 진노가 죄인들 위에 머물러 있다(요 3:36). 하나님은 악인들에게 날마다 분노하신다(시 7:11). 그분은 악을 행하는 모든 자를 미워하신다(시 5:5). 그러나 하나님은 그분이 증오하시는 사람들까지도 능히 사랑하실 수 있고, 그들을 대신해 그들의 구원을 위해 일하실 만큼 강하시다.

넷째, 하나님은 그분이 미워하시는 사람들을 오래 참으시고 그들에게 구원의 기회를 제공하시지만(롬 10:21), 언젠가는 그런 기회가 철회되고 더 이상 화해할 수 없는 때가 올 것이다.

16장

거룩한 전쟁

> 그들이 반역하여 주의 성령을 근심하게 하였으므로 그가 돌이켜 그들의 대적이 되사 친히 그들을 치셨더니(사 63:10).
> 여호와는 질투하시며 보복하시는 하나님이시니라 여호와는 보복하시며 진노하시되 자기를 거스르는 자에게 여호와는 보복하시며 자기를 대적하는 자에게 진노를 품으시며(나 1:2).

지금까지 하나님이 의로운 진노와 분노를 발하신다는 가르침을 살펴보았다. 이번에는 이와 관련된 주제를 하나 더 생각해 보기로 하자. 바로 하나님과 회개하지 않는 죄인 사이에 존재하는 적대감이다. 복음 설교자는 하나님이 원수들에게 성전(聖戰)을 선포하셨다는 사실을 경고하고, 죄인들에게 너무 늦기 전에 하나님과 화해를 시도하라고 권유해야 할 의무가 있다. 반역자들의 죄를 용서하겠다는 하나님의 약속은 사실이지만, 그 약속을 멋대로 이용하려고 해서는 안 된다. 감람나무 잎이 시들고, 평화의 제안이 철회될 날이 다가오고 있다. "오직 무서운 마음으로 심판을 기다리는 것과 대적하는 자를 태울 맹렬한 불만 있으리라……살아 계신 하나님의 손에 빠져 들어가는 것이 무서울진저"(히 10:27, 31)라는 말씀대로, 그때가 되면 죄인들에게 남아 있는 것은 무서운 심판뿐이다.

누가 누구에게 분노하는가?

"하나님은 죄인이 아니라, 죄를 미워하신다"라는 말은 "인간이 하나님과 싸우려고 할 뿐, 하나님은 인간과 절대 싸우시지 않는다"라는 말처럼 이와 비슷한 의미를 지닌 말과 종종 연관된다. 죄인이 하나님을 적대시하고 그분과 끊임없이 싸운다는 말은 많이 하지만, 하나님이 죄인들과 끊임없이 싸우신다는 말은 거의 하지 않는다.

사람들의 그런 생각과는 달리, 하나님과 죄인 사이의 적대감은 일방적이지 않고 쌍방적이다. 인간이 하나님께 전쟁을 선포했기 때문에 하나님은 그들의 원수가 되어 그들과 싸움을 벌이신다(사 63:10). 성경은 하나님이 회개하지 않는 죄인을 그분의 원수로 간주하시고, 그들을 향해 전쟁을 선포하셨다고 분명히 가르친다. 달갑지 않은 진리다. 죄인의 유일한 희망은 무기를 내려놓고 너무 늦기 전에 백기를 들고 항복하는 것이다.[51]

나훔 선지자는 "여호와는 보복하시며 진노하시되 자기를 거스르는 자에게 여호와는 보복하시며 자기를 대적하는 자에게 진노를 품으시며"(나 1:2)라고 말했다. 이 말씀이 가르치는 첫째 진리는 하나님이 사악한 자를 그분의 원수로 간주하신다는 것

---

51) 찰스 레이터 목사가 말한 개념을 빌려온 것이다.

이다. 하나님은 인간이 그분을 원수로 삼았다고 해서 홀로 비애를 느끼지 않으시고, 그들을 향한 태도를 분명히 하셨다. 하나님은 전열을 정비하시고, 군대를 소집하셨다. 이 말씀이 가르치는 둘째 진리는 하나님이 공세를 취하신다는 것이다. 하나님은 사악한 자들의 공격을 방어하지 않으시고, 친히 전쟁의 함성을 외치시며, 그들을 향해 한껏 진노를 발하신다. 시편 저자가 경고한 대로 하나님은 전쟁을 위해 날카롭게 칼을 벼리시고, 활을 당겨 놓으시고, 원수들을 죽일 도구를 준비하신다. 회개하지 않는 악인들은 필경 그분의 진노 아래 멸망하고 말 것이다(시 7:12-13).

이 "거룩한 전쟁"이라는 진리는 신약 성경의 계시를 통해 무효화된 옛 언약(또는 하나님을 바라보는 구시대적 관점)의 유물이 아니다. 오히려 성경 곳곳에서 발견되는 명백하고 참된 진리다. 바울 사도는 로마서에서 "우리가 원수 되었을 때에 그의 아들의 죽으심으로 말미암아 하나님과 화목하게 되었은즉"(롬 5:10)이라고 말했다. 이 말씀은 하나님과 인간이 서로를 적대시한다는 의미를 전달하고 있다. 그중에서도 하나님을 향한 죄인들의 적대감보다는 죄인을 향한 하나님의 적대감을 더 크게 강조한다. 이 시대 복음주의자들 가운데는 이 개념을 생소하게 여기는 사람이 많지만, 몇몇 신학자는 이를 성경의 진리로 확실하게 인정했다. 찰스 하지는 "인간은 사악한 태도로 하나님을 대적했고, 하나님은 그 거룩하심으로 죄인을 대적하신다"라고 말했다.[52] 루이스 벌코프는 "인간이 하나님을 대적하는 것이 아니라, 그가 그분의 거룩하신 진노의 대상이 된다"라고 말했다.[53] 로버트 레이먼드는 "'원수'라는 말은 (하나님을 미워한다는) 능동적인 의미라기보다 (하나님께 미움을 받는다는) 수동적인 의미로 이해될 수 있다. 다시 말해, '원수'라는 말은 하나님을 향한 인간의 거룩하지 못한 증오심이 아니라, 인간을 향한 하나님의 거룩하신 증오심을 부각시킨다"라고 말했다.[54]

본문에 따르면, 하나님이 분노하신 이유는 인간이 죄를 지었기 때문이다. 하나님과 인간이 화해하려면 죄가 제거되어야 하고, 하나님의 공의가 만족되어야 하며, 인간에 대한 그분의 진노가 가라앉아야 했다. 그리스도의 죽음으로 모든 사람이 하나님을 좋아하게 된 것은 아니다. 많은 사람이 지금도 여전히 증오심에 사로잡혀 하나님의 인격과 뜻을 거부한다. 그러나 그리스도의 죽음은 거룩하신 하나님이 요구하시는 의를 만족시켰다. 그 결과 하나님은 그분의 원수들을 사랑하시며, 복음을 통해 그들에게 평화를 제안하실 수 있게 되었다. 회개하고 그리스도를 믿는 사람은 구원을 받을 것이고, 그러지 않는 사람은 장차 하나님의 의로운 심판 날에 임할 진노를 쌓고 있을 뿐이다(롬 2:5).

만국을 위해 생명을 내주신 그리스도께서 장차 철장으로 그

---

52) Charles Hodge, *A Commentary on the Epistle to the Romans* (London: Banner of Truth, 1989), 138.
53) Louis Berkhof, *Systematic Theology* (Edinburgh: Banner of Truth, 1993), 374.
54) Robert L. Reymond, *A New Systematic Theology of the Christian Faith* (Nashville: Thomas Nelson, 1998), 646.

들을 때리시고 다스리실 것이라는 사실을 잊지 말라(계 19:15). 갈보리의 길을 걸어가신 고난의 종이 장차 "전능하신 이의 맹렬한 진노의 포도주 틀을 밟으실 것이다"(계 19:15). 원수들을 위해 보혈을 흘리신 구세주께서 다시 재림하실 때는 원수들의 피로 물든 옷을 입고 나타나실 것이다(계 19:13). 십자가에서 하나님의 진노를 담당하신 어린양께서 하나님을 대적하던 이들에게 하나님의 진노를 남김없이 쏟아 부으실 것이다. 그 진노는 그들이 산들과 바위를 향해 "우리에게 무너져 내려 하나님의 얼굴로부터 우리를 가리라"고 부르짖을 정도로 강렬할 것이다(계 6:16-17). "주의 은혜의 해"를 선포하신 평화의 왕께서 장차 "하나님의 보복의 날"을 선포하실 것이다(사 9:6, 61:2, 눅 4:19). 그분은 장차 하나님의 원수들을 심판하시고, 하늘의 군대를 이끄시고 그들과 싸우실 것이다(계 19:11, 14). 이것이 시편 저자가 "그의 아들에게 입 맞추라 그렇지 아니하면 진노하심으로 너희가 길에서 망하리니 그의 진노가 급하심이라"(시 2:12)고 민족들에게 권고한 이유다.

복음 설교자는 하나님이 사람들을 사랑하시고 그들을 기꺼이 구원하려 하신다고 선포해야 하지만, 성경에서 자주 발견되는 명백한 진리를 도외시해서는 안 된다. 사람들은 하나님을 만날 준비를 갖춰야 한다(암 4:12). 기회가 있을 때 하나님과 "급히 사화"해야 한다(마 5:25). 회개하지 않으면 하나님은 칼을 날카롭게 벼리시고, 진노의 화살을 팽팽하게 잡아당기신다(시 7:12-13). 설교자는 믿는 자들에게 온전한 용서의 약속과 평화의 확신을 선언해야 하지만, 복음에 복종하기를 거부하는 자들에게는 하나님의 진노가 그들 위에 머물러 있다고 분명히 말해야 한다(요 3:36).

복음 사역자에게 주어진 소명은 참으로 놀라우면서도 두렵기 그지없다. 그는 어떤 사람들에게는 생명에 이르는 냄새이고, 또 어떤 사람들에게는 사망에 이르는 냄새가 된다. 과연 누가 이런 일을 감당할 것인가?(고후 2:16)

하나님은 보복하시는가?

하나님의 복수는 그분의 진노와 밀접하게 관련된다. 시편 저자는 하나님을 "복수하시는 하나님"으로 일컬었고(시 94:1), 나훔 선지자는 그분이 보복하시고 분노하시는 하나님, 곧 자기를 거스르는 자에게 보복하시며 자기를 대적하는 자에게 진노를 품으시는 하나님이라고 증언했다(나 1:2). 모세의 노래도 보복하시는 하나님을 높이 찬양한다. 그의 노래는 하나님의 진노를 가장 무섭게 묘사하고 있는 말씀이기도 하다.

> 이제는 나 곧 내가 그인 줄 알라 나 외에는 신이 없도다 나는 죽이기도 하며 살리기도 하며 상하게도 하며 낫게도 하나니 내 손에서 능히 빼앗을 자가 없도다 이는 내가 하늘을 향하여 내 손을 들고 말하기를 내가 영원히 살리라 하였노라 내가 내 번쩍이는 칼을 갈며 내 손이 정의를 붙들고 내 대적들에게 복수하며 나를

미워하는 자들에게 보응할 것이라 내 화살이 피에 취하게 하고 내 칼이 그 고기를 삼키게 하리니(신 32:39-42).

이런 말씀을 읽고 어찌 두려워하지 않을 수 있겠는가? 이런 진리를 믿으면서 어찌 전하지 않을 수 있겠는가? 아모스 선지자는 "사자가 부르짖은즉 누가 두려워하지 아니하겠느냐 주 여호와께서 말씀하신즉 누가 예언하지 아니하겠느냐"(암 3:8)라고 말했다. 바울 사도도 "기록된 바 내가 믿었으므로 말하였다 한 것같이……우리도 믿었으므로 또한 말하노라"(고후 4:13)고 말했다. 성경이 오류가 없고 하나님은 변하지 않으신다고 믿는다면, 그런 진리를 전하는 것이 마땅하지 않겠는가? 나훔의 말은 실천에 옮길 수 없는 무의미한 사변에 지나지 않는 것일까? 구체적인 해석이 필요 없는 비유일 뿐일까? 그의 말은 우리 문화보다 더 건전한 문화를 지닌 시대를 위해 기록된 것일까? 연약한 영혼의 소유자인 현대인으로서는 도무지 감당하기 어려운 말인 것일까? 나훔 시대에 이 말씀이 하나님에 관한 진정한 증언이요 인간에게 필요한 말씀이었다면, 오늘날에도 마찬가지다. 이 말씀은 우리가 복음을 선포할 때 반드시 포함시켜야 할 진리다.

성경은 하나님이 복수의 하나님이라고 경고한다. 그렇다면 이 진리는 복수를 악인의 사악한 속성으로 묘사하는 다른 성경 구절과 어떻게 조화를 이룰까?(레 19:18, 삼상 25:25, 30-33) 어떻게 거룩하고 사랑이 많으신 하나님이 또한 복수의 하나님일 수 있을까? 첫째, 하나님의 복수는 성경에 나타나는 일관된 진리 가운데 하나다. 둘째, 하나님의 복수는 타락한 인간의 복수와 질적으로 다르다. 하나님의 복수는 거룩함과 의로움과 공의를 향한 그분의 열정에서 비롯한다. 하나님은 긍휼이 많으시고, 자비로우시며, 노하기를 더디 하시고, 인자가 많으실 뿐 아니라, 의로우시다.

하나님이 죄인을 벌하시는 이유는 그분의 이름을 옹호하고, 피조물 가운데 공의를 나타내시기 위해서다(출 34:6). 인간의 죄가 지극히 사악한 속성을 지닌다는 점을 고려하면, 하나님이 복수하시는 것이 당연하다. 하나님은 예레미야서에서 "내가 어찌 이 일들에 대하여 벌하지 아니하겠으며······내가 이 일들에 대하여 벌하지 아니하겠으며······내가 이 일들로 말미암아 그들에게 벌하지 아니하겠으며"라고 세 차례나 말씀하셨다(렘 5:9, 29, 9:9). 우리는 모세의 율법과 선지서의 다른 곳에서 이 질문에 대한 대답을 찾을 수 있다. 모세는 하나님이 그분을 미워하는 자들에게 당장에 보응하실 것이라고 경고했고(신 7:10), 이사야는 하나님이 자기 대적에게 보응하여 마음을 편하게 하시겠고 원수에게 보복하실 것이라고 선언했다(사 1:24).

오늘날 하나님의 보복에 관한 교리를 가르치거나 사랑과 긍휼이 많으신 하나님이 복수하시는 하나님이라고 말하면, 크게 반발하는 사람이 많다. 심지어는 이 교리를 성경의 명백한 진리로 받아들이면서도 강단에서는 전혀 언급하지 않는 사역자들도 있다. 그 때문에 비그리스도인들은 물론, 경건한 그리스도인들까지도 하나님의 참된 속성을 알지 못하고, 그분이 인간의 범죄 행위에 어떻게 반응하시는지 이해하지 못하는 결과가 나타났다.

성경은 하나님의 진노가 사람들에게 임할 것이므로 그분을 만날 준비를 갖추라고 경고한다(암 4:12). 죄인들은 두렵고 떨리는 마음으로 이 진리를 받아들여야 한다. 그러나 먼저 설교자들이 이 진리를 선포해야 한다. 설교자는 사람들에게 장차 하나님의 진노가 확실하게 임할 것이라고 분명하게 전해야 할 책임이 있다(엡 5:6). 말하기 힘들다는 이유로 그 임무를 저버린다면 그 책임은 설교자에게 고스란히 돌아온다. 그런 경우, 하나님은 청중의 피를 우리 손에서 찾으실 것이다. 하나님은 에스겔 선지자에게 "가령 내가 악인에게 이르기를 악인아 너는 반드시 죽으리라 하였다 하자 네가 그 악인에게 말로 경고하여 그의 길에서 떠나게 하지 아니하면 그 악인은 자기 죄악으로 말미암아 죽으려니와 내가 그의 피를 네 손에서 찾으리라"(겔 33:8)고 경고하셨다.

지금까지 하나님의 보복을 언급하고 있는 성경 본문 몇 곳을 살펴보았다. 성경에 비춰보면, 우리의 설교가 얼마나 어설프고 엉성한지 익히 알 수 있다. 우리의 설교가 우리의 실상을 잘 보여준다. 우리는 어떤 진리는 편애하고, 어떤 진리에 대해서는 편견을 갖는다. 하나님의 온전하신 뜻을 전하는 것이 우리의 소명이다. 그 소명을 저버려서는 안 된다(행 20:27). 설교자는 현대인의 필요를 고려해 전해야 할 진리와 전해서는 안 될 진리를 선택할 권리가 없다. 다른 사람들을 가르치는 특권을 부여 받은 설교자는 스스로에게 "사람들이 반드시 이해해야 하지만 가장 듣기 싫어하는 진리, 곧 하나님의 심판을 얼마나 자주 전하고 있는가?"라고 물어야 한다. 목회자의 설교가 일관성을 잃고, 교인들이 하나님의 성품과 인간에 대한 그분의 태도를 가르치는 가장 근본적인 진리조차도 이해하지 못하는 이유는 강단에서 그런 설교가 이루어지지 않고 있기 때문이다.

우리는 신학이 크게 균형을 잃은 시대에 살고 있다. 하나님의 사랑은 많이 강조하지만(물론 그래야 마땅하다), 그분의 진노는 거의 언급하지 않는다. 설교자가 하나님의 진노는 전혀 언급하지 않고 그분의 사랑만 강조한다면, 아무런 비난도 받지 않을 것이다. 그러나 설교자가 하나님의 진노를 조금이라고 언급하면, 편파적이고 편협하고 사랑이 없다는 비난에 직면할 소지가 매우 높다. 이것이 우리가 살고 있는 시대의 성향이다.

> 때가 이르니 사람이 바른 교훈을 받지 아니하며 귀가 가려워서 자기의 사욕을 따를 스승을 많이 두고 또 그 귀를 진리에서 돌이켜 허탄한 이야기를 따르리라(딤후 4:3-4).

17장
가장 값비싼 선물

> 그리스도 예수 안에 있는 속량으로 말미암아 하나님의 은혜로 값없이 의롭다 하심을 얻은 자 되었느니라(롬 3:24).

앞에서는 타락한 인간의 도덕적 상태, 하나님에 대한 인간의 반역, 하나님의 심판에 의한 처참한 결과(모든 사람이 하나님 앞에서 정죄당한 상태다)를 다루었다. 그러나 이번 장 본문은 그리스도인의 경우에는 하나님 앞에서의 지위가 완전히 달라졌다고 진술한다. 그리스도인은 더 이상 죄인이 아니라, 주 예수 그리스도를 믿는 믿음으로 의롭다 하심을 받은 상태다.

칭의

성경은 하나님이 의로우시다고 가르친다(시 7:9). 하나님의 행사는 완전하고, 그분의 길은 정의롭다(신 32:4). 하나님은 공의를 굽게 하지 않으시는 신실하신 하나님이다(욥 8:3). 하나님은 의로우시기 때문에 도덕적으로 무감각하시거나 중립적이지 않으시다. 하나님은 악을 미워하시고, 의를 사랑하신다(시 5:5, 11:7). 그분은 눈이 정결하시기 때문에 악을 차마 보지 못하시며, 사악한 자들을 용납하지 않으신다(합 1:13). 그분은 심판을 위해 보좌를 준비하시고, 세상을 의로 심판하신다(시 9:7). 하나님은 매일 분노하신다. 사람이 죄를 뉘우치지 않으면, 칼을 날카롭게 벼리시고 심판의 화살을 준비하신다(시 7:11-12).

하나님의 의와 인간의 악에 관한 성경의 증언은 신학적이며 도덕적인 문제를 제기한다. "죄인이 어떻게 의로우신 하나님 앞에 설 수 있는가? 의로우신 하나님이 어떻게 사악한 인간과 관계를 맺으실 수 있는가?" 시편 저자는 이 문제를 이렇게 표현했다.

> 여호와의 산에 오를 자가 누구며 그의 거룩한 곳에 설 자가 누구인가 곧 손이 깨끗하며 마음이 청결하며 뜻을 허탄한 데에 두지 아니하며 거짓 맹세하지 아니하는 자로다 그는 여호와께 복을 받고 구원의 하나님께 의를 얻으리니(시 24:3-5).

하나님 앞에서 옳다 인정함을 받으려면 도덕적으로 순수하고 절대적인 완전함이 필요하다. 태어나는 순간부터 죽는 순간까지 모든 생각과 말과 행위가 하나님의 본성과 뜻에 온전히 일치되어야 한다. 이 기준에서 조금이라도 벗어나거나 지극히 작은 결함이라도 발견되면 즉시 모든 자격을 잃게 된다. 아담의 죄와 타락만 보아도 하나님의 의가 얼마나 엄격하고 철저한지 금방 알 수 있다. 이것이 도덕주의자가 "구원을 받으려면 무엇을 해야 하는가?"라고 물을 때 그에게 "완전한 복종"이라고 대답해야 하는 이유다. 만일 그가 하나님의 은혜로 크게 당황해하며 절망하거든 그리스도를 믿으라고 권유해야 한다.

스스로의 노력으로 하나님 앞에서 올바로 서려는 사람은 모든 피조물 가운데서 가장 애처롭고 절망적인 사람이다. 아담의 타락 이후로 하나님의 의로우신 요구를 온전히 만족시킨 사람은 아무도 없다. 우리의 손은 부정하고, 마음은 순결하지 못하다(렘 17:9). 태어나면서부터 곁길로 치우쳤고, 마음에 가득한 것에서 온갖 거짓을 토해낸다(시 58:3, 마 15:18-19). 우리는 하나님 앞에 설 수 있는 권리나 능력이 없다. 우리는 아무 자격이 없다. 이런 결함이 극복되려면 하나님이 무엇인가를 해주셔야 한다. 칭의는 하나님의 은혜로 주어진 선물이다(롬 3:24).

"의롭게 되다"라는 말은 "어떤 사람을 의롭다고 선언하다"를 뜻하는 헬라어 "디카이오오"(*dikaioo*)를 번역한 것이다. 성경의 가르침과 구원의 교리에 따르면, "의롭게 되다"라는 말은 법정적인 선언이다.[55] 하나님을 믿는 사람은 의롭다 하심을 받는다(즉, 의로 여김을 받는다). 그 사람은 하나님과 올바른 관계가 되었다고 선언되거나 그렇게 간주된다. 하나님은 그를 의인으로 대하

---

[55] "법정적인"을 뜻하는 영어 단어인 "forensic"은 라틴어 "포렌시스"(*forensis*)에서 유래했다. 이 말은 법의학(법률적으로 문제가 되는 의학적 사항을 연구하는 학문)의 경우처럼 법정이나 법률상의 문제에 속하는 것을 나타낸다.

신다. 바울 사도는 로마 신자들에게 보낸 편지에서 "성경이 무엇을 말하느냐 아브라함이 하나님을 믿으매 그것이 그에게 의로 여겨진 바 되었느니라"(롬 4:3, 참조. 갈 3:6, 약 2:23)고 말했다.

물론 "의롭게 되다"라는 말은 하나님을 믿는 순간에 실제로 의로워진다는 뜻이 아니다. 만일 그렇다면 믿는 사람은 온전히 의롭게 되어 더 이상 죄를 짓거나 죄를 지을 수 없는 상태로 변해야 한다. 또한 이 말은 믿는 사람에게 특별한 은혜가 주입되어 더욱 의로워진 행위를 통해 하나님 앞에서 의롭다 하심을 받게 한다는 뜻도 아니다. 만일 그렇다면 구원은 더 이상 믿음으로 얻을 수 없고, 은혜는 더 이상 은혜가 될 수 없다(롬 11:6). 성경은 물론 교회 역사의 가장 훌륭한 성직자들과 정통 신앙고백에 따르면, 칭의는 하나님의 보좌 앞에서 법률적으로 의롭다고 선언되는 것을 의미한다. 성자에 관한 성부 하나님의 증언을 믿는 사람은 모든 죄를 용서받고 하나님의 심판의 보좌 앞에서 의롭다고 선언된다(요일 5:11). 『웨스트민스터 신앙고백』은 이 진리를 이렇게 표현했다.

> 하나님은 유효적으로 부르신 자들을 또한 값없이 의롭다고 하신다. 그들에게 의를 주입하시는 것이 아니라, 그들의 죄를 용서하시고 그들의 인격을 의롭게 여겨 받아들이신다. 그 이유는 그들 안에서 변화가 일어났거나 그들이 무엇을 행했기 때문이 아니라, 오직 그리스도를 통해……그리스도의 복종과 만족이 그들에게 전가되었기 때문이다(11.1).

칭의의 유익

이처럼 칭의는 예수 그리스도의 인격과 사역을 믿는 믿음을 통해 얻어진 놀라운 축복으로, 여러 가지 유익이 있다. 의롭다 하심을 받은 그리스도인에게 주어지는 유익에 대해 알아보자.

첫째, 과거와 현재와 미래의 죄가 모두 용서되었기 때문에 하나님의 법정에서 심문을 받지 않는다. 바울은 다윗의 말을 인용해 이렇게 말했다.

불법이 사함을 받고 죄가 가리어짐을 받는 사람들은 복이 있고 주께서 그 죄를 인정하지 아니하실 사람은 복이 있도다 함과 같으니라(롬 4:7-8).

하나님이 자신과 크게 다르지 않다고 생각하는 사람들은 스스로 잘났다고 생각하기 때문에 이 진리를 잘 이해하지 못한다(시 50:21). 스스로가 대단한 줄 착각하고, 전적 타락이라는 두려운 교리를 이해하지도 믿지도 않는 사람들은 이 진리를 단지 흥미롭게만 생각한다. 그러나 마음의 부패함을 의식하고, 거룩하신 하나님 앞에서 자신의 행동을 참으로 부끄럽게 생각하는 사람은 이 진리를 경이롭게 받아들인다. 그런 사람에게 칭의는 몹시 경이롭고, 놀라우며, 엄청나고, 굉장하며, 비범하고, 매우 기뻐 도저히 믿을 수 없는 불가사의한 진리다. 또한 축복의 종을 울리고, 기쁨의 눈물을 흘리며, 감사를 소리쳐 외칠 수 있는 대사건이 아닐 수 없다. 이런 사실은 인간의 어두운 면을 드러내는 설교가 필요하다는 것을 다시 한 번 깨우쳐준다. 이는 빛이 참으로 사랑스럽게 느껴지려면, 먼저 어두운 밤이 찾아와야 하는 이치와 같다.

둘째, 그리스도인에게 그리스도의 의가 전가되었다는 것은 그가 하나님 앞에서 의인으로 선언되었다는 뜻이다. "전가하다"는 "여기다", "……의 공로로 돌리다"를 뜻하는 헬라어 "로기조마"(*logizoma*)를 번역한 것으로 매우 중요한 신학 용어다. 이 말은 "그리스도의 의가 믿는 자의 의로 간주된다"는 뜻이다. 그리스도인은 자신의 미덕이나 공로가 아니라, 주 예수 그리스도의 완전한 삶과 속죄의 죽음을 통해 하나님 앞에서 의인이 되는 것이다.

> 너희는 하나님으로부터 나서 그리스도 예수 안에 있고 예수는 하나님으로부터 나와서 우리에게 지혜와 의로움과 거룩함과 구원함이 되셨으니(고전 1:30).

주 예수 그리스도께서는 공생애 기간 동안 하나님께 온전히 복종하셨다. 바울 사도는 그리스도께서 "죄를 알지도 못하셨다"고 증언했다(고후 5:21). 히브리서 저자는 예수님이 "모든 일에 우리와 똑같이 시험을 받으신 이로되 죄는 없으시니라"(히 4:15)고 말했다. 이것은 예수님의 인격에 관한 성경의 가장 놀라운 가르침 가운데 하나다. 이 진리가 얼마나 놀라운지 알 수 있는 가장 좋은 방법은 예수님과 우리를 비교하는 것이다. 우리는 살면서 주님이 마땅히 받으셔야 하는 대로 그분을 사랑한 적이 단 한순간도 없었다. 그러나 예수님은 하나님을 마음과 영혼과 뜻과 힘을 다해 사랑하지 않으신 적이 단 한순간도 없으셨다(막 12:30, 눅 10:27). 우리는 그릇된 동기 없이 하나님의 영광을 위해 산 적이 단 한 번도 없었다. 그러나 예수님은 그분의 존재 전체를 바쳐 하나님을 온전히 영화롭게 하지 않으신 적이 단 한 번도 없으셨다. 이것이 하나님이 예수님을 향해 "이는 내 사랑하는 아들이요 내 기뻐하는 자"라고 자랑스럽게 말씀하신 이유다(마 3:17, 17:5, 막 1:11, 9:7, 눅 3:22, 벧후 1:17).

칭의가 그토록 경이로운 이유는 예수님이 사신 온전한 삶이 그리스도인에게 전가된다는 것, 곧 그의 삶으로 간주되기 때문이다. 더욱이 이것은 성부와 성자 하나님의 뜻에 따른 것이다. 그리스도께서는 그분의 의를 말로 다할 수 없는 기쁨으로 대가 없이 풍성하게 베풀어주신다. 그리스도의 예표였던 족장 요셉은 멋진 채색옷을 입었지만, 그 옷을 다른 형제들과 공유할 수 없었다. 그러나 요셉보다 무한히 위대하신 그리스도께서는 형용할 수 없을 만큼 아름다운 의의 옷을 그분의 형제들에게 입혀주기를 기뻐하신다. 그것은 가장 가난한 죄인조차도 영광스럽게 만들 수 있는 옷이요, 마귀의 어떤 불화살도 능히 소멸할 수 있는 갑옷이다(엡 6:16). 하나님은 그리스도로 옷 입은 그리스도인들을 보실 때 주저하지 않으시고 "이는 내 사랑하는 아들이요 내 기뻐하는 자라"고 선언하신다.

셋째, 그리스도인은 하나님의 보좌 앞에서 의롭다고 선언되었기 때문에 의인으로 대우받는다. 성경은 그리스도께서 우리를 대신해 죄인이 되셨기 때문에 그분 안에서 하나님의 의를 얻게 되었다고 가르친다(고후 5:21). 하나님은 우리의 모든 죄를 십자가에 매달리신 예수님께 담당시키셨다(사 53:6). 하나님은 예수님이 친히 담당하신 죄를 마치 그분이 모두 지으신 것처럼 혹독한 징벌을 가하셨다. 예수님은 우리를 구원하시기 위해 하나님께 버림받으시고, 그분께 매를 맞으셨으며, 온갖 고난과 고통을 당하셔야 했다(시 22:1, 마 27:46, 막 15:34, 사 53:5). 하나님의 저주를 짊어지시고, 우리의 죄가 초래한 하나님의 진노를 고스란히 감당하셔야 했다. 그분이 고난당하신 덕분에 우리로서는 도저히 갚을 수 없는 빚이 온전히 청산되었다(요 19:30). 그리스도인은 이제 의롭다 하심을 받고, 측량할 수 없이 무한한 칭의의 축복을 누리게 되었다. 하나님은 우리를 자녀로 대하신다. 이처럼 칭의는 그리스도인의 지위를 완전히 바꾸어놓은 놀라운 진리인 것이다. 우리는 참으로 위대한 교환, 즉 "의인으로서 불의한 자를 대신한" 경이로운 사건의 수혜자가 되었다(벧전 3:18).

넷째, 그리스도인은 그리스도의 속죄 사역을 믿는 믿음으로 하나님과 화평을 누린다.

> 그러므로 우리가 믿음으로 의롭다 하심을 받았으니 우리 주 예수 그리스도로 말미암아 하나님과 화평을 누리자(롬 5:1).

전에 하나님과 적대적이었던 것을 생각하면 도무지 상상할 수 없는 축복이 아닐 수 없다. 그리스도인은 칭의의 은혜 덕분에 더 이상 진노의 자녀가 아닌 하나님의 자녀가 되었다(엡 2:3, 갈 4:5).

우리는 그리스도의 속죄의 죽음을 통해 의롭다 하심을 받았기 때문에 하나님의 진노를 면하게 될 것이다(롬 5:9). 바울은 이 영광스러운 진리를 이렇게 표현했다.

> 너희가 어떻게 우상을 버리고 하나님께로 돌아와서 살아 계시고 참되신 하나님을 섬기는지와 또 죽은 자들 가운데서 다시 살리신 그의 아들……장래의 노하심에서 우리를 건지시는 예수시니라(살전 1:9-10).

은혜

칭의의 가장 놀라운 측면은 아무런 공로 없이, 오직 하나님의 은혜로 주어지는 선물이라는 점이다. 성경 전체가 모두 이 진리를 가르친다. 그리스도인은 "하나님의 은혜로 값없이 의롭다 하심을 얻었다"(롬 3:24).

"값없이"라는 말은 "거저", "과분하게", "이유 없이"를 뜻하는 헬라어 부사 "도레안"(*dorean*)을 번역한 것이다. 주 예수 그리스도께서도 제자들에게 세상이 자기를 대적하는 것이 부당하다고 말씀하실 때 이 용어를 사용하셨다.

그러나 이는 그들의 율법에 기록된 바 그들이 이유 없이 나를 미워하였다 한 말을 응하게 하려 함이라(요 15:25).

그리스도께서는 죄가 없으셨다(히 4:15, 고후 5:21). 심지어 그분의 원수들도 그분을 비난할 증거를 제시할 수 없었다(요 8:46). 그분은 누구에게도 그분을 미워할 빌미를 제공하지 않으셨다. 그와 비슷하게, 우리도 하나님께 우리를 의롭다고 선언하실 근거나 이유를 제시할 수 없다. 회심 이전의 삶을 대충 살펴보더라도 우리의 공로로 의롭다 하심을 받을 수 없다는 것, 곧 하나님의 은혜가 아닌 다른 무엇으로도 우리를 구원할 수 없다는 것을 금방 알 수 있다. 하나님이 우리를 의롭다고 선언하시는 이유는 우리 때문이 아니다. 그분은 우리의 죄에도 우리를 의롭다고 선언하신다. 우리의 고유한 가치나 인격적인 공로 때문에 하나님이 우리를 구원하신 것이 아니다. 구원은 오직 은혜로만 이루어진다.

믿음을 통해 은혜로 의롭다 하심을 받는다는 교리는 기독교와 다른 세계 종교를 확실하게 구별한다. 어느 기자가 세계 3대 종교(유대교, 이슬람교, 기독교)의 대표자들을 상대로 인터뷰했다고 가정해 보자. 먼저 기자가 정통 유대교 신자에게 "지금 죽는다면 어디로 갈 것이라고 생각하십니까? 당신의 소망은 무엇에 근거하나요?"라고 물었다.

유대인은 "하늘나라에 갈 것입니다. 나는 토라, 곧 하나님의 율법을 사랑하고 지킵니다. 지금까지 의인의 길을 걸어왔지요.

내 행위가 나를 대변할 것입니다"라고 대답했다.

기자는 이슬람교 신자에게도 같은 질문을 던졌다. "지금 죽는다면 어디로 갈 것이라고 생각하십니까? 당신의 소망은 무엇에 근거하나요?"

이슬람교 신자는 이렇게 대답했다. "하늘나라에 갈 것입니다. 나는 코란을 사랑합니다. 지금까지 알라의 위대한 선지자가 전한 가르침에 충실했습니다. 거룩한 순례를 했고, 기도에 충실했고, 가난한 자들을 도왔지요. 나는 의로운 사람입니다."

마지막으로, 기자는 그리스도인에게도 "지금 죽는다면 어디로 갈 것이라고 생각하십니까? 당신의 소망은 무엇에 근거하나요?"라고 똑같이 물었다.

그때 그리스도인은 "하늘나라에 갈 것입니다"라고 말했다. 그러더니 곧 기쁨과 뉘우침의 기색을 보이면서 이 말을 덧붙였다. "어머니가 나를 죄 가운데서 잉태했습니다. 또한 나는 죄 가운데서 태어났지요. 나는 하나님의 율법을 모두 어겼습니다. 가장 큰 형벌을 받아야 마땅합니다."

그때 기자가 불쑥 물었다. "당신 안에 있는 소망의 근거를 도통 이해하기 어렵군요. 유대교와 이슬람교 신자의 경우는 이해가 갑니다. 그들은 자신의 공로와 행위로 하늘나라에 가서 하나님 앞에 서게 될 것입니다. 그러나 당신은 그런 필요 조건들을 갖추지 못했다고 말하고 있습니다. 당신은 어떻게 하나님과 올바른 관계를 맺습니까? 당신의 소망은 무엇에 근거합니까?"

그리스도인은 빙긋이 웃으면서 대답했다. "내가 하나님 앞에

서게 되리라는 소망은 나의 주님이신 예수 그리스도의 공로에 근거합니다."

이것이 사도 시대부터 오늘날까지 세상에 있는 모든 그리스도인의 한결같은 증언이다. 이 증언은 앞으로도 세상 끝날까지 계속될 것이다.

> 또한 모든 것을 해로 여김은 내 주 그리스도 예수를 아는 지식이 가장 고상하기 때문이라 내가 그를 위하여 모든 것을 잃어버리고 배설물로 여김은 그리스도를 얻고 그 안에서 발견되려 함이니 내가 가진 의는 율법에서 난 것이 아니요 오직 그리스도를 믿음으로 말미암은 것이니 곧 믿음으로 하나님께로부터 난 의라(빌 3:8-9).

유명한 성직자요, 찬송가 작사자인 어거스터스 토플레디는 잘 알려진 그의 찬송가 "만세 반석 열리니"(새찬송가 494장)에서 바울 사도와 같은 감격스러운 감정을 이렇게 표현했다.

> 내가 공을 세우나 은혜 갚지 못하네.
> 쉼이 없이 힘쓰고 눈물 근심 많으나
> 구속 못할 죄인을 예수 홀로 속하네.
> 빈 손 들고 앞에 가 십자가를 붙드네.
> 의가 없는 자라도 도와주심 바라고
> 생명 샘에 나가니 맘을 씻어주소서(2-3절).

17장 가장 값비싼 선물 235

개인의 가치나 공로에 근거해 하나님 앞에서 의롭다고 자랑하는 사람들은 하나님이 어떤 분이고, 스스로가 어떤 상태인지 이해하지 못한다. 하나님의 의나 인간의 도덕적 타락을 조금이라도 이해한다면, 공로를 세워 구원을 얻을 수 있다는 생각이 여지없이 무너지고 말 것이다.

하나님 앞에 나아가려면 완전하고 절대적인 의가 필요하다. 하나님은 지극히 거룩하시기 때문에 악이나 불의를 차마 보실 수 없다(합 1:13). 아담이 저지른 한 가지 죄가 그를 에덴동산에서 쫓아냈고, 온 세상을 정죄와 죽음으로 몰아넣었다. 그런데 헤아릴 수 없이 많은 죄를 저지른 우리가 어떻게 하나님 앞에서 스스로를 의로운 자로 내세울 수 있단 말인가? 우리가 지은 죄는 세상을 수천 번이나 멸망으로 몰아넣고도 남을 만큼 어마어마하다. 우리가 구원받으려면 오직 하나님을 통해야 한다. 우리가 구원받을 근거를 찾는다면 오직 하나님 안에서 찾아야 한다. 하나님의 은혜로운 구원 사역만이 우리를 구원하실 수 있다.

구속(救贖)

떨리는 입술과 지극한 공경심으로 조용히 말해야 할 용어가 몇 가지 있다. 그 가운데 하나가 바로 "구속"이다. 이 말은 대가나 몸값을 지불하고서야 비로소 가능한 면제나 석방을 뜻하는 헬라어 "아폴루트로시스"(*apolutrosis*)를 번역한 것이다. 이 용어는 고대 문헌에서 노예 해방이나 전쟁 포로의 석방을 가리킬 때 종종 사용되었다. 신약 성경에서는 "예수 그리스도의 희생을 통해 정죄함과 죄의 속박에서 사람들을 해방하는 것"을 의미한다.

사람들은 종종 "누구에게 몸값을 지불했는가?"라거나 "우리가 무엇으로부터 구속되었는가?"라고 묻는다. 지금까지 엉뚱하고 그릇된 견해가 많이 제시되었지만, 신약 성경의 대답은 간단하고 분명하다. 즉, 우리는 하나님의 공의를 거역하여 그분의 진노를 불러일으켰다. 우리는 자유를 얻을 만한 수단이 전혀 없는 상태로 심판과 정죄 아래 단단히 속박되었다(롬 11:32). 하나님의 공의는 범죄자의 처형을 요구한다. "죄의 삯은 사망이요", "범죄하는 그 영혼은 죽어야 하기" 때문이다(롬 6:23, 겔 18:4). 그러나 "긍휼이 풍성하신 하나님이 우리를 사랑하신 그 큰 사랑"으로 친히 개입하셨고, 독생자를 보내시어 우리를 대신해 죽게 하심으로 우리의 빚을 모두 갚아주셨다(엡 2:4).

우리가 하나님 나라의 충성스러운 백성으로 아무 잘못도 없이 포로가 되었다고 해도 우리의 해방은 참으로 무한한 은혜가 아닐 수 없다. 그러나 우리의 경우는 그렇지 않다. 하나님은 우리가 무고한 희생자가 아니라 범죄자였을 때 우리를 구원하셨다. 모든 책임은 우리에게 있다. 우리는 하나님을 노골적으로 거역했다. 우리가 하나님의 공의와 진노 아래 정죄함을 받아 단단히 속박된 이유는 모두 우리의 잘못 때문이다. 우리의 죄가 우리를 꽁꽁 묶었고, 죽음의 형벌을 가져왔다.

우리의 범죄가 가져온 이 끔찍한 현실을 생각하면, 구속의 진리가 더욱더 경이롭게 느껴진다. 그리스도께서 충성스러운 종을 위해 죽으셨다고 해도 말로 다할 수 없는 은혜인 것이다. 그러나 그분은 충성스럽기는커녕 극악한 죄를 저지른 우리를 위해 목숨을 내놓으셨다.

> 의인을 위하여 죽는 자가 쉽지 않고 선인을 위하여 용감히 죽는 자가 혹 있거니와 우리가 아직 죄인 되었을 때에 그리스도께서 우리를 위하여 죽으심으로 하나님께서 우리에 대한 자기의 사랑을 확증하셨느니라(롬 5:7-8).

그리스도인의 칭의는 예수 그리스도의 인격과 사역으로 가능해진 구속을 통해 주어지는 선물이다. 그리스도인에게 대가 없이 주어진 은혜이지만, 우리는 예수님이 치르신 희생과 대가를 온전히 헤아릴 수 없다. 사실 하늘에 있는 성도들도 그 희생의 가치를 헤아리는 것을 자신의 가장 중요한 일로 삼고 있는지도 모른다.

그리스도께서 자기 백성을 대신해 구속의 사역을 완성하셨다는 사실보다 더 영광스럽고, 더 귀한 지식은 없다. 베드로 사도는 "너희가 알거니와 너희 조상이 물려준 헛된 행실에서 대속함을 받은 것은 은이나 금같이 없어질 것으로 된 것이 아니요 오직 흠 없고 점 없는 어린양 같은 그리스도의 보배로운 피로 된 것이니라"(벧전 1:18-19)고 말했다.

우리를 구속하기 위해 치러진 희생을 조금이라도 의식한다면, 성도든 죄인이든 감격에 겨워 믿음과 헌신과 찬양으로 반응하게 될 것이다. 이렇게 큰 구원을 등한시하면 심판의 보응을 어떻게 피할 수 있겠는가?(히 2:3) 지금 믿지 않는 사람들은 서둘러 불신앙을 뉘우치고 그리스도께 달려가야 한다. 믿는 사람들도 더 이상 자신을 위해 살아서는 안 된다. 그리스도께서 나를 대신해 죽으셨다는 것을 기억해야 한다.

> 그리스도의 사랑이 우리를 강권하시는도다 우리가 생각하건대 한 사람이 모든 사람을 대신하여 죽었은즉 모든 사람이 죽은 것이라 그가 모든 사람을 대신하여 죽으심은 살아 있는 자들로 하여금 다시는 그들 자신을 위하여 살지 않고 오직 그들을 대신하여 죽었다가 다시 살아나신 이를 위하여 살게 하려 함이라(고후 5:14-15).

그리스도께서 믿는 자의 구속을 위해 치르신 희생을 생각하면, 깊이 감사하며 "내가 어떻게 살아야 할까?"라고 부르짖지 않을 수 없다. 그리스도인인 우리가 어떤 일을 행하는 이유는 단지 우리가 착하거나 지혜롭거나 형통한 삶을 살 수 있기 때문이 아니다. 우리는 무엇이든 그리스도를 위해 행해야 한다. 그분이 우리 영혼을 구원하시려고 보혈을 흘리셨기 때문이다. 우리는 이것을 신앙생활의 가장 큰 동기로 삼고, 세상에서 나그네로 살아가는 동안 지극한 공경심을 갖추어야 한다.

오직 그리스도 안에서

바울 사도는 칭의나 구속을 말할 때면 "오직 그리스도 안에서"라는 표현을 빼놓지 않았다. 그는 에베소서의 처음 열세 구절에서 "그리스도 안에서"(in Christ)라는 표현을 통해 그리스도인이 하나님 앞에서 누리는 모든 축복이 그리스도 안에 있다고 강조했다. 이 진리는 강조하고 또 강조해도 지나치지 않을 만큼 중요하다.

"예수님은 우리에게 필요한 모든 것이다"라고 우리는 종종 말한다. 그러나 그보다는 "예수님이 우리가 가지고 있는 모든 것이다"라고 말하는 편이 훨씬 더 적절하다. 그리스도 없이는 하나님과 우리는 아무 상관이 없다(요일 5:12). 만물이 다 그리스도 안에서, 그분으로 말미암아, 그분을 위해 창조되었다. 우리의 구원도 마찬가지다.[56] 우리가 죄의 속박에서 벗어나 하나님과 올바른 관계를 맺게 된 것은 오직 그리스도 안에서, 그분으로 말미암아, 그분을 위해서다. 세상에 사는 모든 사람은 정죄된 상태로 아담 안에 있든지, 의롭다 하심을 받은 상태로 그리스도 안에 있든지 둘 중 하나다. 경건한 가정에서 자라는 어린

---

[56] "만물이 다 그로 말미암고 그를 위하여 창조되었고"(골 1:16). "그로 말미암고"는 헬라어 "엔 아우토"(*en auto*)를 번역한 것이다. 이 말은 "그리스도 안에서"라고 번역할 수도 있다. 만일 이것이 "그로 말미암고"의 의미라면 성자께서 창조의 대행자요 통로가 되셨다는 것을 암시한다. 이 말은 "그 안에서"라고 번역하는 것이 더 적절하다. 그래야 성자 안에서 창조가 이루어졌다는 사실이 더욱 명백해지기 때문이다. 하늘과 땅에 있는 모든 것이 그분과 관계가 있다. 만물은 그리스도와 직접적으로 관련되며, 그분과 관계를 맺는다.

아이도 있고, 성경에 충실한 교회에 다니는 교인도 있을 것이다. 그러나 그리스도 안에 있지 않으면 아무 소망도 없고, 하나님도 없이 살아갈 수밖에 없다(엡 2:12). 그리스도만이 길이시요, 진리시요, 생명이시다. 그리스도로 말미암지 않고서는 아무도 성부 하나님께 나아갈 수 없다(요 14:6). 다른 사람을 통해서는 구원받을 수 없다. 하나님이 천하 사람들 가운데 우리를 구원할 다른 이름을 주신 적이 없기 때문이다(행 4:12).

세상 사람들에게 그리스도는 "부딪치는 돌과 걸려 넘어지게 하는 바위"이지만, 믿는 자에게는 무한히 귀한 보배가 되시는 이유는 바로 이 진리 때문이다(벧전 2:7-8). 믿는 우리에게 그리스도께서는 가장 귀한 보배시고, 가장 큰 헌신을 받으셔야 할 대상이시다. 우리는 개인의 공로를 내세우는 주장을 모두 반박하고, "내게는 우리 주 예수 그리스도의 십자가 외에 결코 자랑할 것이 없으니"(갈 6:14)라고 기뻐 소리치며 그리스도를 믿으라고 권유해야 한다. 행위로 의롭다 하심을 받는다거나 그리스도의 공로에 무엇인가를 더해야 한다고 주장하는 말을 추호도 용납해서는 안 된다. 우리는 시편 저자처럼 "여호와여 영광을 우리에게 돌리지 마옵소서 우리에게 돌리지 마옵소서 오직 주는 인자하시고 진실하시므로 주의 이름에만 영광을 돌리소서"(시 115:1)라고 외쳐야 한다.

믿지 않는 사람들에게 그리스도께서는 교만함과 불관용의 전형이시다. 그들은 "스스로 구세주라고 말하는 위인이 많은데 어떻게 그리스도만 유일한 구세주라고 주장할 수 있는가? 어떻게 교회는 오늘날의 문화에 남아 있는 유일한 절대 진리, 곧 혼자만 옳다고 주장하는 사람 말고는 아무도 틀린 사람이 없다는 신념에 감히 맞선단 말인가? 어떻게 기독교인들은 다른 길을 모두 부인하고, 자신의 길만이 유일한 길이라고 주장할 수 있단 말인가?"라고 묻는다. 포스트모던 사회에서 절대적인 진리를 주장하는 것은 편협함과 무지를 드러내는 가증스러운 범죄로 취급된다.

바로 이것이 기독교가 항상 세상에서 거리끼는 것이 되어온 이유다. 로마 제국 시대에 살던 초기 그리스도인들은 다른 신들의 존재를 부인하고 오직 그리스도께만 충성해야 한다고 주장했기 때문에 무신론자라는 비난과 박해를 감수해야 했다. 오늘날의 그리스도인들도 오직 그리스도만 믿고, 그분이 세상의 유일한 희망이시라고 선언하면 그런 믿음의 전통 위에 굳게 설 수 있을 것이다. 그러나 만일 기독교의 메시지가 배타성을 잃는다면 더 이상 기독교의 메시지가 될 수도 없고, 구원의 능력을 발휘하지도 못할 것이다.

18장
하나님의 딜레마

> 이 예수를 하나님이 그의 피로써 믿음으로 말미암는 화목제물로 세우셨으니(롬 3:25).

로마서 3장 23-27절이 기독교 신앙의 아크로폴리스라면, 25절은 그곳에 세워진 성채라고 할 수 있다. 그리스도의 십자가를 이 구절만큼 잘 설명하는 구절은 없다. 이 구절은 그리스도께서 십자가에서 죽으셔야 했던 이유를 명백하게 드러내고 있다. 그리스도의 죽음을 통해 무엇이 이루어져야 했고, 또 이루어졌는지 확실하게 보여준다. 오늘날의 복음 설교는 대부분 이 진리를 힘써 강조하지 않는다. 그렇기 때문에 하나님의 백성 가운데서도 그리스도의 십자가를 옳게 이해하지 못하는 사람이 많다.

지금까지 많은 신학자와 설교자가 로마서 3장 25절을 가장 중요한 성경 구절 가운데 하나로 간주했다. 그 이유는 이 구절에 복음의 핵심 내용(그리스도의 죽음이 화목제물이었다는 것)이 담겨 있기 때문이다. 기독교 신앙 전체가 이 진리에 의존하지만, 현대 복음주의는 이 진리에 무지하다. 복음주의 그리스도인들 가운데 "화목제물"이라는 말을 들어본 사람이 과연 얼마나 될까? 또 그 말을 들어본 사람들 가운데 얼마나 많은 사람이 그 의미를 옳게 알고 있을까? 그 핵심을 이해하고 있을까? 이 진리에 무지하다는 것은 우리 시대가 지닌 큰 문제다. 이는 오늘날 우리가 복음에 관해 아는 바가 거의 없다는 증거다. 해마다 수많은 복음 설교를 전하고, 복음을 다룬 크고 작은 책들이 수없이 출판되고 있지만, 이 중요한 구절을 다룬 내용은 거의 보이지 않는다. 오늘날의 복음 전파가 아무 능력도 발휘하지 못하는 것은 그리 놀라운 일이 아니다.

공시된 죽음

로마서 3장 25절은 하나님이 그분의 아들을 화목제물로 "세우셨다" 또는 "공개적으로 나타내셨다"(NASB)고 말한다. "세우셨다"는 말은 "일반에게 널리 알리기 위해 나타내다"라는 뜻을 지닌 헬라어 "프로티테마이"(*protithemai*)를 번역한 것이다. 하나님은 갈보리의 십자가 위에서 마치 벽보를 붙여 알리듯 예수님을 "공시하셨다."[57] 때가 되자 하나님은 우주 한복판, 곧 구원

---

[57] 벽보를 뜻하는 "플래카드"(placard)는 "포스터", "게시판", "간판"을 뜻한다. 벽보를 붙여 무언가를 알린다는 것은 일반인이 볼 수 있는 곳에 둔다는 뜻이다.

사의 중심점이 교차하는 지점에 그리스도의 십자가를 높이 세워 만민이 볼 수 있게 하셨다(갈 4:4).

하나님은 죄를 은밀한 곳에서 몰래 처리하지 않으셨다. 그리스도께서는 아무도 보지 않는 후미진 곳에서 죽지 않으셨다. 그리스도께서 세상 앞에서 공개적으로 처형되셨다는 것은 하나님이 그분의 고난과 죽음을 계시의 도구이자 수단으로 삼으셨다는 증거다. 하나님은 십자가를 통해 사람들과 천사들에게 진리를 계시하기로 결정하셨다. 그 진리는 다른 방법으로는 계시할 수 없는 것이다(엡 3:10, 벧전 1:12).

교회는 예수 그리스도의 십자가가 하나님과 현실에 관한 가장 위대한 계시라고 오랫동안 증언해 왔다. 십자가는 인류를 상대로 한 하나님의 사역과 목적에 관한 우리의 오랜 의문을 해결하고, 설명되어야 할 모든 것을 설명해 주는 하나님의 최종 계시다.

이 짧은 지면에서 그리스도의 십자가를 통해 계시된 진리를 모두 다룰 수 없다. 요한 사도의 표현대로 십자가를 통해 계시된 진리를 남김없이 기록하려면, 기록된 책들을 세상에 다 둘 수 없을 만큼 많을 것이다(요 21:25). 따라서 여기에서는 로마서 3장 25절에만 초점을 맞춰 바울의 가르침을 면밀히 살펴보는 것으로 만족해야 할 듯하다. 성령의 직접적인 영감을 받은 바울은 본문에서 십자가를 통해 계시된 다른 귀한 진리를 모두 건너뛰었다. 그리고 복음의 위대한 진리, 즉 하나님이 스스로가 의로우신 하나님이라는 사실을 나타내기 위해 독생자이신 그

리스도의 십자가를 세우셨다는 진리를 가르치는 데 모든 관심을 집중했다.[58]

이 진리는 처음에는 성경을 연구하는 사람들에게 그렇게 놀랍거나 주목할 만한 것으로 보이지 않는다. 성경은 처음부터 끝까지 하나님은 의로우시며, 그분의 행사는 항상 완전하고, 그분의 길은 항상 의롭다고 증언한다(신 32:4). 그런데 왜 하나님은 사람들과 천사들에게 자신이 의로우시다는 사실을 공개적으로 입증하셔야 했을까? 하나님이 대체 무엇을 하셨기에 그분의 공의에 의문을 불러일으켜 그분 자신과 그분의 행동을 설명하셔야만 했을까?

바울은 "이는 하나님께서 길이 참으시는 중에 전에 지은 죄를 간과하심으로"라는 말로 하나님이 그분의 의를 입증하셔야 했던 이유를 설명했다(롬 3:25). 다시 말해, 인류의 역사가 진행되는 동안 하나님은 죄인들에 대한 심판을 미루시고 악인들에게 용서를 베푸셨기 때문에 사람들과 천사들 앞에서 그분의 의로우심을 입증하셔야 했다. 이것은 죄인에게는 좋은 소식일지 몰라도 신학이나 도덕 차원에서는 매우 어렵고 중대한 문제를 제기한다. 바로 "어떻게 의로우신 하나님이 심판을 자제하시고, 정죄당해야 마땅한 죄인들에게 용서를 베푸실 수 있느냐?"라는 것이다.

---

[58] "나타내다"(demonstrate)는 "입증하다", "증명하다"를 뜻하는 헬라어 "에이스 엔데익신"(*eis endeixin*)을 번역한 것이다.

하나님의 딜레마

『웹스터 사전』은 "딜레마"를 "무엇을 선택해도 불만족스러운 상황", "만족스러운 해결책을 찾을 수 없는 상황"으로 정의한다. 성경에서 가장 큰 딜레마는 "어떻게 의로우신 하나님이 악인을 용서하실 수 있는가?" 하는 것이다.

앞 장에서 "가장 사악한 자라도 믿고 돌이키면 아무 대가 없이 의롭다 하심을 받는다"는 진리를 상세히 논의한 바 있다. 이 진리는 교회의 가장 큰 기쁨이자 모두가 즐겨 부르는 영광스러운 찬송가의 주제이기도 하다. 우리는 다윗처럼 "허물의 사함을 받고 자신의 죄가 가려진 자는 복이 있도다"(시 32:1, 참조. 롬 4:7)라고 기뻐 외친다. 그러나 "어떻게 의로우신 하나님이 악인을 용서하실 수 있는가? 세상을 심판하시는 이가 공의를 행하셔야 하지 않는가? 의로우신 하나님이 죄에 무관심하시거나 마치 죄가 없는 것처럼 묵과하실 수 있는가? 거룩하신 하나님이 죄인과 관계를 맺으실 수 있는가?"라는 문제는 여전히 남아 있다(창 18:25).

"악인을 의롭다 하고 의인을 악하다 하는 이 두 사람은 다 여호와께 미움을 받느니라"(잠 17:15)는 말씀은 하나님이 죄인을 용서하시거나 의롭다고 하실 가능성을 부인하는 것처럼 보인다. 이 말씀은 악인을 의롭다고 하는 것은 하나님께 가증스러운 일이라고 말한다. "가증하다"는 추악하고, 혐오스럽고, 고약한 것을 뜻하는 히브리어 "토에바"를 번역한 것이다. 이 말은 성경에서 사용된 가장 심한 용어 가운데 하나다. 하나님은 죄인을 의롭다고 하거나 무작정 용서하는 사람들, 특히 권위자나 재판관을 혐오하시고 미워하신다. 그러나 바로 이것이 복음의 주제다. 하나님은 지금까지 그런 일을 행해 오셨다. 그분은 악인을 의롭다고 하시고, 불법적인 행위를 용서하시며, 그들의 죄를 덮어주셨다.

그런데도 하나님은 어떻게 여전히 의로우실 수 있을까? 이 문제를 좀 더 자세히 설명하기 위해 예를 하나 들어보자. 어느 날 저녁, 한 남자가 집에 돌아와 보니 온 가족이 살해된 채 거실에 누워 있었다. 살인범은 손에 피를 묻힌 채 여전히 그들을 밟고 서 있었다. 그 사람은 살인범을 경찰에 고발하고, 그를 처벌하기 위해 모든 증거를 당국자에게 제시했다. 그런데 살인범이 재판을 받는 날, 재판관은 이렇게 판결했다. "나는 사랑이 많고 긍휼과 자비가 풍성한 재판관입니다. 따라서 이 정의로운 법정 앞에서 무죄를 선고하는 바입니다. 피고는 법률이 정한 모든 형벌에서 자유롭습니다."

그런 판결을 듣고 피해자인 원고는 어떻게 반응할까? 과연 정의가 이루어졌다고 동의할까? 틀림없이 그러지 않을 것이다. 그는 악인에게 무죄를 선고한 재판관에게 분노하며, 그를 즉시 해임하라고 요청할 것이다. 그는 국회의원에게 편지를 쓰고, 신문에 기사를 기고하고, 석방된 범죄자보다 더 부패하고 가증스러운 재판관이 판사석에 앉아 있다고 만방에 알릴 것이다. 우리도 모두 그의 주장에 동의할 것이다. 그런데 바로 여기에 문제의 핵심이 있다. 세상의 재판관에게도 그런 정의를 요구해야 한다면, 온 세상의 재판관이신 하나님께는 더 엄격한 공의를 요구해야 마땅하지 않은가? 욥의 친구인 엘리후는 "진실로 하나님은 악을 행하지 아니하시며 전능자는 공의를 굽히지 아니하시느니라"(욥 34:12)고 말했다.

용서하는 것인가, 잊는 것인가?

"하나님이 인간의 죄를 간단히 용서하여 처리하시지 못할 이유가 무엇인가? 성경은 우리에게 아무 조건 없이 용서하라고 명령한다. 하나님이 그런 일을 행하시는 데 대체 무엇이 잘못되었는가?"라고 말할 사람이 있을지도 모르겠다. 이 질문에는 세 가지로 대답할 수 있다.

첫째, 하나님은 우리와 다르시다. 그분은 모든 피조물을 다 합친 것보다 무한히 더 위대하시다. 따라서 하나님이 그분의 영광을 추구하시고 옹호하시는 것은 옳고 필요한 일이다. 하나님은 하나님이기 때문에 가장 사소한 반역 행위도 그분의 인격을 모욕하는 중대한 범죄, 곧 가장 엄한 심판을 받아 마땅한 반란죄가 된다. 하나님이 그런 범죄를 벌하시지 않는 것은 이중적인 불의를 저지르는 결과를 초래한다. 다시 말해, 마땅히 하나님께 속해야 할 영광을 부인하여 스스로의 신성을 모독하고, 피조물의 존재 이유(하나님의 영광)를 부인해 무의미한 삶을 살게 만들어서 피조물에게 불의를 저지르는 결과를 낳는 것이다.

둘째, 하나님은 인간의 죄를 간단히 용서하실 수 없다. 그분의 속성은 서로 모순되지 않기 때문이다. 하나님은 사랑을 보이시기 위해 악인을 무작정 용서하는 식으로 공의를 부인하실 수 없다. 하나님은 의로우시며 사랑이 많으셔야 한다. 그분은 후자를 위해 전자를 무시하실 수 없다. 선의의 복음전도자들 가운데는 수많은 비그리스도인을 향해 하나님이 죄인을 공의로 다스리지 않고 사랑하기로 결정하셨다고 외치는 사람이 많다. 만일 그렇다면 하나님의 사랑이 불의하다거나 그분이 사랑을 위해 공의를 무시했다고 결론지을 수밖에 없다. 그런 말은 복음과 하나님의 속성에 대한 무지를 드러낼 뿐이다. 하나님은 공의를 무시하고 사랑을 선택하지 않으셨다. 복음이 경이로운 이유는 하나님이 사랑으로 용서를 베푸시면서도 여전히 공의로우시다는 사실에 있다.

셋째, 하나님은 온 세상의 재판관이시다. 하나님은 정의를 집행하고, 악을 벌하시며, 옳은 것을 입증하는 직책을 수행하신다. 세상의 재판관이 법정에 선 범죄자를 무작정 용서할 수 없듯, 하늘의 재판관이신 하나님도 악인을 무작정 용서하시지 않는다. 우리는 종종 우리의 사법 체계가 부패했다고 불평한다. 기소된 범죄자가 사면을 받으면 굉장히 혐오스러워한다. 그러니 세상의 재판관보다 하나님께 더 큰 공의를 기대하는 것이 마땅하지 않은가? 공의가 집행되지 않으면 모든 민족과 백성과 문화가 무정부 상태로 치달아 자폭하고 말 것이다. 하나님이 그분의 의를 무시하고 공의를 만족시키지 않으신 채 무작정 용서를 베푸시고 악을 심판하지 않으신다면, 세상은 더 이상 존재할 수 없을 것이다.

화목제물

지금까지 하나님의 공의와 악인에 대한 심판이 반드시 필요하다는 사실을 살펴보았다. 이제 "하나님이 공의로우신데 어떻게 경건하지 않은 사람들을 의롭다고 하실 수 있을까?"라는 문제를 본격적으로 생각해 보기로 하자. 이 문제의 해답은 가장 위대한 성경 용어 가운데 하나인 "화목제물"이라는 말에 있다. 이 말은 "긍휼"(mercy)을 뜻하는 라틴어 "프로피키오"(propicio)에서 유래했으며 "화해시키다", "달래다", "회유하다"를 뜻하는 헬라어 "힐라스테리온"(hilasterion)을 번역한 것이다.

신약 성경에서 로마서 3장 25절 말고 "힐라스테리온"이 등장하는 성경 구절은 단 한 곳뿐이다. 히브리서 저자는 증거궤의 뚜껑인 속죄소를 가리킬 때 이 말을 사용했다.[59] 속죄소는 금으로 만들었고, 그룹이 속죄소를 덮고 있었다(출 25:17-18). 구약 시대에 하나님은 지성소의 속죄소 위에 임한 구름 가운데 나타나셨다. 그곳에서 이스라엘 백성과 만나시고 계명을 주겠다고 약속하셨다(레 16:2, 출 25:22). 더욱 중요하게는, 1년에 한 차례 속죄

---

[59] "그 위에 속죄소를 덮는 영광의 그룹들이 있으니 이것들에 관하여는 이제 낱낱이 말할 수 없노라"(히 9:5). 동일한 헬라어가 『70인역』(구약 성경을 헬라어로 번역한 성경)에서도 속죄소를 가리킬 때 사용되었다.

일이 되면, 대제사장이 속죄소 앞과 위에 수송아지의 피를 일곱 번 뿌려야 했다(레 16:14-15). 하나님은 속죄소에서 이스라엘 백성에게 용서를 베푸시고, 희생제물의 피를 통해 그들과의 화해를 선언하셨다. 이것이 언약궤 뚜껑을 속죄소라고 부르는 이유다. 속죄소에서 죄가 속량되고, 긍휼이 베풀어졌다.

로마서 3장 25절에서 "화목제물"은 갈보리의 십자가에서 희생당하신 예수 그리스도를 가리킨다.[60] 이것은 예수님이 죽으심으로 우리 죄를 담당하셨고, 하나님의 거룩한 공의를 만족시키셨으며, 그분의 진노를 가라앉히셨다는 것을 뜻한다. 예수님이 자기 백성의 죗값을 단번에 치르셨기 때문에 하나님은 죄인에게 긍휼을 베푸셔서 "자기도 의로우시며 또한 예수 믿는 자를 의롭다"(롬 3:26)고 하실 수 있게 되셨다.

성경은 인간이 죄를 지었고, 죄의 삯은 사망이라고 선언한다(롬 3:23, 6:23). 하나님은 의로우시다. 율법의 요구가 충족되지 않고서는 죄인은 용서받을 수 없다(잠 17:15). 때가 되자 하나님의 아들이 인간이 되셨다. 그분은 세상에서 하나님의 율법에 온전히 복종하셨다(갈 4:4). 공생애 기간이 끝나자 그분은 성부 하나님의 뜻에 따라 악인들의 손에 의해 십자가에 못 박히셨다(행 2:23). 그분은 십자가에서 죄인들을 대신하셨다. 그들의 죄가 그분께 전가되었다(고후 5:21). 그리스도의 죽음이 죗값을 치렀고,

---

60) "그는 우리 죄를 위한 화목제물(*hilasmos*)이니 우리만 위할 뿐 아니요 온 세상의 죄를 위하심이라"(요일 2:2).

하나님의 공의의 요구를 만족시켰으며, 그분의 진노를 가라앉혔다. 하나님은 이런 방법으로 큰 딜레마를 해결하셨다. 하나님은 독생자의 죽음을 통해 자기 백성의 죄를 의롭게 징벌하셨고, 그리스도께 소망을 둔 모든 사람을 조건 없이 의롭다 하실 수 있게 되셨다. 다음 몇 장에서 우리는 이 위대한 진리를 탐구할 것이다.

19장
온전한 자격을 갖추신 구원자

말씀이 육신이 되어 우리 가운데 거하시매(요 1:14).
이 예수를 하나님이 그의 피로써 믿음으로 말미암는 화목제물로 세우셨으니(롬 3:25).

그리스도께서 우리의 화목제물이시라는 사실을 좀 더 깊이 살펴보기 전에 그 역할을 수행하는 데 필요한 조건을 먼저 살펴보는 것이 도움이 될 듯하다. 자신의 생명을 화목제물로 드린 예수님이 실제로 그렇게 할 수 있는 자격을 갖추지 못하셨다면, 그분의 죽음은 아무 의미가 없었을 것이다. 행위의 가치는 행위자의 인격에 달려 있다. 복음주의자들은 대부분 그리스도의 십자가를 다룰 때 주로 그분의 행위를 강조하고, 그분의 인격은 언급하지 않을 때가 많다. 예수님은 하나님이자 인간이시다. 그분은 아무 죄가 없으시고, 무한한 가치를 지니신다. 그리스도께서 그런 자격을 갖추지 못하셨다면, 그분이 우리를 대신해 치르신 희생은 아무 결과도 가져오지 못했을 것이다. 그러나 예수님의 자격은 충분하고도 남는다. 그분은 자신의 생명을 속죄제물로 바쳐 세상의 구원자가 되시는 데 필요한 자격을 모두 갖추셨다(요 4:42, 요일 4:14).

예수님의 신성과 인성

예수 그리스도의 인격에 대해 말할 때나 글을 쓸 때는 항상 주의해야 한다. 우리는 성육신의 신비를 온전히 이해할 수 없다. 예수님의 신성과 인성이 인간을 구원하기 위해 정확히 어떤 역할을 했는지 우리로서는 다 헤아리기 어렵다.

> 크도다 경건의 비밀이여, 그렇지 않다 하는 이 없도다 그는 육신으로 나타난 바 되시고 영으로 의롭다 하심을 받으시고 천사들에게 보이시고 만국에서 전파되시고 세상에서 믿은 바 되시고 영광 가운데서 올려지셨느니라(딤전 3:16).

교회사를 돌아보면, 예수 그리스도의 신성과 인성의 관계를 둘러싸고 많은 이단자가 나타났던 것을 알 수 있다. 그들은 그리스도의 신성과 인성 가운데 하나를 부인했다. 물론 경건한 그리스도인의 경우에도 그릇된 가르침을 전한 사람들이 더러 있었다. 그들은 성육신의 신비를 남김없이 모두 설명하려고 노력했다. 따라서 우리는 글을 쓰거나 말할 때 극히 신중해야 한다. 이 주제에 관해서는 말을 지나치게 많이 하는 것보다는 적게 하는 편이 낫고, 성경에 없는 것을 보태 모든 신비를 다 제거하려고 하기보다는 차라리 많은 것을 신비의 영역에 남겨두는 편이 더 낫다. 모세는 "감추어진 일은 우리 하나님 여호와께 속하였거니와 나타난 일은 영원히 우리와 우리 자손에게 속하였나니 이는 우리에게 이 율법의 모든 말씀을 행하게 하심이니라"(신 29:29)고 경고했다.

두 가지 본성과 구원 사역

성경은 오직 하나님만이 구원자이시며, 영광스럽고 거룩한 특권을 누구와도 공유하지 않으신다고 가르친다. 하나님은 이사야 선지자를 통해 "나 곧 나는 여호와라 나 외에 구원자가 없느니라"(사 43:11, 참조. 호 13:4)고 선언하셨다. 심지어는 오늘날처럼 세속화된 시대에도 신과 구원자가 넘쳐난다. 그러나 성경은 신과 구원자가 아무리 많아도 구원은 오직 천지를 지으신 하나님만 하실 수 있는 사역이라고 못 박는다. 요나 선지자는 큰 물고기 뱃속에서 "구원은 여호와께 속하였나이다"(욘 2:9)라고 말했다. 따라서 구원 사역이나 "구원자"라는 칭호를 하나님이 아닌 다른 존재에게 돌리는 행위는 신성모독이다.

이런 성경의 진리는 예수 그리스도의 인격과 사역에 관한 신약 성경의 가르침을 살펴보는 사람들에게 한 가지 의문을 제기한다. 구원은 하나님만 하실 수 있는 일이고, 예수님이 구원자이시라면 결론은 하나뿐이다. 즉, 예수님이 구원자이시라면 그분이 곧 하나님이고, 그분이 하나님이 아니시라면 그분은 구원자가 아니신 것이다.

그리스도의 신성을 부인하면서도 그분의 죽으심이 효력이 있다고 생각하는 사람들은 큰 모순에 직면한다. 그리스도께서 하나님이 아니시라면, 그분은 구원을 베푸실 수 없다. 그러나 예수님이 참하나님이라면, 여호와 외에 구원자가 없다는 이사야 선지자의 선언과 예수님 외에 다른 이로써는 구원을 받을 수 없다는 베드로 사도의 주장(행 4:12)은 서로 모순을 일으키지 않는다. 이사야는 땅 끝을 향해 하나님께 돌이켜 구원을 받으라고 권고했고(사 45:22), 바울은 "누구든지 주의 이름을 부르는 자는 구원을 받으리라"(롬 10:13)고 외쳤다.

그리스도께서 세상의 구원자가 되려면 그분이 하나님이어야 한다. 그러나 하나님의 공의는 죄를 저지를 때와 똑같은 식으로 형벌을 가하는 것을 원칙으로 한다.[61] 따라서 인간은 죽어야 한다. 인간이 하나님의 율법을 어긴 장본인이기 때문이다. 하나님은 에스겔 선지자를 통해 "범죄하는 그 영혼은 죽으리라"(겔 18:4)고 말씀하셨다. 죄를 지은 영혼이 하나님의 의로운 형벌을 모면하려면, 그와 똑같은 본성을 지닌 다른 영혼이 대신 죽어야 한다. 히브리서 저자는 염소나 황소의 피로는 인간의 죄를 없앨 수 없다는 말로 이 진리를 뒷받침한다(히 10:4). 아담의 후손인 인간만이 죄인을 대신해 죄를 속량할 수 있다.

---

[61] Francis Turretin, *Institutes of Elenctic Theology* (Phillipsburg, N. J.: P&R, 1994), 2: 303.

성경은 나사렛 예수가 바로 그런 사람이라고 가르친다. 히브리서 저자는 예수님이 아브라함의 후손을 "붙들어주기 위해" 오셨기 때문에 범사에 형제들과 같이 되셨고, 자녀들은 혈과 육에 속하였기 때문에 그분도 친히 그 본성을 취하셨다고 말했다(히 2:14-17). 바로 이것이 그리스도께서 하나님과 인간 사이의 유일한 중보자시라고 증언하면서 바울이 그분을 "사람이신 그리스도 예수"라고 말한 이유다(딤전 2:5). 하나님의 백성을 구원할 구원자가 되려면 말씀이 육신이 되어 우리 가운데 거하셔야 했다(요 1:1, 14). 예수님은 "근본 하나님의 본체"시지만, 사람의 모양으로 나타나셔야 했다(빌 2:6-8). "보라 이 사람이로다(*Ecce Homo*)"라는 빌라도의 유명한 말 역시 예수 그리스도께서 인간의 형상을 취하셨다는 것을 상기시켜준다(요 19:5).

두 가지 본성과 하나님의 진노

성경에 따르면, 하나님의 노여움과 진노의 능력은 인간의 상상을 초월한다(시 90:11). 하나님이 진노하시면 땅이 진동한다. 세상 모든 나라가 힘을 합쳐도 그분의 분노를 감당할 수 없다(렘 10:10). 언젠가는 세상에서 가장 강한 자들조차 산들을 향해 "우리 위에 떨어져 하나님의 진노에서 우리를 가려 달라"고 외치게 될 것이다(계 6:16). 심지어 하나님을 섬기며 살던 시편 저자들과 선지자들조차도 하나님의 진노의 능력에 혼비백산했다. 그들은 하나님이 진노하시는 것을 보고 "주께서 한 번 노하실 때에 누가 주의 목전에 서리이까"(시 76:7), "누가 능히 그의 분노 앞에 서며 누가 능히 그의 진노를 감당하랴"(나 1:6)라고 말했다. 그들은 큰 두려움을 느끼며 "주께서는 경외 받을 이십니다"라는 고백 말고는 달리 할 말을 찾지 못했다(시 76:7).

하나님의 진노에 관한 이런 증언은 나사렛 예수가 한갓 인간, 곧 창조된 피조물에 지나지 않았다면, 죄를 벌하시는 하나님의 진노를 결코 감당하지 못했을 것이라는 추론을 가능하게 한다. 예수님이 하나님의 진노를 남김없이 감당하시고 승리하신 이유는 그분이 육신을 입은 하나님이고, 신성의 능력이 그분을 지탱해 주었기 때문이다. 『웨스트민스터 대요리문답』은 "왜 중보자가 반드시 하나님이어야 했는가?"라고 묻고, "중보자가 반드시 하나님이어야 했던 이유는 인성이 하나님의 무한한 진노와 사망의 권세에 의해 파괴되지 않도록 유지하고 보호하기 위해서다"(문 38)라고 대답한다.

하나님의 진노의 능력을 생각하면, 그리스도의 신성을 반드시 인정해야 한다. 그와 동시에 "그리스도께서 인간으로서 전능하신 하나님의 진노를 감당하셨다"는 진리 역시 조금도 부인하거나 축소해서는 안 된다. 우리는 이 진리도 똑같이 인정해야 한다. 갈보리 십자가 위에서 하나님의 진노가 참인간이신 예수님께 온전히 쏟아져 말할 수 없는 고통을 느끼시게 만들었다는 사실을 간과해서는 안 된다. 비록 그리스도의 신성이 그분의 인성을 지탱해 주었더라도, 그분은 자기에게 쏟아진 하나님의 진노를 고스란히 감당하셔야 했다. 그리스도께서는 친히

"그 몸으로" 하나님과 믿는 자들을 화목하게 하는 데 필요한 형벌의 양을 정확히 감당하셨다(벧전 2:24). 그리스도께서는 진실로 "질고를 아시는 슬픔의 사람"이셨다(사 53:3).

두 가지 본성과 희생의 가치

회의주의자들은 종종 "어떻게 한 사람이 고작 몇 시간 동안 십자가에서 고통을 받았다고 해서 인간이 저지른 그 많은 죄가 다 속량되고, 영원한 고통에서 인간을 구원할 수 있단 말인가? 어떻게 한 사람의 생명으로 그토록 많은 사람이 감당해야 할 공의를 충족시킬 수 있는가?"라고 묻는다. 가장 아름답고 귀한 성경의 교리 가운데 하나가 이 질문에 답해 준다. 바로 하나님의 아들의 무한한 가치와 온전한 복종이다.

갈보리의 십자가에 못 박히신 예수님은 하나님이다. 그분이 하나님의 백성을 위해 내주신 생명은 무한한 가치를 지닌다. 나무에 매달리신 예수님은 하나님의 율법에 온전히 복종하셨기 때문에 그분의 희생이 곧 공로가 되어 하나님의 백성에게 온전한 의가 전가되는 결과를 낳았다. 따라서 회의주의자가 "고작 한 사람이 어떻게 그 많은 사람의 죗값을 치를 수 있고, 수많은 사람을 구원할 수 있느냐?"라고 물으면, 예수 그리스도께서는 하나님으로서 무한한 가치를 지니시고, 또 인간으로서 온전히 율법에 복종하셨기 때문이라고 대답해야 한다.

우리는 예수님이 하나님과 조금도 다르지 않은 신성을 지니셨다는 사실을 확신해야 한다. "신성의 충만함"(fullness of deity)이 예수님의 인격과 희생에 무한한 권위와 가치를 부여한다.[62] 제네바의 위대한 개혁자 프랑시스 튀르탱은 이 진리를 매우 적절하게 설명했다.

> 돈은 포로의 손에 있든, 왕의 손에 있든 그 가치가 달라지지 않는다. 그러나 (사무엘하 18장 3절에서 다윗의 목숨이 이스라엘 군대의 절반에 해당하는 사람들의 목숨보다 귀하게 여겨진 것처럼) 왕의 목숨은 비천한 노예의 목숨보다 더 가치가 크다. 마찬가지로, 그리스도 한 분이 온 인류를 합친 것보다 훨씬 큰 가치를 지니신다. 무한하신 하나님의 권위가 우리에게 부과된 무한한 형벌을 말끔히 지워 없애버렸다.[63]

존 뉴턴은 이렇게 말했다.

메시아께서 아무 죄도 없는 온전한 인간이셨다면, 하나님의 뜻에 온전히 복종하셨을 것이다. 그러나 그 복종의 효과는 오직 메시아께만 국한되었을 것이다. 가장 탁월하고 고귀한 피조물일지라도 하나님이 정하신 창조의 법칙을 초월할 수는 없다. 피조물

---

62) 대브니는 이렇게 말했다. "신성이 그리스도의 인격에 무한한 가치를 부여하지 않았더라면, 그분이 몇 년 동안 죄의 저주를 짊어지신 것만으로는 세상의 죄에 대한 하나님의 진노를 충분히 가라앉힐 수 없었을 것이다." Robert Lewis Dabney, *Systematic Theology* (Edinburgh: Banner of Truth, 1985), 201.
63) Turretin, *Elenctic Theology*, 2: 347.

인 인간은 자신에게 주어진 것으로 하나님을 섬길 수밖에 없다. 피조물의 책임은 그의 능력의 한계를 넘어서지 못한다. 다른 사람들에게도 적용될 수 있는 복종, 곧 그 효력에 기대고 싶어하는 수많은 사람을 위한 복종이 이루어지려면 (꼭 그래야 할 의무는 없더라도) 반드시 신성과 관계를 맺어야 한다.[64]

어떻게 한 사람의 목숨으로 많은 사람이 감당해야 할 하나님의 공의를 만족시킬 수 있을까? 그 이유는 예수님이 참하나님이요, 그분의 생명이 다른 모든 사람의 생명을 전부 합친 것보다 더 큰 가치를 지니기 때문이다. 산들과 작은 흙무덤, 먼지와 별들, 작은 쥐와 인간들을 비롯해 지금까지 존재해 왔고, 또 앞으로 존재할 모든 피조물을 저울에 올려놓았다고 가정해 보자. 그리고 그리스도께서 한쪽 끝에 올라서셨다고 상상해 보자. 저울은 그리스도께서 서신 쪽으로 기울 것이다. 그분의 가치는 다른 것을 모두 합쳐놓은 것보다 무한히 더 크기 때문이다.

죄 없는 사람이나 흠 없는 천사가 기꺼이 죽는다고 해도, 그의 죽음은 우리 죄를 해결하는 데 아무 효력도 발휘하지 못할 것이다. 수많은 천사가 모두 십자가에서 목숨을 내놓는다고 해도, 그들의 희생은 요구된 죗값을 모두 청산할 수 없다. 우리의 구원은 무한한 가치를 지닌 희생을 요구한다. "우리의 크신 하

---

[64] John Newton, *The Works of John Newton* (Edinburgh: Banner of Truth, 1985), 4: 60.

나님 구주 예수 그리스도"(딛 2:13)만이 그런 가치를 지니신다. 우리가 구원받은 것은 "은이나 금같이 없어질 것으로 된 것이 아니요 오직 흠 없고 점 없는 어린양 같은 그리스도의 보배로운 피"(벧전 1:18-19), 곧 하나님의 피로 된 것이다(행 20:28 참조).

지금까지 "그리스도의 인격과 희생이 무한한 가치를 지니려면 그분의 신성이 반드시 필요하다"는 진리를 살펴보았다. 그러나 우리는 그리스도께서 인간으로서 하나님의 율법에 온전히 복종하셨기 때문에 하나님의 백성의 죄를 위해 죽으시고, 온전한 의가 그들에게 전가되는 결과를 낳았다는 진리도 결코 소홀히 해서는 안 된다.[65]

다른 사람들의 죄를 위해 죽는 사람은 죄 없이 완전해야 한다. 그렇지 않으면 그의 희생은 아무 효과가 없다. 죽음의 저주 아래 영원한 형벌을 당하여 스스로의 죗값을 치러야 하기 때문이다. 그리스도의 수동적인 복종(자신을 속죄제물로 바치신 행위)을 하나님이 받으실 수 있는 이유는 그분의 능동적인 복종(하나님의 율법에 대한 완전한 복종) 때문이었다. 즉, 죄인은 자기 목숨을 다른 사람의 죄를 위해 내놓을 수 없다. 그 자신도 죄 때문에 목숨을 내놓아야 하기 때문이다. 예수 그리스도께서 하나님의 백성의 죄를 속량하기 위해 자신을 드릴 수 있었던 것은 그분이 흠 없

---

[65] "전가하다"(impute)는 "간주하다", "공로를 돌리다"를 뜻한다. 그리스도인의 경우에는 그리스도의 의(그분의 온전한 복종)가 그의 공로로 간주되는 것을 의미한다. 다시 말해, 그리스도의 의가 그리스도인의 의로 간주되기 때문에 하나님은 그를 의롭게 여기신다.

는 인성을 지니셨기 때문이다(히 4:15).

인간의 구원은 단지 죄책을 제거하는 것 이상의 의미를 지닌다. 구원은 의의 전가를 요구한다. 하나님과 화목하려면 죄를 용서받거나 면제받는 것만으로는 충분하지 않다. 하나님 앞에서 의롭게 되어야 한다. "여호와의 산에 오를 자가 누구며 그의 거룩한 곳에 설 자가 누구인가"(시 24:3)라는 질문에 대한 다윗의 대답은 이 진리를 분명하게 보여준다.

> 곧 손이 깨끗하며 마음이 청결하며 뜻을 허탄한 데에 두지 아니하며 거짓 맹세하지 아니하는 자로다(시 24:4).

하나님 앞에 나아가는 데 필요한 한 가지 중요한 조건은 의로움, 곧 마음이나 행동이 조금도 치우치지 않고, 하나님의 율법에 온전히 복종하는 것이다. 타락한 인간은 이 조건을 절대로 충족시킬 수 없다. 성경은 의로운 사람은 아무도 없다고 가르친다. 모든 사람이 죄를 지었다. 우리는 끊임없이 도덕적으로 실패하기 때문에 율법을 통해서는 의를 얻을 수 없다(롬 3:10, 20-23, 갈 2:16). 우리는 도덕적으로 파산한 불의한 피조물이기 때문에 하나님 앞에 설 자격이 없다. 우리 스스로는 아무 희망도, 능력도 없다(롬 5:6, 엡 2:12).

나사렛 예수께서 하나님 앞에서 온전히 의로운 삶을 사셨다는 것이 복음의 좋은 소식이다. 그분의 생각과 말과 행동은 조금도 왜곡되지 않고 하나님의 뜻과 온전히 일치했다. 그분은 순간마다 마음과 목숨과 뜻과 힘을 다해 주 하나님을 사랑하셨다(막 12:30). 그분은 모든 것, 심지어는 먹고 마시는 것과 같은 가장 단순한 일조차도 하나님의 영광을 위해 하셨다(고전 10:31). 따라서 성부께서는 항상 "이는 내 사랑하는 아들이요 내 기뻐하는 자"(마 3:17, 17:5)라고 자랑스러워하셨다.

그리스도께서는 하나님의 백성을 위해 죽으셨을 뿐 아니라, 그들을 위해 완전한 삶을 사셨다. 이 완전한 삶이 믿는 모두에게 전가된다(롬 4:22-24, 5:1). 그래서 바울은 "우리로 하여금 그 안에서 하나님의 의가 되게 하려 하심이라"(고후 5:21)고 말했다.

> 이제는 율법 외에 하나님의 한 의가 나타났으니 율법과 선지자들에게 증거를 받은 것이라 곧 예수 그리스도를 믿음으로 말미암아 모든 믿는 자에게 미치는 하나님의 의니 차별이 없느니라 (롬 3:21-22).

이 전가의 교리는 "첫째 아담"과 "마지막 아담"의 관계를 잘 보여준다.[66] 아담은 에덴동산에서 살다가 타락했다. 그의 타락은 그 자신과 후손에게 영향을 끼쳤다. 바울 사도는 "한 사람의 범죄를 인하여 많은 사람이 죽었은즉……한 범죄로 많은 사람이 정죄에 이른 것같이"라고 말했다(롬 5:15-18). 그와 비슷하게,

---

66) 성경은 아담과 그리스도를 "첫째 아담"과 "마지막 아담"으로 표현한다. 로마서 5장 14절과 고린도전서 15장 45절을 참조하라.

둘째 아담이신 그리스도께서도 하나님의 백성의 머리가 되신다. 그분은 그들을 위해 죽으셨을 뿐 아니라, 그들을 위해 사셨다. 그 덕분에 온전한 복종의 삶이 믿음의 선물로 그들에게 전가되었다. 바울은 한 사람이 순종하심으로 많은 사람이 의인이 된다고 결론지었다(롬 5:19).

하나님의 백성을 위한 희생이 무한한 가치를 지니려면, 그리스도께서 반드시 하나님이어야 한다. 또한 온전한 복종의 삶을 살고 죄인들을 대신해 목숨을 내놓고 그 의가 믿는 모든 자에게 전가되려면, 그리스도께서 반드시 인간이셔야 한다.

두 가지 본성과 온전한 중보자

『웹스터 사전』은 중보자를 "양측 사이에 개입해 그들을 화해시키거나 중재할 수 있는 자격을 갖춘 사람"이라고 정의한다. 하나님과 사람 사이를 잇는 중보자가 되려면, 나사렛 예수라는 한 인격 안에 신성과 인성이 동시에 존재해야 한다. 인간을 구원하고 위로하려면 참된 인성이 필요하고, 하나님을 직접 상대하려면 참된 신성이 필요하다. 어떻게 한갓 피조물이 그런 일을 하고서도 살아남을 수 있겠는가? 성경은 가장 강력한 스랍조차도 소멸하는 불이요, 가까이 다가갈 수 없는 빛 가운데 거하시는 하나님을 직접 상대할 수 없다고 가르친다(히 12:29, 딤전 6:16). 스랍은 머리를 숙이고 얼굴을 가린 채 하나님을 섬길 능력밖에 없다(사 6:2-3). 이것은 우리의 중보자가 인간이면서 가장 강력한 천사들이나 가장 뛰어난 피조물을 능가하는 존재여야 한다는 사실을 보여주는 또 다른 증거다. 우리를 대신해 하나님을 직접 상대하려면 중보자는 반드시 하나님이어야 한다.

나사렛 예수께서는 이 두 가지 조건을 모두 충족시키신다. 그분은 우리와 똑같은 인간으로서 혈과 육에 속한 우리의 본성을 취하셨고, 우리를 형제라고 부르시기를 부끄러워하지 않으신다(히 2:11, 14). 히브리서 저자는 "우리에게 있는 대제사장은 우리의 연약함을 동정하지 못하실 이가 아니요 모든 일에 우리와 똑같이 시험을 받으신 이로되 죄는 없으시니라"(히 4:15)고 말했다. 그와 동시에 그분은 하나님의 아들로서 거룩하시고 순결하시며, 죄인들에게서 떠나 계시고, 하늘보다 높이 되신 분이다(히 7:26). 예수님은 우리 죄를 속량하신 뒤에 하늘에 오르시어 전능하신 하나님 오른편에 앉으셨다(히 1:3). 그분은 하늘에 오르시어 우리를 대신해 전능하신 하나님께 호소하신다(히 4:14).

지금까지 다루어온 그리스도의 인격에 관한 진리는 빙산의 일각에 지나지 않는다. 이 진리를 다룬 목적은 목회자와 평신도들을 권고해 그리스도의 영광스러운 인격을 깊이 이해하고, 나아가 그 진리를 널리 전하게 하기 위해서다. 우리는 그리스도께서 우리를 위해 행하신 사역뿐 아니라, 과거나 현재나 영원토록 변하지 않으시는 그분의 인격을 통해 구원받는다는 사실을 항상 기억하고 마음에 소중히 간직해야 한다.

20장
예수 그리스도의 십자가

제구시에 예수께서 크게 소리 지르시되 엘리 엘리 라마 사박다니 하시니 이를 번역하면 나의 하나님, 나의 하나님 어찌하여 나를 버리셨나이까 하는 뜻이라(막 15:34).

그들을 떠나 돌 던질 만큼 가서 무릎을 꿇고 기도하여 이르시되 아버지여 만일 아버지의 뜻이거든 이 잔을 내게서 옮기시옵소서 그러나 내 원대로 마시옵고 아버지의 원대로 되기를 원하나이다 하시니 천사가 하늘로부터 예수께 나타나 힘을 더하더라 예수께서 힘쓰고 애써 더욱 간절히 기도하시니 땀이 땅에 떨어지는 핏방울같이 되더라(눅 22:41-44).

예수께서 신 포도주를 받으신 후에 이르시되 다 이루었다 하시고 머리를 숙이니 영혼이 떠나가시니라(요 19:30).

이 장은 이 책에서 가장 중요하다. 많은 그리스도인이 생각하는 대로 그리스도의 십자가는 인류 역사상 가장 중요한 사건이다. 독자의 편의를 위한다고 이 주제를 조금씩 나누어 다룰 수는 없다. 이 주제는 복음의 핵심이기 때문에 그 내용을 빠짐없이 살펴봐야 할 가치가 충분하다.

오늘날의 복음 설교가 지닌 가장 큰 결함 가운데 하나는 그리스도의 십자가를 충분히 설명하지 않는다는 것이다. 그리스도께서 죽으셨다고 말하는 것만으로는 부족하다. 모든 인간이 죽는다. 십자가를 둘러싼 혼란을 제거하고, 그 참된 의미를 설명하기 전까지는 그리스도의 죽음을 온전히 전했다고 말할 수 없다. 우리는 그리스도께서 하나님의 백성의 허물을 짊어진 채 죽으셨고, 하나님이 정하신 죄의 형벌을 모두 담당하셨으며, 우리를 대신해 하나님께 버림당하기까지 그분의 진노를 고스란히 감당하셨다는 사실을 있는 그대로 전해야 한다.

하나님께 버림당하신 예수님

메시아께서 로마 제국의 십자가 위에서 외친 부르짖음을 기록한 마가복음의 본문은 우리를 곤혹스럽게 만드는 매우 난해한 성경 구절이다. 그리스도께서는 큰 소리로 "엘리 엘리 라마 사박다니"라고 외치셨다. 이 말씀은 "나의 하나님, 나의 하나님 어찌하여 나를 버리셨나이까"라는 뜻이다.

그리스도께서 하나님의 아들로서 흠 없는 본성을 지니셨고 성부 하나님과 온전한 관계를 맺고 계셨다는 사실을 생각하면, 이 말씀은 이해하기가 매우 어렵다. 그러나 이 말씀은 십자가의 의미와 그리스도께서 죽으셔야 했던 이유를 잘 설명하고 있다. 이 말씀이 히브리어 원어로 기록되었다는 사실은 이 안에 매우 중요한 진리가 담겨 있다는 것을 암시한다. 마가복음 저자는 이 진리를 조금이라도 오해하지 않기를 바랐다.

그리스도께서는 이 말씀으로 하나님을 향해 부르짖으셨다. 그리고 당시의 구경꾼들은 물론, 미래 세대의 사람들에게 메시아에 관한 구약 성경의 예언 가운데 가장 중요한 한 대목(시편 22편)을 상기시키셨다. 그분은 죽어가시면서도 진정 놀라운 가르침을 베푸신 것이다. 시편 22편에는 그리스도의 십자가에 관한 예언이 상세히 기록되어 있다. 그중에서 우리의 관심을 끄는 것은 처음 여섯 구절이다.

> 내 하나님이여 내 하나님이여 어찌 나를 버리셨나이까 어찌 나를 멀리하여 돕지 아니하시오며 내 신음 소리를 듣지 아니하시나이까 내 하나님이여 내가 낮에도 부르짖고 밤에도 잠잠하지 아니하오나 응답하지 아니하시나이다 이스라엘의 찬송 중에 계시는 주여 주는 거룩하시니이다 우리 조상들이 주께 의뢰하고 의뢰하였으므로 그들을 건지셨나이다 그들이 주께 부르짖어 구원을 얻고 주께 의뢰하여 수치를 당하지 아니하였나이다 나는 벌레요 사람이 아니라 사람의 비방거리요 백성의 조롱거리니이다(시 22:1-6).

그리스도 당시의 구약 성경에는 오늘날의 성경과 달리, 장과 절이 표기되어 있지 않았다. 따라서 랍비가 청중에게 시편이나 다른 성경 말씀을 가르치려면, 그 본문의 첫 구절을 먼저 읽어 주어야 했다. 예수님은 십자가에서 그렇게 부르짖으심으로 시편 22편을 가리키셨고, 그분이 짊어진 고난의 성격과 목적을 계시하셨다.

1-2절은 메시아께서 불평하는 말을 기록하고 있다. 메시아

께서는 하나님이 자신을 버리셨다고 생각했다. 마가는 "버리다", "유기하다"를 뜻하는 헬라어 "에그카탈레이포"(*egkataleipo*, 막 15:34)를, 시편 저자는 "버리다", "떠나다"를 뜻하는 히브리어 "아자브"(*azab*, 시 22:1)를 각각 사용했다. 두 경우 모두 의미가 분명하다. 메시아께서는 하나님이 자기를 버리셨고, 자신의 부르짖음을 외면하셨다고 생각했다. 이는 상징적으로나 비유적으로 버림받았다는 뜻이 아니다. 그분은 실제로 버림받았다. 하나님께 버림받은 상태를 가장 생생히 느껴본 사람이 있다면, 바로 갈보리의 십자가에 매달리신 하나님의 아들이실 것이다.

4-5절은 메시아께서 당해야 할 고통이 한층 더 강렬해진 이유를 설명한다. 메시아께서는 언약의 백성을 향한 하나님의 신실하심을 떠올렸다. 그는 "우리 조상들이 주께 의뢰하고 의뢰하였으므로 그들을 건지셨나이다 그들이 주께 부르짖어 구원을 얻고 주께 의뢰하여 수치를 당하지 아니하였나이다"라고 말했다. 한눈에 봐도 서로 대조되는 상황이 분명히 드러난다. 언약 백성의 역사에서 의인이 하나님께 부르짖을 때 구원받지 못한 적은 한 번도 없었다. 그러나 무죄한 메시아께서는 온전히 버려진 상태로 나무에 매달리셨다.

하나님이 그분을 버리신 이유는 과연 무엇일까? 하나님은 왜 독생자를 버리셨을까?

예수님은 고통에 찬 부르짖음으로 이 곤혹스러운 질문에 대한 대답을 대신하셨다. 그분은 3절에서 하나님은 거룩하시다고 말씀하셨다. 그런 다음, 6절에서는 자신이 벌레일 뿐, 사람이 아니라는 입에 담기도 무서운 말을 토해내셨다. 그리스도께서 자신을 가리켜 그렇게 모욕적이고 자기비하적인 표현을 사용하신 이유는 무엇일까? 그분이 자신을 벌레라고 하신 것은 "사람의 비방거리요 백성의 조롱거리"가 되었기 때문이었을까? 아니면 스스로를 그렇게까지 낮추어야 할 더 크고 두려운 이유가 있으셨기 때문일까?(시 22:6) 예수님은 "나의 하나님, 나의 하나님 사람들이 어찌 저를 버리나이까?"라고 부르짖지 않으셨다. 그분이 알고자 하신 것은 하나님이 자신을 버리신 이유였다. 이 의문에 대한 대답은 "하나님이 우리 모두의 죄를 예수님께 전가하셔서 예수님은 벌레처럼 버림받아 짓밟히셨다"는 가혹한 진리 안에서 찾을 수 있다(사 53:5-6).

놋뱀과 희생 염소

성경에서 메시아께서 벌레처럼 죽어간다는 암울한 표현이 사용된 곳은 여기만이 아니다. 우리를 십자가의 중심으로 더욱 가까이 이끌어 메시아께서 하나님의 백성을 구원하기 위해 감당해야 했던 고난(눅 24:26)을 확실히 보여주는 성경 말씀이 또 있다. 시편 저자의 표현이 놀랍게 느껴진다면, 하나님의 아들이 광야에서 높이 들린 뱀과 죄를 짊어진 두 마리 염소(한 마리는 죽여 속죄제로 바치고, 다른 한 마리는 광야로 내보냈다)에 비유되었다는 사실을 알면 더욱 놀랄 것이다.

첫째 비유는 민수기에 나타난다. 이스라엘 백성은 끊임없이 하나님을 거역하고 그분의 은혜로우신 보살핌을 거부했다. 그 때문에 하나님은 그들에게 "불뱀"을 보내셨고, 그 결과 많은 사람이 죽었다(민 21:5-9). 그러나 백성이 회개하고 모세가 중재에 나서자 하나님은 다시금 구원의 은혜를 베풀어주셨다. 하나님은 모세에게 "불뱀을 만들어 장대 위에 매달아라 물린 자마다 그것을 보면 살리라"(민 21:8)고 말씀하셨다.

"상처를 입힌 것의 형상을 통해 치료되었다"는 것은 언뜻 논리에 어긋나는 듯하다.[67] 그러나 이것은 십자가를 생생하게 연상시킨다. 이스라엘 백성은 불뱀의 독에 의해 죽었다. 사람들은 죄의 독액에 의해 죽는다. 하나님은 모세에게 죽음의 원인이 되는 것을 장대 위에 매달게 하셨다. 그분은 우리의 죽음을 초래하는 원인을 독생자에게 짊어지워 십자가에 높이 매다셨다. 예수님은 "죄 있는 육신의 모양으로" 오셨고, 우리를 대신해 죄를 짊어지셨다(롬 8:3, 고후 5:21). 하나님을 믿고 놋뱀을 바라본 이스라엘 사람들은 살아났다. 마찬가지로, 성자에 관한 하나님의 증언을 믿고 믿음으로 그분을 바라보는 자는 구원을 받는다(요일 5:10-11). 하나님은 "땅의 모든 끝이여 내게로 돌이켜 구원을 받으라 나는 하나님이라 다른 이가 없느니라"(사 45:22)고 말씀하신다.

둘째 비유는 의식법을 기록하고 있는 레위기에서 발견된다.

---

[67] Matthew Henry, *Matthew Henry's Commentary on the Whole Bible* (Peabody, Mass.: Hendrickson, 1991), 1: 665.

단순한 제사로는 메시아께서 감당하신 속죄의 죽음을 예표하거나 상징할 수 없기 때문에 하나님은 이스라엘 백성에게 두 마리의 희생 염소를 바치라고 요구하셨다(레 16:5-10). 한 염소는 죽여 하나님께 속죄제로 바치고, 그 피는 지성소 안에 있는 속죄소에 뿌렸다(레 16:9, 15, 20). 이것은 사람들의 죄를 속량하기 위해 십자가에서 보혈을 흘리신 그리스도를 예표한다. 그리스도의 죽음이 화목제물이었다는 사실을 잘 보여주는 상징이다. 그리스도께서는 하나님의 공의를 만족시키고, 그분의 진노를 가라앉히시고, 평화를 가져오기 위해 피를 흘리셨다.

대제사장은 다른 염소를 하나님 앞에서 희생 염소로 바쳤다(레 16:10). 그는 "두 손으로 살아 있는 염소의 머리에 안수하여 이스라엘 자손의 모든 불의와 그 범한 모든 죄를 아뢰어야" 했다(레 16:21). 그런 다음에는 그 죄를 희생 염소에게 전가시켜 광야로 내보냈다. 희생 염소는 하나님께 버림받고, 그분의 백성에게서 유리된 채 홀로 광야를 헤매야 했다. 희생 염소는 "친히 나무에 달려 그 몸으로 우리 죄를 담당"(벧전 2:24)하시고, "영문 밖에서"(히 13:11-12) 홀로 고난과 죽음을 당하신 그리스도를 예표한다. 이것은 그리스도의 죽음이 속죄의 죽음이라는 사실, 곧 그분이 우리 죄를 짊어지셨다는 사실을 생생하게 보여주는 상징이다.

> 동이 서에서 먼 것같이 우리의 죄과를 우리에게서 멀리 옮기셨으며(시 103:12).

죄인이 되신 메시아

벌레, 독뱀, 염소가 그리스도를 상징한다니 참으로 놀랍지 않은가? 구약 성경이 그렇게 말하고 있지 않거나 신약 성경의 저자들이 그리스도의 희생적 죽음을 더욱 어둡게 묘사해 그런 상징을 한층 더 강화하고 있지 않다면, 하나님의 아들을 그런 혐오스러운 것에 비유하는 행위는 틀림없는 신성모독일 것이다. 신약 성경의 저자들은 성령의 영감을 받아 "죄를 알지도 못하신" 메시아께서 "죄가 되셨고", 성부의 사랑하시는 독생자께서 "저주"가 되셨다고 증언한다(고후 5:21, 갈 3:13).

언젠가 한 번쯤은 모두 들어본 적이 있는 진리일 것이다. 그러나 이 진리들을 충분히 생각하고 이해하면서 감격스러워한 적이 있는가? 스랍들이 "거룩하다 거룩하다 거룩하다"라고 찬양한 하나님이 "죄가 되어" 십자가에 못 박히셨다(사 6:2-3). 이 진리를 파헤치는 일은 매우 엄청나 감히 엄두조차 내기 어려울 정도다.

우리는 첫 단계부터 주저하지 않을 수 없다. "신성의 모든 충만이 육체로 거하시는" 분이 죄가 되셨다는 말이 과연 무슨 의미일까?(골 2:9) 우리는 이 진리를 설명할 때 성자 하나님의 명예를 훼손해서는 안 된다. 흠도 없고 변함도 없는 그분의 완전하신 성품을 훼손하는 말을 꺼내지 않도록 주의해야 한다. 그렇다면 성자께서 죄인이 되셨다는 말은 대체 무슨 의미일까? 성경을 토대로 우리는 믿는 자가 그리스도 안에서 "하나님의 의"

가 되는 것과 똑같은 방식으로 그분이 우리를 대신해 죄인이 되셨다는 결론을 이끌어낼 수 있다.[68]

바울은 고린도 신자들에게 보낸 두 번째 편지에서 "하나님이 죄를 알지도 못하신 이를 우리를 대신하여 죄로 삼으신 것은 우리로 하여금 그 안에서 하나님의 의가 되게 하려 하심이라"(고후 5:21)고 말했다.

그리스도인은 현재 "하나님의 의"가 된 상태다. 그 이유는 그의 인격이 정화되어 온전히 의롭게 되었거나 죄 없는 상태로 바뀌었기 때문이 아니다. 그리스도의 의가 전가되었기 때문이다. 그리스도인은 그리스도의 사역을 통해 하나님 앞에서 의롭다 하심을 받는다. 그와 마찬가지로, 그리스도께서 죄인이 되신 이유는 그분의 성품이 도덕적으로 부패해 실제로 불의하거나 부정해졌기 때문이 아니다. 우리의 죄가 전가되었기 때문이다. 그분은 우리를 대신해 하나님의 심판대 앞에서 죄인이 되셨다.

그리스도께서는 실제로 죄가 있으셔서 십자가에 매달리신 것이 아니다. 우리 죄가 그분께 전가되었고, 하나님은 그분께 우리 죄에 대한 책임을 물어 우리가 받아야 할 심판을 그분에게 내리셨다. 그리스도께서는 우리의 부패한 본성을 취하지 않으시고, 단지 우리의 죄책만 짊어지셨다. 우리 죄를 짊어지셨지만, 그리스도는 여전히 흠도 없고 점도 없는 하나님의 어린

---

[68] 이 개념은 고린도후서 5장 21절을 해설한 칼빈의 주석에서 빌려온 것이다.

양이시다(벧전 1:19). 그분의 희생은 성부께 향기로운 제물이 되셨다(엡 5:2).

그렇다고 해서 그리스도께서 우리를 대신해 형식적으로만 죄인이 되셨다고 생각해서는 곤란하다. 비록 전가된 죄이지만, 그 죄는 실제로 그분의 영혼에 엄청난 고통을 안겨주었다. 그리스도께서는 진정으로 우리를 대신하셨고, 우리 죄를 짊어지셨으며, 우리의 죄책을 감당하셨고, 우리가 받아야 마땅한 하나님의 진노를 고스란히 받으셨다.

그리스도의 참된 본성과 그분이 죄인이 되셨다는 진리를 대조해 보면, 그리스도께서 경험하신 고뇌를 더욱 생생하게 이해할 수 있다. 죄인이 자신의 죄를 직시하고, 그 죄의 중압감을 느끼는 일은 참으로 고통스럽기 그지없다. 그러나 "죄를 알지도 못하신 이"가 전혀 낯설기만 한 죄의 부패함을 짊어지시고, 수많은 죄인의 죄를 몸소 느끼신다는 것은 차원이 다르다. 죄인은 하나님의 심판대 앞에서 말로 다할 수 없는 공포를 느낀다. 그러나 "악이 없고 더러움이 없고 죄인에게서 떠나 계신" 분이 그런 대우를 받는다는 것은 차원이 달라도 한참 다르다(히 7:26).

죄인이 아무 관계도 없고 애정도 없는 하나님께 정죄당하는 것과 하나님의 사랑하는 아들이 자신의 아버지, 곧 영원 전부터 자신과 가장 친밀한 관계를 맺으시고 무한한 사랑을 베풀어주신 아버지께 심판과 정죄를 받는 것은 한마디로 비교 자체가 불가능하다.

저주를 받으신 그리스도

그리스도께서 죄가 되셨다는 것은 참으로 두렵고 이해하기 어려운 진리다. 그러나 이보다 더 가혹한 진리는 없을 것이라고 생각하는 순간, 바울 사도는 등불을 켜들고 그리스도의 유기(遺棄)와 수치의 심연 속으로 우리를 더욱 깊숙이 안내한다. 우리는 그 깊은 심연 속에서 "하나님께 저주받은 자"라는 가장 불명예스러운 칭호를 짊어진 채 십자가에 매달려 있는 하나님의 아들을 발견한다.

성경은 하나님의 계명을 어긴 탓에 온 인류가 그분의 저주 아래 놓이게 되었다고 가르친다. 바울 사도는 갈라디아 신자들에게 "누구든지 율법 책에 기록된 대로 모든 일을 항상 행하지 아니하는 자는 저주 아래에 있는 자라 하였음이라"(갈 3:10, 참조. 신 27:26)고 말했다. "저주"는 "불행이나 재앙을 비는 악담"을 뜻하는 헬라어 "카타라"(katara)를 번역한 것이다. 신약 성경에서 이 말은 하나님에게서 버림과 배척을 당해 심판과 정죄 아래 놓인 상태를 가리킨다. 하나님의 저주는 하나님의 축복과 정반대다. 팔복을 다음과 같이 고쳐 말하면, 하나님의 저주 아래 있는 상태가 무엇을 가리키는지 쉽게 이해할 수 있을 것이다.

천국에 들어갈 사람은 복이 있고, 그곳에 들어가지 못할 사람은 저주받았다. 하나님께 위로받는 사람은 복이 있고, 그분께 진노를 받는 사람은 저주받았다. 땅을 기업으로 받는 사람은 복이 있고, 땅에서 쫓겨난 사람은 저주받았다. 복 있는 사람은 만족스럽고, 저주받은 사람은 비참하고 불행하다. 복 있는 사람은 긍휼을 얻고, 저주받은 사람은 가차 없이 정죄당한다. 복 있는 사람은 하나님을 볼 것이고, 저주받은 사람은 그분 앞에서 쫓겨날 것이다. 복 있는 사람은 하나님의 자녀이고, 저주받은 사람은 수치스럽게 버림받을 것이다.[69]

하나님의 관점에서 보면, 율법을 어긴 사람들은 악하기 때문에 미움을 받아야 마땅하다. 그들은 하나님의 보복에 의해 영원히 멸망당해야 할 비참한 운명에 처해 있다. 저주받은 죄인은 그를 세상에서 제거하신 하나님을 찬양하는 모든 피조물의 환호와 박수갈채 소리를 들으면서 지옥문 안으로 걸어 들어갈 것이다. 이런 말은 결코 과장된 말이 아니다. 하나님의 율법을 어긴 자들은 그만큼 사악하다. 거룩하신 하나님은 거룩하지 못한 죄인을 그처럼 멸시하신다.

이런 말은 세상 사람들은 물론, 오늘날의 복음주의자들까지도 굉장히 불쾌하게 만들 것이다. 그러나 성경이 그렇게 말씀하기 때문에 반드시 말해야만 한다. 예의를 차리느라 성경 말씀을 구체적으로 예시하거나 설명하지 않는다면, 하나님이 거룩하시다는 진리가 훼손될 것이다. 게다가 곤경에 처한 인간의 두려운 처지나 그리스도께서 감당하신 희생의 가치를 옳게 이

---

[69] 마태복음 5장 3-12절을 고쳐 쓴 것이다.

해하기 어려울 것이다. 인간이 하나님의 저주 아래 있다는 것이 무슨 의미인지 이해하지 못하면, 그리스도께서 "저주를 받으셨다"는 것이 무슨 의미인지, 또 그분이 십자가에서 우리를 위해 이루신 일이 얼마나 두렵고 은혜로운 것인지 깨달을 수 없다.

> 그리스도께서 우리를 위하여 저주를 받은 바 되사 율법의 저주에서 우리를 속량하셨으니 기록된 바 나무에 달린 자마다 저주 아래에 있는 자라 하였음이라(갈 3:13).

예수 그리스도와 그분의 복음이 1세기 유대인들에게 거리끼는 것이 되었던 이유는 갈라디아서 3장 10절에 언급된 진리 때문이다. 그들은 "나무에 달린 자는 하나님께 저주를 받았음이니라"(신 21:23)는 성경의 두려운 진리를 잘 알고 있었다. 어떻게 구원자요, 이스라엘의 왕이 되실 메시아께서 그렇게 수치스럽고 저주스러운 죽음을 당하셔야 한단 말인가? 그런 생각은 곱씹을수록 이해하기 어려웠다. 그것은 참람한 신성모독이었다. 그들은 "저주가 교환되었다"는 사실, 곧 자기들이 받아 마땅한 형벌을 면하게 하려고 그리스도께서 대신 죄인이 되셔야 했던 진리를 이해하지 못했다.[70] 그리스도께서는 사람이 아닌 벌레,

---

70) Richard N. Longenecker, *Galatians*, vol. 41 of Word Biblical Commentary (Waco, Tex.: Word Books, 1990), 122-123.

광야에서 들린 뱀, 영문 밖으로 쫓겨난 희생 염소, 하나님의 저주가 임한 자가 되셨다. 그분은 자기 백성을 위해 그 모든 것을 감당하셨다.

신명기 27-28장을 보면, 하나님이 이스라엘 백성을 둘로 나눠 한쪽은 그리심 산에 두고, 다른 한쪽은 에발 산에 두신 것을 알 수 있다. 그리심 산에 있는 사람들은 하나님께 복종하는 사람들에게 임할 축복을 선언했고(신 28:1), 에발 산에 있는 사람들은 복종을 거부하는 자들에게 임할 저주를 선언했다(신 28:15). 그리스도께서는 그리심 산에서 선언한 축복을 모두 누릴 권리가 있으셨지만, 에발 산에서 울려나오는 성부 하나님의 저주를 받아 십자가에 매달리셨다.

하나님은 하늘문을 굳게 닫으시고, 죄인들이 받아야 할 무서운 공포를 그리스도께 남김없이 쏟아내셨다. 그리스도께서는 눈을 들어 하나님을 찾으려고 하셨지만, 그분은 얼굴을 감추셨다. 그리스도께서 "나의 하나님, 나의 하나님 어찌하여 나를 버리셨나이까"라고 부르짖으셨을 때, 재판관이신 하나님은 "나 여호와, 네 하나님 여호와가 너를 저주하노라"고 대답하셨다.[71]

그리스도께서는 자기 백성을 위해 신명기 28장의 저주를 모두 감당하셨다.

---

71) 이 개념은 "2008년 복음 집회" 때 스프로울이 전한 설교(갈라디아서 3장 13절)에서 빌려온 것이다.

네가 성읍에서도 저주를 받으며 들에서도 저주를 받을 것이요(신 28:16).

네가 들어와도 저주를 받고 나가도 저주를 받으리라……여호와께서 저주와 혼란과 책망을 내리사 망하며 속히 파멸하게 하실 것이며(신 28:19-20).

네 머리 위의 하늘은 놋이 되고 네 아래의 땅은 철이 될 것이며(신 28:23).

여호와께서 또 너를 미치는 것과 눈 머는 것과 정신병으로 치시리니 맹인이 어두운 데에서 더듬는 것과 같이……더듬고……너를 구원할 자가 없을 것이며(신 28:28-29).

여호와께서 너를 끌어가시는 모든 민족 중에서 네가 놀람과 속담과 비방거리가 될 것이라(신 28:37).

네가 네 하나님 여호와의 말씀을 청종하지 아니하고 네게 명령하신 그의 명령과 규례를 지키지 아니하므로 이 모든 저주가 네게 와서 너를 따르고 네게 이르러 마침내 너를 멸하리니(신 28:45).

여호와께서 너희를 망하게 하시며 멸하시기를 기뻐하시리니(신 28:63).

그리스도께서는 갈보리에서 우리 죄를 짊어지시고, 우상을 만들어 은밀히 세우는 자처럼 저주받으셨다(신 27:15). 그분은 부모를 경홀히 여기고, 이웃의 경계표를 옮기며, 소경을 그릇 인도하는 자처럼 저주받으셨다(신 27:16-18). 그분은 객이나 고아나 과부의 송사를 억울하게 하는 사람처럼 저주받으셨다(신 27:19).

그분은 파렴치한 비행과 부정을 저지르고, 이웃을 몰래 상해하고, 무죄한 자를 죽이려고 뇌물을 받는 사람처럼 저주받으셨다(신 27:20-25). 그분은 율법의 말씀을 실행하지 않는 사람처럼 저주받으셨다(신 27:26).

잠언 저자는 "까닭 없는 저주는 참새가 떠도는 것과 제비가 날아가는 것같이 이루어지지 아니하느니라"(잠 26:2)고 말했다. 그러나 그리스도께 하나님의 저주가 임한 이유는 그분의 인격에 결함이 있거나 그분의 행위에 잘못이 있어서가 아니다. 그분이 자기 백성의 죄를 짊어지고 하나님의 심판대 앞에서 그들의 불의를 감당하셨기 때문이다(사 11:1). 그분은 자신을 가릴 것이나 보호할 것이 전혀 없는 상태로 하나님의 심판을 남김없이 받아들이셨다.

다윗은 "허물의 사함을 받고 자신의 죄가 가려진 자는 복이 있도다 마음에 간사함이 없고 여호와께 정죄를 당하지 아니하는 자는 복이 있도다"(시 32:1-2)라고 말했다. 그러나 우리 죄가 전가된 그리스도께서는 십자가에서 하나님과 하늘의 시민들이 지켜보는 앞에서 자신을 온전히 노출시키셔야 했다. 그분은 사람들 앞에 공공연히 드러나셨고, 천사들과 귀신들의 볼거리가 되셨다.[72] 그리스도께서 짊어지신 허물은 사함받지 못했고, 그분이 담당하신 죄는 가려지지 않았다. 여호와께 정죄당하지 않는 사람이 복이 있다면, 그리스도께서는 저주받으신 것이 틀림

---

[72] 로마서 3장 25절의 "세우셨으니"라는 표현에 주목하라.

20장 예수 그리스도의 십자가

없다. 우리의 모든 죄가 그분께 전가되었기 때문이다(사 53:6). 그래서 그리스도께서는 언약을 어긴 자처럼 취급되셨다. 모세는 모압 땅에서 언약을 갱신하면서 이렇게 선언했다.

> 여호와는 이런 자를 사하지 않으실 뿐 아니라 그 위에 여호와의 분노와 질투의 불을 부으시며 또 이 책에 기록된 모든 저주를 그에게 더하실 것이라 여호와께서 그의 이름을 천하에서 지워버리시되 여호와께서 곧 이스라엘 모든 지파 중에서 그를 구별하시고 이 율법책에 기록된 모든 언약의 저주대로 그에게 화를 더하시리라(신 29:20-21).

메시아께서는 갈보리에서 저주의 화신이 되셨다. 율법에 기록된 모든 저주가 그분께 쏟아졌다. 아브라함의 후손인 그분 안에서 세상의 모든 사람이 복을 받게 된 이유는 그분이 이 세상의 그 누구보다 더 심한 저주를 받으셨기 때문이다(창 12:3). 민수기에는 하나님이 인간에게 허락하신 가장 아름다운 축복의 약속 가운데 하나가 기록되어 있다. 이 약속은 제사장의 축도, 또는 아론의 축도라고 불린다.

> 여호와는 네게 복을 주시고 너를 지키시기를 원하며 여호와는 그의 얼굴을 네게 비추사 은혜 베푸시기를 원하며 여호와는 그 얼굴을 네게로 향하여 드사 평강 주시기를 원하노라(민 6:24-26).

아름답고 은혜로운 축복이지만, 이 축복은 우리에게 신학적이고 도덕적인 문제를 제기한다. 어떻게 의로우신 하나님이 그분의 의로움을 훼손하지 않으시면서 죄인들에게 그런 축복을 허락하실 수 있을까? 그 대답은 바로 십자가에서 찾을 수 있다.

죄인이 축복을 받을 수 있는 이유는 거룩하고 의로우신 주님이 저주를 받으셨기 때문이다(행 3:14). 하나님이 지금까지 베풀어오셨고 앞으로 베푸실 모든 축복이 그분의 백성에게 주어지는 이유는, 그리스도께서 십자가 위에서 제사장의 축도와 정반대되는 저주를 감당하셨기 때문이다.[73] 우리가 "하나님이 너를 축복하신다"는 말을 들을 수 있는 이유는 그리스도께서 "하나님이 너를 저주하신다. 너를 멸망에 넘겨주신다. 하나님이 네게서 떠나시고 너를 정죄하신다. 하나님이 네게서 얼굴을 돌리시고, 너를 불행하게 하신다"는 말을 들으셨기 때문이다.

시편 저자는 하나님 앞에서 기뻐하고 즐거워하는 사람, 곧 기쁨의 소리를 크게 외치며 그분의 얼굴 빛 안에서 행하는 사람을 복되다고 일컫는다(시 21:6, 89:15). 그리스도께서는 우리를 위해 하나님의 임재를 의식하지 못하는 슬픔을 겪으셨고, 두려운 심판의 나팔소리를 들으셨으며, 분노가 가득한 하나님의 엄위하신 얼굴을 뵈어야 했다. 아담의 그릇된 선택 때문에 피조

---

[73] 민 6:22-27. 이 개념은 "2008년 복음 집회" 때 스프로울이 전한 설교(갈라디아서 3장 13절)에서 빌려온 것이다.

물 전체가 부패함과 허무함의 노예가 되어 저주 아래 신음하게 되었다(롬 8:20-22). 마지막 아담이신 예수님은 피조물을 구원하시기 위해 자기 백성의 죄를 대신 짊어지시고, 저주의 명에 아래 신음하셨다.

> 그리스도께서 우리를 위하여 저주를 받은 바 되사 율법의 저주에서 우리를 속량하셨으니(갈 3:13).

그리스도께서 십자가에서 외치신 말씀을 낭만적인 상투어처럼 다루는 행위는 참으로 어설픈 왜곡이다. 설교자들은 성부께서 성자가 사악한 사람들의 손에 의해 고통당하시는 모습을 차마 눈뜨고 보실 수가 없어 고개를 돌리셨다고 설명할 때가 많다. 지금까지 살펴본 대로, 그런 설명은 본문의 의미와 십자가에서 실제로 일어난 일을 완전히 왜곡하는 것이다. 성부께서 고개를 돌려 성자를 외면하신 이유는 그분의 고난을 지켜볼 용기가 없으셨기 때문이 아니다. 하나님이 죄를 알지도 못하신 이를 우리를 대신하여 죄로 삼으신 것은 우리로 하여금 그 안에서 하나님의 의가 되게 하시기 위해서였다(고후 5:21). 하나님이 성자에게 우리 죄를 담당하게 하신 이유는 눈이 지극히 정결하시어 차마 악을 보지 못하시며, 악인을 용납하지 못하시기 때문이다(사 53:6, 합 1:13).

거룩하신 하나님과 죄인인 인간 사이에 넘을 수 없는 괴리가 존재하는 것을 그림으로 나타낸 전도지가 많은 데는 다 그럴 만한 이유가 있다. 그런 그림은 성경의 가르침에 정확히 일치한다. 이사야 선지자는 "여호와의 손이 짧아 구원하지 못하심도 아니요 귀가 둔하여 듣지 못하심도 아니라"(사 59:1)고 외쳤다. 모든 인간이 하나님과 단절된 상태로 그분의 진노 아래 살다가 죽어야 한다고 증언하는 말씀은 이 밖에도 수없이 많다. 이것이 하나님의 아들이 우리를 대신해 우리 죄를 짊어지고, 하나님께 버림당하셔야 했던 이유다. "그리스도가 이런 고난을 받고 자기의 영광에 들어가야 할 것이 아니냐"(눅 24:26)는 말씀대로, 성자께서 고난을 당하신 이유는 하나님과의 단절된 관계를 회복하기 위해서였다.

하나님의 진노를 당하신 그리스도

그리스도께서는 자기 백성을 구원하시기 위해 하나님께 버림받으시고, 진노의 쓴 잔을 남김없이 들이키시며, 그들을 대신해 무참히 죽으셔야 했다. 그 후에야 비로소 하나님의 공의가 만족되고, 그분의 진노가 가라앉았고, 화해할 수 있었다.

그리스도께서는 동산에서 고난의 잔을 마시지 않게 해달라고 세 차례나 간구하셨다. 그러나 그분은 성부 하나님의 뜻에 온전히 복종하셨다(눅 22:41-44). 그 고난의 잔이 대체 무엇이기에 그리스도께서 그토록 간절히 기도하신 것일까? 그 안에 얼마나 끔찍한 것이 담겨 있기에 피가 섞인 땀방울이 흘러내릴 만큼 고뇌가 깊으셨던 것일까?(눅 22:44)

여기에서 잔은 흔히 잔인한 로마 제국의 십자가와 잔혹한 육체적인 고문을 가리키는 것으로 해석된다. 그리스도께서는 아홉 가닥의 채찍이 등을 후려치고, 가시 면류관이 이마를 짓누르며, 투박한 대못이 손발을 꿰뚫을 것을 예견하셨다. 그러나 그런 것들이 그분을 고뇌하게 만든 원인이었다고 생각하면, 아직도 십자가와 그곳에서 무슨 일이 일어났는지 옳게 이해하지 못한 것이다. 사람들의 손에 의해 고난을 당하신 것도 모두 하나님의 구원 계획의 일부였지만, 그리스도께서 고난의 잔을 두려워하신 것은 그보다 훨씬 큰 이유가 있었기 때문이다.

1세기경 교회에는 십자가에 못 박혀 죽은 그리스도인이 많았다. 전해오는 이야기에 따르면, 네로 황제는 그리스도인들을 거꾸로 십자가에 못 박은 다음, 그들의 몸에 역청을 바르고 불을 붙여 로마를 환히 밝히게 했다. 그때 이후로 수많은 그리스도인이 말로 표현할 수 없는 고문을 당했다. 그러나 그들의 친구는 물론, 그들의 원수까지도 그들이 담대하게 죽음을 맞이했다고 증언한다.

메시아의 추종자들도 그런 잔혹한 죽음을 형언할 수 없는 기쁨으로 맞이했는데, 그들의 대장이신 메시아께서 동산에서 그렇게 간절히 부르짖으신 것이 고난이 두려워서였을까?(히 2:10) 그리스도께서 과연 가시 면류관과 십자가와 창날을 겁내셨을까? 혹시 그 잔에 인간의 가장 잔혹한 행위보다 훨씬 무서운 것이 숨겨져 있었던 것은 아닐까?

잔의 의미를 알려면 성경의 증언에 귀를 기울여야 한다. 우리가 살펴볼 성경 본문은 두 곳이다. 하나는 시편에 있고, 다른 하나는 선지서에 있다.

> 여호와의 손에 잔이 있어 술 거품이 일어나는도다 속에 섞은 것이 가득한 그 잔을 하나님이 쏟아 내시나니 실로 그 찌꺼기까지도 땅의 모든 악인이 기울여 마시리로다(시 75:8).
> 이스라엘의 하나님 여호와께서 이같이 내게 이르시되 너는 내 손에서 이 진노의 술잔을 받아가지고 내가 너를 보내는 바 그 모든 나라로 하여금 마시게 하라 그들이 마시고 비틀거리며 미친 듯이 행동하리니 이는 내가 그들 중에 칼을 보냈기 때문이니라 하시기로(렘 25:15-16).

악인들이 끊임없이 반역을 일삼았기 때문에 하나님은 그들에게 심판을 선언하셨다. 하나님이 민족들에게 분노를 쏟아내시는 것은 지극히 당연했다. 그분은 진노의 술잔을 그들에게 주어 그 찌꺼기까지 남김없이 마시게 하셨다.[74] 그런 운명이 세상 사람들을 기다리고 있다고 생각하면 참으로 두렵다. 하나님이 긍휼을 베푸셔서 사람들을 구원하시기를 기뻐하지 않으시고, 그 놀라우신 지혜로 창세전부터 구원 계획을 세우지 않으셨다면, 모든 사람은 영락없이 그런 운명을 짊어져야 할 처지였다(마 25:34, 엡 1:4, 벧전 1:20, 계 13:8, 17:8).

---

74) "찌꺼기"는 술잔 밑바닥에 가라앉은 침전물을 가리킨다.

하나님의 아들이 인간이 되시어 하나님의 율법에 온전히 복종하셨다. 그분은 모든 일에 우리와 같으시고, 모든 일에 우리와 똑같이 시험을 받으셨지만 죄는 없으셨다(히 2:17, 4:15). 그분은 하나님의 영광과 자기 백성의 유익을 위해 온전히 의로운 삶을 사셨다. 그리고 때가 되자 악인들의 손에 의해 십자가에 못 박히셨다. 그분은 십자가에서 자기 백성의 죄를 짊어지시고, 그들에 대한 하나님의 진노를 남김없이 당하셨다. 하나님의 아들이자 아담의 참후손이신 예수님은 하나님의 손에서 그 쓴 잔을 취해 찌꺼기까지 모두 들이키셨다. 그분은 하나님의 공의를 만족시킬 때까지 고난의 잔을 다 비우셨다(요 19:30). 우리가 감당해야 할 하나님의 진노가 성자에게 쏟아졌다. 그분은 하나님의 진노를 말끔히 가라앉혔다.

댐에 물이 가득 차올라 물의 무게를 더 감당하지 못하는 상황을 가정해 보자. 댐은 결국 무너지고, 물이 엄청난 파괴력으로 쏟아져 나오기 시작한다. 근처 계곡에 있는 작은 마을이 홍수에 휩쓸릴 것이 분명할 즈음, 갑자기 그 앞 땅이 갈라져 쏟아져 내려오는 물을 모두 집어삼킨다. 모든 사람을 향한 하나님의 심판이 바로 그런 식으로 해소되었다. 아무리 높은 산이나 아무리 깊은 심연 속으로 숨더라도 피할 길은 없었다. 아무리 발이 빠른 사람도 진노의 홍수를 피할 수 없고, 아무리 헤엄을 잘 치는 사람도 그 거센 물살을 이겨낼 수는 없다. 댐은 무너졌고, 그것을 수리할 방책은 어디에도 없다. 그러나 인간의 희망이 모두 사라졌을 때, 성자께서 하나님의 공의와 그분의 백성 사이에 개입하셨다. 그분은 우리가 자초한 진노와 우리가 받아야 할 형벌을 모두 감당하셨다. 그분의 죽음으로 진노의 홍수는 단 한 방울도 남지 않고 모두 사라졌다. 그분이 우리를 대신해 남김없이 들이키신 덕분이다.

거대한 두 짝의 맷돌이 마주 돌아가고 있다고 가정해 보자. 그 사이에 밀알 한 알이 끼여 그 무게에 짓눌려 있다고 상상해 보자. 먼저 맷돌은 순식간에 껍질을 부수고 그 안에 있는 알곡을 가루로 만들 것이다. 그 알곡을 되찾거나 복원할 희망은 없다. 모든 것이 사라졌고, 복구할 가능성은 전혀 없다. 그와 비슷하게, 하나님은 그분의 아들을 "상함을 받게 하시기를 원하사 질고를 당하게"(사 53:10) 하셨다. 성자께서는 하나님을 영화롭게 하고, 자기 백성을 구원하시기 위해 그런 고난을 묵묵히 감당하셨다.

물론 하나님이 독생자의 고난을 바라보시면서 득의에 찬 기쁨을 드러내셨다고 생각해서는 안 된다. 그분의 죽음은 하나님의 뜻을 이루었을 뿐이다. 그 외에는 그 무엇도 죄를 속량하고, 하나님의 공의를 만족시키며, 하나님의 진노를 가라앉힐 수 없었다. 한 알의 신성한 밀이 땅에 떨어져 죽은 덕분에 구원받은 백성이 생겨났고, 그리스도의 신부도 탄생했다(요 12:24). 고난은 즐겁지 않지만, 그 고난이 이룬 결과는 무한히 기쁜 것이다. 그리스도께서 고난을 당하신 덕분에 하나님은 사람들과 천사들에게 전에 나타내지 않으셨던 영광을 드러내셨고, 사람들은 그분과 아무 방해 없이 교제를 나눌 수 있게 되었다.

사랑하는 청교도 저술가 존 플라벨은 성부와 성자께서 타락한 인간을 염두에 두고 나누신 대화를 상상하며, 우리를 구원하는 데 필요한 대가를 설명하는 글을 남겼다. 그의 글은 십자가의 고뇌와 그 고난을 감수하기로 결정하신 성부와 성자의 사랑을 아름답게 묘사한다.

아마도 성부께서는 우리를 위해 그리스도와 이런 대화를 나누셨을 것이다.
"성자여, 여기 가엾고 비참한 영혼들이 있구려. 이들은 스스로를 파멸시켜 나의 의로운 분노를 자극했다오. 그들을 구하려면 나의 공의가 만족돼야 하오. 그렇지 않으면 그들이 영원히 멸망당해야 하오. 이 영혼들을 어떻게 하면 좋겠소?"
그러자 그리스도께서 입을 여셨다.
"아버지여, 그들이 가엾습니다. 저는 그들을 사랑합니다. 그들이 영원히 멸망하는 것보다 차라리 제가 그들을 위해 보증을 서겠습니다. 그들이 아버지께 진 빚이 얼마인지 청구서를 보여주소서. 그 청구서를 제게 돌리소서. 아버지께서 받으셔야 할 빚을 모두 제게 청구하시고, 그들과 계산하지 마옵소서. 그들이 진노를 당하느니 차라리 제가 당하겠습니다. 아버지여, 제게 모든 빚을 청구하소서."
"그렇지만 성자여, 성자에게 빚을 청구하더라도 조금도 감해 줄 수가 없구려. 한 푼도 남김없이 다 갚아야 하오. 그들을 용서하려면 성자에게는 조금도 인정을 베풀 수 없다오."

"괜찮습니다, 아버지여. 그렇게 하옵소서. 능히 감당할 수 있습니다. 제가 멸망하더라도, 제가 모든 것을 잃더라도, 제 곳간이 텅 비더라도 기꺼이 감당하겠습니다."[75]

사람들은 때로 성부께서 성자가 사람들에게 고난당하는 모습을 하늘에서 내려다보시고, 그 고통을 우리 죄를 위한 대가로 삼으셨다고 생각하거나 그렇게 가르친다. 이것은 매우 심각한 이단 사상이다. 그리스도께서는 사람들이 가한 고통이 아니라, 하나님의 진노를 감당하셔서 그분의 진노를 가라앉혔다. 십자가와 대못과 가시 면류관과 창이 주는 고통은 아무리 많아도 죗값을 다 치르기에 역부족이다. 그리스도인이 구원받는 이유는 사람들이 십자가에서 그리스도께 고통을 가했기 때문이 아니다. 하나님이 그리스도께 진노를 쏟아내셨기 때문이다. 하나님은 우리를 향한 진노를 그리스도께 남김없이 쏟아내셨다(사 53:10). 오늘날의 복음 설교는 이런 진리를 거의 언급하지 않는다.

하나님이 친히 준비하셨다

하나님이 족장 아브라함에게 그의 아들 이삭을 모리아 산에

---

[75] John Flavel, "The Fountain of Life: A Display of Christ In His Essential and Mediatorial Glory", *The Works of John Flavel* (London: Banner of Truth, 1968), 1: 61.

서 희생제물로 바치라고 명령하신 사건은 구약 성경에서 볼 수 있는 가장 감동적인 일화 가운데 하나다.

> 여호와께서 이르시되 네 아들 네 사랑하는 독자 이삭을 데리고 모리아 땅으로 가서 내가 네게 일러 준 한 산 거기서 그를 번제로 드리라(창 22:2).

아브라함은 마음 깊이 이루 말할 수 없는 고통을 느꼈을 것이다. 목적지를 향해 발걸음을 떼어놓을 때마다 그가 느꼈을 고통과 슬픔은 가히 상상하기조차 어렵다. 성경은 하나님이 그에게 "네 아들 네 사랑하는 독자 이삭"을 바치라고 명령하셨다고 기록한다.

이토록 분명하고 구체적으로 표현한 이유는 우리의 관심을 자극해 그 이면에 무엇인가 깊은 의미가 숨겨져 있다는 것을 일깨우기 위해서인 듯하다. 간단히 말해, 아브라함과 그의 아들은 더 위대하신 아버지, 더 위대하신 아들, 더 위대한 희생제물의 그림자요 예표였다.

여행을 떠난 지 사흘 만에 그들은 정해진 장소에 도착했다. 아브라함은 사랑하는 이삭을 직접 묶었다. 그러고는 하나님이 명하신 일을 행하기 위해 "손을 내밀어 칼을 잡고" 이삭을 죽이려고 했다(창 22:10). 바로 그 순간, 하나님이 개입하셨다. 늙은 아브라함은 손을 멈추었다. 하나님이 하늘에서 그에게 말씀하셨다.

아브라함아 아브라함아……그 아이에게 네 손을 대지 말라 그에게 아무 일도 하지 말라 네가 네 아들 네 독자까지도 내게 아끼지 아니하였으니 내가 이제야 네가 하나님을 경외하는 줄을 아노라(창 22:11-12).

아브라함은 하나님의 목소리에 눈을 들어 주변을 살폈다. 수풀에 뿔이 걸린 숫양 한 마리가 그의 눈에 띄었다. 그는 그 양을 잡아 이삭을 대신해 번제로 드렸다(창 22:13). 그리고 그곳의 이름을 "여호와 이레"라고 불렀다. 그 말은 "하나님이 준비하신다"는 뜻이다. 이렇게 해서 "여호와의 산에서 준비되리라"(창 22:14)는 말이 오늘날까지 전해 오게 되었다.

막이 내려 이 사건이 종결되는 순간 당사자인 아브라함은 물론, 이 기록을 읽는 모두가 이삭이 죽지 않은 것을 보고 안도의 한숨을 내쉰다. 우리는 "참으로 아름다운 결말이구나"라고 말한다. 그러나 그것은 끝이 아니고 막간의 휴식시간에 지나지 않았다.

그로부터 2,000년 뒤, 다시 막이 올랐다. 배경은 음산하고 어두웠다. 하나님의 아들이 갈보리에서 무대 한복판에 모습을 드러내셨다. 그분은 사랑의 복종으로 아버지 뜻에 자신을 맡기셨다. 그곳에서 그분은 자기 백성의 죄를 짊어지시고, 십자가에 매달리셨다. 그분은 저주를 당하셨다. 모든 피조물이 그분께 등을 돌렸고, 성부께서도 그분을 버리셨다(요 1:11, 행 3:14, 마 27:46). 하나님의 진노가 우레처럼 침묵을 깨뜨렸다. 성부께서 칼을 잡고 손을 높이 치켜들어 "그분의 사랑하는 아들, 그 사랑하시는 독생자"를 죽이셨다. 이사야의 예언이 성취되는 순간이었다.

> 그는 실로 우리의 질고를 지고 우리의 슬픔을 당하였거늘 우리는 생각하기를 그는 징벌을 받아 하나님께 맞으며 고난을 당한다 하였노라 그가 찔림은 우리의 허물 때문이요 그가 상함은 우리의 죄악 때문이라 그가 징계를 받으므로 우리는 평화를 누리고 그가 채찍에 맞으므로 우리는 나음을 받았도다……여호와께서 그에게 상함을 받게 하시기를 원하사 질고를 당하게 하셨은즉(사 53:4-5, 10).

지옥에 가야 마땅한 죄인들을 위해 메시아이신 성자께서 십자가에 못 박혀 죽으시는 것으로 막이 내렸다. 이삭과 달리, 그분은 대신 죽어줄 숫양이 없었다. 그분 자신이 세상의 죄를 위해 죽으신 어린양이셨다(요 1:29). 그분은 하나님이 자기 백성의 구원을 위해 준비하신 제물이셨다. 또한 그분은 이삭과 숫양이 예표한 원형이셨다. 그분을 통해 골고다로 불리는 갈보리 언덕의 이름이 "여호와 이레"로 바뀌었다. 그 결과 "여호와의 산에서 준비되리라"(창 22:14)는 말씀이 오늘날까지 전해 오기에 이르렀다.

그 산은 갈보리였고, 준비된 것은 구원이었다. 하나님은 아브라함에게 "아브라함아 아브라함아……네가 네 아들 네 독자까지도 내게 아끼지 아니하였으니 내가 이제야 네가 하나님을 경외하는 줄을 아노라"(창 22:11-12)고 말씀하셨다. 이제 그리스도인은 하나님을 향해 그와 비슷한 말로 이렇게 부르짖는다. "하나님, 나의 하나님, 하나님의 아들, 하나님의 독생자까지도 저를 위해 아끼지 않으셨으니 이제야 하나님이 저를 사랑하시는 줄 아옵나이다"(창 22:12, 롬 8:32 참조).

메시아께서는 죽으셨다. 그러나 이것도 아직 끝은 아니다. 막이 하나 더 남아 있다. 바로 부활과 영광스러운 대관식이다.

21장
하나님의 자기 입증

이 예수를 하나님이 그의 피로써 믿음으로 말미암는 화목제물로 세우셨으니 이는 하나님께서 길이 참으시는 중에 전에 지은 죄를 간과하심으로 자기의 의로우심을 나타내려 하심이니 곧 이때에 자기의 의로우심을 나타내사 자기도 의로우시며 또한 예수 믿는 자를 의롭다 하려 하심이라(롬 3:25-26).

본문은 성자를 갈보리의 십자가에 매달아 널리 공포하시는 것이 성부의 뜻이라고 말한다. 이미 살펴본 대로, 하나님은 정하신 때가 되자 구원사의 중심점이 교차하는 지점에 예수님을 매달아 모두가 볼 수 있게 하셨다(갈 4:4). 본문이 말하는 대로, 하나님은 성자의 희생을 가장 잘 드러낼 수 있는 곳을 선택하시어 자신이 의로운 하나님이라는 사실을 온 세상에 천명하셨다. 그렇다면 하나님이 자신의 의로우심을 입증하신 이유는 무엇일까?[76] 본문은 그 이유를 이렇게 밝힌다. "이는 하나님께서 길이 참으시는 중에 전에 지은 죄를 간과하심으로 자기의 의로

---

[76] 『웹스터 사전』은 "입증하다"를 "비난이나 부인, 거부나 비방에 대해 스스로의 정당성을 증명하다", "자기를 방어하다"라고 정의한다.

우심을 나타내려 하심이니."

바울은 하나님이 의로우심을 입증하셔야 했던 이유가 사람들의 죄를 오래 참으시고, 그들이 받아 마땅한 정의의 형벌을 집행하지 않으셨기 때문이라고 설명한다. 하나님은 인류 역사를 통해 수많은 사람을 불러 용서와 은혜를 베푸셨고, 그들을 자기 백성으로 삼으셨다. 그러나 하나님은 그런 행동 때문에 불의하시다는 비난에 직면하셔야 했다.

"어떻게 의로우신 하나님이 악인에게 용서를 베푸실 수 있는가? 어떻게 거룩하신 하나님이 그런 사람들과 교제를 나누실 수 있는가? 하나님이 의로우시다면 왜 정의를 집행하지 않으시는 것인가? 하나님은 무엇을 근거로 구약 시대의 수많은 성도에게 용서를 베푸셨는가? 성경은 구약 시대의 동물 제사가 죄를 속량할 수 없다고 증언한다(히 10:4). 그런데 하나님은 어떻게 그들을 용서할 수 있으셨는가? 죄를 참으신다는 것은 그분이 의롭지 않으시다는 증거가 아닌가? 악에 무관심하시기 때문에 악을 묵인하거나 원칙 없이 용서를 베푸시는 것은 아닐까? 정죄받아 마땅한 사람들을 용서하시는 것은 하나님이 공의의 원칙을 포기하셨다는 증거가 아닌가?(잠 17:15) 세상의 재판관이 정의를 행하셔야 하지 않겠는가?(창 18:25)"

갈보리의 십자가는 이 모든 질문에 답변한다. 하나님은 자기 백성의 죄를 독생자에게 담당시키셨다. 모든 시대(곧 과거와 현재와 미래)의 하나님 백성이 감당해야 할 정의의 형벌이 나사렛 예수께 모두 주어졌다. 구약 시대에 처음 용서받은 사람부터 세상 끝날에 마지막으로 용서받을 사람까지, 모든 하나님의 백성이 죄 사함을 받을 수 있는 이유는 그리스도께서 그들의 죄를 위해 죽으셨기 때문이다. 하나님은 그분을 비난하는 이들에게 마치 이렇게 말씀하시는 듯하다.

내가 홍수 이전에 악인들 가운데서 일부를 선택해 그들을 내 소유로 삼은 것이 이해되지 않느냐? 노아도 사실은 홍수 심판을 받아 마땅한데도 내가 그를 구원한 이유가 궁금하냐? 내가 아브라함을 우르라는 악한 도시에서 불러내 그를 의롭게 여겨 내 친구로 삼았다고 해서 내게 따질 생각이냐? 이스라엘의 남은 자들도 그들의 죄 때문에 벌을 받아야 마땅한데 내가 그들을 구원해 나의 특별한 소유로 삼은 이유를 알고 싶으냐? 내가 다윗의 많은 죄를 용서하고, 그를 내 아들로 일컬은 이유가 궁금하냐? 너희는 나를 비난할 이유를 얼마든지 나열할 수 있을 것이다. 그러나 나는 내 사랑하는 독생자의 십자가로 너희에게 대답하겠다. 그는 창세전부터 내 백성의 죄를 위해 죽기로 예정되었다. 나는 지금까지 오래 참아오면서 항상 그가 그들을 위해 짊어진 고난의 십자가를 바라보았다. 내가 과거에 그들에게 베푼 은혜는 모두 내 아들이 그들을 위해 행한 사역에 근거한다. 그렇다. 나는 수많은 악인을 사면했고, 그들의 불의한 행위를 용서했으며, 그들의 죄를 덮어주었고, 그들의 허물을 눈감아주었다. 바로 내가 사랑하는 아들의 속죄 사역을 통해 그들에 대한 공의를 모두 만족시키기로 결정했기 때문이다.

갈보리의 십자가는 모두의 입을 막고, 하나님을 비난하는 말이 잘못되었다는 것을 분명히 보여준다. 하나님은 십자가에서 자기 백성의 죄를 온전한 공의로 다스리시고, 한량없는 사랑으로 그들의 죄를 용서하셨다. 나무 십자가라는 제단 위에서 "인애와 진리가 같이 만나고 의와 화평이 서로 입맞추었으며"(시 85:10), 하나님은 스스로를 옹호하셨다. 하나님은 자기의 의로우심을 입증하시고, 예수 그리스도를 믿는 자를 의롭다 하셨다(롬 3:26). 십자가는 하나님의 의와 죄에 대한 관용, 그와 관련된 모든 의문을 말끔히 해소한다. 십자가는 하나님의 사랑에 대한 모든 의심을 불식시켜 그분의 백성으로 하여금 더 이상 그분의 사랑을 의심하지 않게 만든다.

하나님은 죄를 미워하신다는 사실을 십자가로 입증하셨다

신구약 성경에는 죄에 대한 하나님의 증오심과 악인들에 대한 그분의 진노를 증언하는 성경 구절이 셀 수 없이 많다. 그러나 불의에 대한 하나님의 증오와 거룩한 분노가 가장 명백하게 드러난 곳은 바로 그분의 사랑하시는 아들이 짊어지신 십자가다. 하나님은 죄를 얼마만큼 미워하시고, 죄에 어떻게 반응하실까? 죄에 대한 그분의 증오심은 독생자가 죄를 짊어지셨을 때 조금도 사정을 두지 않고 징계를 내리셨을 만큼 크다.

그동안 복음주의자들은 그리스도의 십자가를 낭만적으로 생각해 왔다. 그 결과 갈보리의 십자가가 얼마나 끔찍한 사건인지 잊고 말았다. 십자가의 공포는 말로 표현할 수 없을 만큼 무서웠다. 대못이 그리스도의 손과 발을 뚫고 나무에 깊이 박혔고, 가시나무를 꼬아 만든 면류관이 그분의 이마에 깊이 파고들었으며, 날카로운 창날이 그분의 옆구리를 찔렀다. 사악한 악인들은 혐오감을 드러내며 그분의 육체를 함부로 다루었다. 그러나 그 모든 것에도, 골고다라는 언덕에 임한 공포는 아직 시작조차 되지 않았다.[77] 그 모든 것은 그보다 훨씬 큰 공포의 서막일 뿐이었다. 태양이 빛을 잃고 한낮이 칠흑처럼 깜깜해진 것은 인간이 한 일이 아니었다(눅 23:44-45). 땅이 진동하고, 바위가 마른 진흙처럼 터지게 만든 것은 로마 군대가 아니었다(마 27:51). 그것은 전능하신 하나님의 진노가 독생자에게 남김없이 쏟아진 결과였다. 그리스도께 쏟아진 하나님의 진노에 비하면, 노아 시대의 홍수는 풀잎에 맺힌 작은 이슬 한 방울에 지나지 않고, 소돔과 고모라에 쏟아진 불은 바싹 마른 나무조차 태우지 못할 작은 불씨일 뿐이다.

예수님이 십자가에 못 박히시던 날은 "분노의 날이요 환난과 고통의 날이요 황폐와 패망의 날이요 캄캄하고 어두운 날이요 구름과 흑암의 날"(습 1:15)이었다. 그날 전능하신 하나님의 "삼키는 불"이 하늘로부터 그리스도께 임했다(사 33:14). 하나님은

---

[77] "골고다"는 아람어로, "해골"이라는 뜻이다. 이는 예수님이 십자가에 못 박히셨던 예루살렘 외곽의 한 곳을 가리키는 지명이다. 그곳 모양이 해골처럼 생겼다고 해서 붙여진 이름이다.

산들을 불 앞의 밀초처럼 녹여 비탈로 쏟아지는 물처럼 만들고도 남을 만한 맹렬한 진노의 불로 십자가에 매달리신 그리스도를 태워버리셨다(겔 22:18-22, 미 1:4, 나 1:4). 그리스도께서는 "나는 물같이 쏟아졌으며 내 모든 뼈는 어그러졌으며 내 마음은 밀랍 같아서 내 속에서 녹았으며"(시 22:14)라고 부르짖으셨다.

주 예수 그리스도께서는 상상할 수 없는 고난을 감당하셨다. 율법에 기록된 모든 저주가 그분께 임했다. 그리스도께서 십자가에 매달려 계시는 동안 하나님은 자기 백성을 향한 거룩한 분노를 그분께 온전히 쏟아내셨고, 진노의 불길로 그분을 가차 없이 살라버리셨다(신 29:20-21).

하나님은 죄를 얼마나 미워하실까? 하나님은 죄를 짊어진 자신의 아들을 완전히 으깨버리셨다. 이 끔찍한 진리를 생각하면 "우리가 이같이 큰 구원을 등한히 여기면 어찌 그 보응을 피하리요"(히 2:3)라는 히브리서 저자의 경고에 귀 기울일 수밖에 없다. 복음을 올바로 이해했는데도 계속 거부한다면, 그 어떤 희생제사로도 죄를 속량할 수 없다. 하늘과 땅이 모두 사라질 때까지 아무리 찾고 찾아도 죄를 속량하고, 부패함을 씻어줄 다른 수단, 곧 구원받을 다른 이름은 찾을 수 없다(행 4:12). 찾을 수 있는 것은 오직 원수인 우리를 불사를 불같은 진노와 무서운 심판뿐이다. 성경은 모세의 율법을 지키지 않는 사람은 긍휼 없이 죽을 것이라고 경고한다. 그렇다면 그리스도와 그분의 희생을 무시할 경우에는 그보다 훨씬 엄한 형벌이 주어질 것이 분명하지 않은가? 우리는 우리의 무관심과 불신앙을 큰 죄로 여기지 않더라도 하나님의 생각은 다르다. 그분은 우리가 그분의 아들을 발로 짓밟고, 그분이 흘리신 피를 부정하게 여기며, 이 모든 진리를 알게 하신 은혜의 성령을 모욕한다고 생각하신다. 따라서 하나님은 "복수는 나의 것이니 내가 갚을 것이다"라고 경고하신다. 우리는 복음을 굳게 붙잡고, 너무 늦기 전에 모두에게 회개하고 그리스도를 믿으라고 권유해야 한다. "살아 계신 하나님의 손에 빠져 들어가는 것은 무섭다."[78]

하나님은 자기 백성을 향한 사랑을 십자가로 입증하셨다

하나님의 의로우심이 의심스러울 때도 십자가를 바라보면 되고, 그분의 사랑이 의심스러울 때도 십자가를 바라보면 된다. 십자가에서 우리의 구원이 이루어졌다(요 19:30). 그곳에서 하나님과의 반목이 제거되고 화평이 이루어졌다(롬 5:1). 그곳에서 하나님은 더 이상 의심할 수 없는 확실한 방법으로 자기 백성을 향한 사랑을 입증하셨다.

> 하나님의 사랑이 우리에게 이렇게 나타난 바 되었으니 하나님이 자기의 독생자를 세상에 보내심은 그로 말미암아 우리를 살리려 하심이라 사랑은 여기 있으니 우리가 하나님을 사랑한 것이 아

---

[78] 히브리서 10장 26-31절을 참조하라.

니요 하나님이 우리를 사랑하사 우리 죄를 속하기 위하여 화목제물로 그 아들을 보내셨음이라(요일 4:9-10).

요한은 자기 백성을 향한 하나님의 사랑이 그들의 죄를 위해 독생자를 화목제물로 삼으신 사실로 가장 분명하게 입증되었다고 가르친다.[79] 하나님의 사랑이 지니는 속성과 깊이가 그리스도의 십자가를 통해 전례 없는 방법으로 극명하게 드러났다. 성부께서는 십자가에서 우리의 모든 죄를 독생자에게 담당시켜 우리가 받아야 할 진노를 남김없이 쏟아 부으심으로 우리를 향한 사랑을 보여주셨다(사 53:4-10). 성령께서도 성자께서 십자가에서 처형되시기까지 필요한 것을 모두 섭리하고 예비하심으로 우리에 대한 사랑을 보여주셨다.[80] 성자께서는 십자가에서 우리를 위해 목숨을 내놓으심으로 우리를 향한 사랑을 보여주셨다(요 15:13). 그분은 부요하셨지만 우리를 위해 가난해지셨다. 그분의 가난하심을 통해 우리를 부요하게 하시기 위해서였다(고후 8:9). 그분은 본래 하나님의 본체이시지만 자기를 비워 종의 형체를 가지셨고, 자기를 낮추시고 십자가에서 죽으시기까지 복종하셨다(빌 2:6-8). 그분은 죄를 알지 못하시지만 우리 죄를 짊어지시고 "나무에 달린 자마다 저주 아래에 있는 자라"

---

[79] 여기에서 "화목제물"로 번역된 헬라어 "힐라스모스"(*hilasmos*)는 "달래다", "화해시키다"라는 의미를 지닌다.
[80] 성령께서는 그리스도께서 동정녀의 몸에 잉태되신 순간부터(눅 1:35, 마 1:20) 불의한 이들의 손에 의해 십자가에서 죽으시기까지 우리의 구원에 필요한 모든 것을 섭리하셨다(행 2:23).

는 말씀대로 저주를 받으셨다(갈 3:13, 고후 5:21, 신 21:23).

무한히 선하신 하나님이 우리 죄를 위해 상상할 수 없는 희생을 치르셨다는 사실을 생각하면, 우리는 가슴이 찢어지는 고통을 느끼며 애통해야 마땅하다. 스가랴 선지자의 예언대로 우리가 찌른 그리스도를 바라보는 순간 "그를 위하여 애통하기를 독자를 위하여 애통하듯 하며 그를 위하여 통곡하기를 장자를 위하여 통곡하듯" 해야 한다(슥 12:10). 그러나 하나님은 십자가의 가장 어두운 면조차도 가장 아름다워 보이게 만드셨다. 그분은 갈보리에서 다른 계시를 모두 합친 것보다 더 아름답고 강력한 계시를 통해 사람들과 천사들에게 크나큰 사랑을 나타내셨다. 그리스도께서 우리를 대신해 당하신 고난과 우리의 죄는 칠흑처럼 깜깜한 밤하늘 같은 배경을 드리워 하나님의 긍휼과 은혜가 가장 영광스럽게 빛나게 만든다.

선물의 가치가 사랑을 입증하는 척도라면, 갈보리는 자기 백성을 향한 하나님의 사랑이 상상을 초월한다는 것을 보여준다. 누가 그리스도의 가치를 측량할 수 있겠는가? 그리스도의 가치를 측량하는 것보다는 차라리 하늘의 별과 바다의 모래알을 세는 것이 더 쉬울 것이다. 그분의 가치는 모든 피조물을 합쳐놓은 것보다 무한히 더 크다. 누가 성자에 대한 성부의 사랑을 측량할 수 있겠는가? 온 세상이 성자를 멸시했고 심지어 그분의 동포들까지도 등을 돌렸지만, 성부께서는 그분을 택하시고 귀하게 여기셨다(벧전 2:4). 사람들은 말할 것도 없고 천사들조차도 성부께서 성자를 얼마나 보배롭고 존귀하게 여기시는지 다 헤아릴 수 없다. 성자께서는 항상 성부께서 기뻐하시는 사랑하는 아들이시다(마 3:17, 17:5, 막 1:11, 9:7, 눅 3:22). 그분은 항상 성부의 가장 큰 즐거움이 되신다(잠 8:30). 따라서 성부께서 성자를 내주신 것은 모든 것을 남김없이 내주신 것을 의미한다.

하나님이 아무 대가 없이 사랑을 베푸셨다는 사실을 생각하면, 우리 죄를 위해 성자를 화목제물로 내어주신 그분의 사랑이 더욱 위대하기만 하다. 하나님의 사랑은 전적으로 그분의 인격과 뜻에 따른 것으로 사람들의 미덕이나 공로에 의존하지 않는다. 그분은 우리 죄에도 불구하고 우리를 사랑하신다.

> 사랑은 여기 있으니 우리가 하나님을 사랑한 것이 아니요 하나님이 우리를 사랑하사 우리 죄를 속하기 위하여 화목제물로 그 아들을 보내셨음이라(요일 4:10).

하나님의 사랑은 우리에 대한 자연스러운 반응과는 무관하다. 오히려 그분의 사랑은 우리가 받아 마땅한 모든 것에 역행한다. 우리에게는 그런 사랑을 받을 만한 공로나 가치가 없는데도, 하나님은 우리를 사랑하신다(사 64:6). 심지어는 생각과 행위로 끊임없이 반역을 일삼는데도, 그분은 우리를 사랑하신다(롬 8:7, 골 1:21). 우리는 까닭 없이 하나님을 미워하지만, 그분은 그런 우리에게 사랑을 베푸신다(롬 1:30, 요 15:25).

이런 하나님의 사랑에 바울 사도는 완전히 매료되었다. 우리도 그래야 마땅하다. 바울은 스스로를 죄인의 괴수요, 신성 모독자요, 교회의 박해자로 간주했다(고전 15:9, 딤전 1:13-15). 따라서 그가 그리스도께서 자신을 위해 죽으셨다는 사실을 설명할 수 있는 방법은 오직 하나님의 값없는 사랑뿐이었다. 그는 그 사랑을 절대 놓칠 수가 없었다. 하나님의 사랑은 모든 점에서 그를 강권하고, 구속하고, 충동하고, 압도했다(고후 5:14-15).

하나님의 값없는 사랑은 그가 생각하는 위대한 주제였다. 바울은 이 사랑을 모든 사람에게 알리려고 최선을 다했다. 그는 우리가 하나님의 사랑을 받을 자격이 없다는 사실을 절실히 의식해야만 비로소 그분의 사랑을 이해할 수 있다는 것을 알았다. 그래서 그는 로마 신자들에게 "의인을 위하여 죽는 자가 쉽지 않고 선인을 위하여 용감히 죽는 자가 혹 있거니와 우리가 아직 죄인 되었을 때에 그리스도께서 우리를 위하여 죽으심으로 하나님께서 우리에 대한 자기의 사랑을 확증하셨느니라"(롬 5:7-8)고 말한 것이다.

성자에 대한 성부의 사랑과 우리가 하나님께 저지른 죄의 심각성을 분명하게 이해해야만, 우리를 향한 하나님의 사랑을 조금이나마 이해할 수 있다. 진노 외에는 아무것도 받을 자격이 없는 우리를 위해 하나님이 독생자를 내주셨다면, 그 사랑은 분명 측량할 수 없을 만큼 위대한 것이다. 성부께서 우리에게 영원히 살 수 있는 완전한 세상을 수천 개나 선물로 주신다고 해도, 독생자를 내주신 사랑과는 도무지 비교할 수 없다. 그런 선물을 모두 합쳐도 우리 죄를 위해 성자를 화목제물로 내주신 사랑에 비하면 그야말로 아무것도 아니다. 이런 말을 조금이라도 과장이라고 생각한다면, 아직도 그리스도의 가치와 그분의 영광을 이해하지 못했다는 증거다. 존 플라벨은 이렇게 말했다.

> 온 세상도 그리스도의 영광을 다 드러내기에는 역부족이다. 세상은 그분 안에 숨겨진 무한한 보화의 절반도 다 드러내지 못한다. 이런 사실은 신성이 정오의 햇빛처럼 밝게 빛나는 하늘, 곧 그 빛을 직접 받는 회중이 그리스도를 높여 찬양하는 하늘에서나 옳게 이해하고 말할 수 있을 것이다. 나의 어눌한 말이나 끄적거리는 펜을 사용하는 것은 오히려 이 사실을 보기 흉하게 만들 뿐이다. 고작 희미한 달빛 아래서 그리스도를 찬양하는 글을 쓰자니 참으로 안타깝기 그지없다. 나는 그분을 절반도 다 찬양할 수 없다. (나지안주스가 바질에 관해 말한 것처럼) 그리스도 자신의 말 외에는 그 어떤 말도 이 일을 감당하기에 충분하지 않다. 내가 그리스도에 대해 무엇을 말할 수 있겠는가? 그리스도의 지극히 탁월하신 영광은 모든 이해를 초월하고, 모든 표현을 무색하게 만든다. 뛰어나고 사랑스러운 속성을 지닌 피조물들에게서 비유할 말을 찾아낸다 해도, 피조 세계를 아름답게 꾸미고 있는 장식물을 다 벗겨내 그 모든 영광으로 그리스도를 묘사한다 해도, 우리 입술이 다 닳도록 그분을 높이 찬양한다고 해도 한없이 부족하기만 할 것이다.[81]

---

81) Flavel, *The Fountain of Life Opened Up*, 1:xviii.

22장
예수 그리스도의 부활

어찌하여 살아 있는 자를 죽은 자 가운데서 찾느냐 여기 계시지 않고 살아
나셨느니라(눅 24:5-6).
성결의 영으로는 죽은 자들 가운데서 부활하사 능력으로 하나님의 아들로
선포되셨으니(롬 1:4).
예수는 우리가 범죄한 것 때문에 내줌이 되고 또한 우리를 의롭다 하시기
위하여 살아나셨느니라(롬 4:25).

21장은 하나님의 아들이 로마 제국의 십자가에서 처형되시는 것으로 막을 내렸다. 그분은 하나님의 백성의 죄를 짊어지셨고, 하나님의 진노를 감당하셨으며, 그분의 영혼을 내주셨다(눅 23:46). 그러나 그것이 끝이 아니었다. 우리는 초대 교회 신자들과 더불어 기쁜 목소리로 "그리스도께서 부활하셨다. 그분이 진실로 부활하셨다!"라고 담대히 외쳐야 한다.

그리스도의 역사적 부활은 기독교 신앙의 위대한 진리 가운데 하나다. 그분의 부활을 믿지 않는 사람은 그리스도인이 아니며, 그분의 부활을 전하지 않는 설교는 복음 설교가 아니다. 설교자든 신학자든, 교사든 예언자든 그리스도의 육체 부활을 실제로 믿지 않는 사람은 교회를 향해 아무 말도 해서는 안 된

다. 우리는 그런 사람들에게 배우거나 그들을 이해하거나 그들과 교제를 나눌 필요가 없다. 그들은 그리스도인이 아니다.

과거에는 기독교의 황금시대, 곧 그리스도의 부활을 이렇게 엄격하게 경고하지 않아도 되는 시대가 있었는지 모르지만 지금은 더 이상 그렇지가 않다. 부활은 복음 전쟁의 최전선에 위치해 원수들에게 가장 큰 공격을 당하고 있다. 마귀는 기독교의 존폐가 이 한 가지 교리에 달려 있다는 사실을 잘 알고 있다(고전 15:14). 따라서 그의 지상 목표는 부활을 부인하는 것이다. 그러나 그는 부활을 부인할 수 없기 때문에 에큐메니컬을 추구하는 사람들을 부추겨 부활을 핵심 진리로 여기지 못하게 만들고, 그리스도인들을 충동해 복음 선포에서 부활을 언급하지 않도록 유도하는 전략을 구사하는 것으로 만족해한다.

기독교의 위대한 교리는 항상 사방에서 공격을 당해 왔다. 부활도 예외가 아니다. 그러나 우리 시대는 복음주의를 자처하는 기독교인들이 가장 위험한 공격을 가하고 있는 것이 특징이다. 그런 사람들은 부활을 공공연히 부인하지는 않는다. 심지어는 부활을 강하게 옹호하기도 한다. 그러나 그들은 다른 사람들이 부활을 믿든 안 믿든 무관심하고, 기독교 신앙을 받아들이는 데 부활이 꼭 필요한 교리라고 주장하지도 않는다. 그들은 진리에 대해 그릇된 관용을 발휘하고, 하나님을 경외하고 성경에 충실하기보다는 인간을 향해 왜곡된 동정심을 드러낸다. 그들은 가룟 유다처럼 겉으로는 주님을 공경하는 척하면서 실제로는 그분을 배신한다(마 26:49-50).

그리스도의 부활을 기독교의 핵심 진리로 받아들이지 않거나 부인하는 것은 참된 기독교를 파괴하는 것과 같다. 물론 부활 교리를 믿고 복음을 충실하게 전하고 싶어하는 사람들도 잘못을 저지를 수 있다. 설교할 때 부활에 비중을 많이 두지 않는 것이 바로 그것이다. 십자가에 관한 설교를 길게 전하고 나서 마지막에 꼬리표를 붙이듯 잠깐 이 위대한 교리를 언급하는 것은 온당하지 못하다. 부활 교리도 십자가 교리와 똑같이 중요하게 다루어야 한다. 사도행전에 기록된 사도들의 설교를 자세히 살펴보면, 예수 그리스도의 부활이 그들의 복음 설교에서 가장 중요한 주제였던 것을 알 수 있다. 부활 교리는 1년 내내 벽장 속에 감추어 두었다가 부활 주일에 단 한 차례 전하는 그런 메시지가 아니었다. 부활은 초대 교회가 부단히 외친 승리의 찬가였다.

기독교와 복음을 둘러싸고 주로 일어나는 뜨거운 논쟁은 그리스도의 죽음의 역사적 진위를 따지자는 것이 아니다. 나사렛 예수라는 인물이 본디오 빌라도가 다스리던 시기에 유대 땅에서 살다가 죽은 사실이 없다고 주장하는 사람들은 가짜 지식인들일 뿐이다. 그들은 역사적 방법을 도외시하는 포스트모던 사회의 시대정신에 물들어 있다. 논쟁의 초점은 주로 부활에 모아진다. 부활은 십자가만큼이나 거리끼는 것이다. 우리는 십자가를 전할 때만큼이나 열정적이고 철저하게 부활을 전해야 한다. 부활을 전하는 데 좀 더 열심을 기울인다면 더욱 성경적인 복음을 전할 수 있고, 복음의 능력도 한층 배가될 것이다.

성경이 증언하는 부활

그리스도의 부활이 지닌 정확한 의미와 중요성을 알아보기 전에 성경이 계시하는 역사적 사실을 개괄적으로 살펴보는 것이 유익할 듯하다.

예수님이 죽으신 지 사흘 후 이른 아침, 여인들이 그리스도의 시신이 안치된 무덤으로 조심스럽게 발길을 옮겼다. 그들의 마음에는 슬픔이 가득했다. 그들은 적절히 예우를 갖춰 사랑하는 예수님의 시신을 모시려는 생각뿐이었다. 그들이 나누는 대화는 사소한 기술적인 문제에 머물러 있었다. "누가 우리를 위하여 무덤 문에서 돌을 굴려 주리요……그 돌이 심히 크더라"(막 16:3-4). 그들은 예수님의 부활을 전혀 예상하지 못했다.

그러나 예수님에 대한 연민은 두려움으로 바뀌었고, 두려움은 곧 활활 타오르는 희망으로 바뀌었으며, 희망은 말로 다할 수 없는 영광스러운 기쁨으로 바뀌었다. 그들은 돌이 이미 옮겨졌고, 무덤이 비어 있는 것을 발견했다. 그리고 그때 천사가 전하는 기쁨의 소식을 들었다.

> 어찌하여 살아 있는 자를 죽은 자 가운데서 찾느냐 여기 계시지 않고 살아나셨느니라 갈릴리에 계실 때에 너희에게 어떻게 말씀하셨는지를 기억하라 이르시기를 인자가 죄인의 손에 넘겨져 십자가에 못 박히고 제삼일에 다시 살아나야 하리라 하셨느니라 (눅 24:5-8).

여인들은 "무서움과 큰 기쁨으로"(마 28:8) 신속히 무덤을 떠났다. 그들은 부지런히 달려가 예수님의 제자들에게 그 소식을 전했다. 여인들의 말을 믿어야 할 제자들은 그 말을 터무니없는 거짓말로 받아들였다(눅 24:11). 그러던 중, 베드로와 요한은 절대 그럴 리가 없다고 생각하면서도 빈 무덤을 확인하기 위해 서둘러 달려갔다. 그러나 그들은 잠시 무덤을 살펴보며 어리둥절해했을 뿐 아무런 확신을 갖지 못한 채 동료 제자들에게 돌아왔다. "성경에 그가 죽은 자 가운데서 다시 살아나야 하리라 하신 말씀을 아직 알지 못했기" 때문이다(요 20:9).

그들이 속히 떠나고 난 뒤, 막달라 마리아만 무덤가에 덩그러니 남아 있었다. 막달라 마리아는 그곳에서 부활하신 주님을 최초로 목격했다. 주님은 그에게 믿지 않는 제자들에게 다시 가서 부활의 소식을 알리라고 당부하셨다(요 20:11-18). 그리고 나서 주님은 무덤에서 돌아오는 여인들에게 두 번째 나타나셨고, 엠마오를 향해 가고 있던 글로바와 다른 한 제자에게 세 번째 나타나셨다(마 28:9-10, 눅 24:13-32). 또한 예수님은 베드로를 비롯해 열한 제자에게 모습을 보이셨다(눅 24:34-43). 그분은 심지어 믿지 않는 이부형제 야고보에게도 모습을 보이셨다. 야고보는 그 사건을 통해 변화되어 사도들의 대열에 합류했고, 예루살렘 교회의 기둥이 되었다(고전 15:7, 행 1:14, 15:13). 마지막으로, 예수님은 다메섹으로 향하던 "만삭되지 못하여 난 자 같은" 다소의 사울에게 모습을 보이셨다(고전 15:8, 행 9:3-19). 예수님과의 만남이 바울의 삶에 어떤 영향을 끼쳤는지는 굳이 길게 설명하지 않아도 될 것이다. 기독교를 근절하겠다고 결심한 사람이 가장 열렬한 전파자요 옹호자로 바뀌었다(행 9:1-2, 고전 15:10). 이처럼 성경은 우리 주님이 승천하시기 전에 많은 증인에게 부활의 모습을 보이셨다고 증언한다. 심지어는 "오백여 형제에게 일시에 보이신" 적도 있었다(고전 15:6).

그리스도의 부활이 지니는 독특성

사람들은 정의할 수 없고 온전히 이해하지도 못하는 용어를 사용할 때가 많다. 말씀을 통해 계시된 하나님의 뜻에 따라 살아야 할 사명이 있는 그리스도인들은 그런 위험에 빠질 가능성이 매우 높다. 그리스도의 사역과 부활은 특히 더 그렇다. 그렇다면 부활의 진정한 의미는 무엇일까?

"부활"을 뜻하는 영어 단어 "resurrection"은 라틴어 "레수르게레"(*resurgere*. *re*: "다시", *surgere*: "일어나다")에서 유래했다. 이 말은 신약 성경을 기록한 헬라어 "아나스타시스"(*anastasis*. *ana*: "다시", *stasis*: "서다")를 옮긴 것이다. 이처럼 이 말은 "다시 서다", "다시 일어나다"를 뜻한다. 고대나 현대 문학에서 이 말은 죽은 사람이 다시 살아나는 것을 가리킨다. 그러나 이 말을 그리스도께 적용하면 독특한 의미를 띠게 된다.

그리스도의 부활은 단지 죽었다가 다시 살아난 것을 의미하지 않는다. 구약 성경을 보면, 사렙다 과부의 아들과 수넴 여인의 아들이 엘리야와 엘리사 선지자를 통해 하나님의 능력으로 다시 살아난 것을 알 수 있다(왕상 17:17-24, 왕하 4:18-37). 신약 성경에서도 나사로, 야이로의 딸, 나인 성 과부의 아들, 다비다, 유두고가 죽었다가 살아났다(요 11:23-25, 43, 막 5:41-42, 눅 7:14-15, 행 9:36-43, 20:7-12). 이들은 모두 죽었다가 다시 살아난 것이 분명하지만, 여전히 죽음에 속박되어 있었다. 바울은 고린도 교회에 보낸 편지에서 그들의 육체가 여전히 죽고 썩을 것을 암시했다(고전 15:53). 그들은 다시 죽어 무덤에 묻혀야 했다.

그리스도의 부활이 독특한 이유는 죽은 자 가운데서 다시 살아나신 뒤에 다시 죽지 않으셨기 때문이다. 예수님은 밧모 섬에서 요한에게 "(나는) 곧 살아 있는 자라 내가 전에 죽었었노라 볼지어다 이제 세세토록 살아 있어 사망과 음부의 열쇠를 가졌노니"(계 1:18)라고 말씀하셨다. 바울은 로마 신자들에게 보낸 편지에 이 진리를 상세히 설명했다.

> 이는 그리스도께서 죽은 자 가운데서 살아나셨으매 다시 죽지 아니하시고 사망이 다시 그를 주장하지 못할 줄을 앎이로라 그가 죽으심은 죄에 대하여 단번에 죽으심이요 그가 살아 계심은 하나님께 대하여 살아 계심이니(롬 6:9-10).

그리스도께서 스스로의 권위와 능력으로 살아나셨다는 것도 그분의 부활이 지니는 독특성을 입증하는 명백한 증거다. 성경은 그리스도의 부활이 성부와 성령의 사역이라고 가르치지만(롬 1:4, 6:4, 8:11, 갈 1:1), 부활은 그리스도 자신의 사역이기도 하다. 예수님은 성전을 청결하게 하는 권위를 입증해 줄 표적이 무엇이냐는 질문에 "너희가 이 성전을 헐라 내가 사흘 동안에 일으키리라"(요 2:19)고 대답하셨다. 그분은 바리새인들에게 "내가 스스로 버리노라 나는 버릴 권세도 있고 다시 얻을 권세도 있으니"(요 10:18)라고 선포하셨다.

예수 그리스도의 부활은 그분만의 독특한 특성을 지닌다. 그리스도의 부활은 다시 죽을 때까지 잠시 생명을 연장하는 차원에 머물지 않았다. 그분은 죽음과 지옥과 무덤의 권세를 정복하셨다. 그분은 다시 죽지 않으시고 영원히 살아 계신다.

그리스도를 입증하는 부활

그리스도의 부활에 관한 역사적 진술과 그분의 부활이 지니는 독특성을 잠시 살펴보았다. 이번에는 그 의미를 잠시 살펴보자. 이 주제는 몇 권의 책이 필요할 만큼 광범위하지만, 여기에서는 가장 중요한 의미 가운데 두 가지만 집중해서 다루기로 하겠다. 즉, 부활은 그리스도를 입증하고, 나아가 우리 믿음을 확고하게 해준다.

앞에서 살펴본 대로, 그리스도의 죽음은 죄를 오래 참으시고 죄인을 의롭게 여기시는 하나님을 불의하다고 비난하는 주장으로부터 그분의 의를 입증하는 의미를 지닌다(롬 3:25-26). 마찬가지로, 하나님은 예수님을 죽은 자 가운데서 다시 살리셔서 그분을 입증하셨다. 하나님은 부활을 통해 예수님이 하나님의 아들이시요, 이스라엘의 약속된 메시아라는 사실을 명백히 드러내셨다. 빈 무덤은 오늘날까지 예수님이 하나님의 아들이시라는 사실을 온 세상에 보여주는 증거다. 바울 사도는 로마 신자들에게 보낸 편지에서 "성결의 영으로는 죽은 자들 가운데서 부활하사 능력으로 하나님의 아들로 선포되셨으니"(롬 1:4)라고 말했다. "선포하다"(declare)는 "결정하다", "세우다", "정하다", "임명하다", "표시하다"를 뜻하는 헬라어 "호리조"(horizo)를 번역한 것이다. 이 말은 그리스도께서 부활하신 순간부터 하나님의 아들로 임명되었다는 뜻이 아니다. 부활이라는 기적을 통해 하나님의 아들이시라는 사실이 온 세상에 확실하게 공포되었다는 뜻이다.

예수님은 공생애 기간 동안 성부의 이름으로 많은 기적을 행하셨다. 성부께서는 그런 기적들을 통해 예수님의 신성을 확증하셨다. 또한 예수님이 세례 받으실 때 하늘로부터 소리가 들려온 사건이나 변화산에서 베드로와 야고보와 요한이 지켜보는 가운데 모습이 영광스럽게 변하신 사건도 그분의 신성을 분명하게 입증한다(요 10:37-38, 마 3:17, 17:5). 그러나 그런 모든 사건도 성부께서 사랑하시는 독생자를 죽은 자 가운데서 다시 살리셔서 최종적으로 그 신성을 드러내신 부활 사건에 비하면 빛이 바랜다. 예수님은 빈 무덤을 통해 "강력하고, 경이롭고, 당당하게" 하나님의 아들로 선포되셨다.[82] 존 맥아더는 "호리조"의 용법과 의미를 이렇게 설명했다.

("구별하다"를 뜻하는 이 헬라어에서) "지평선"을 뜻하는 영어 단어 "horizon"이 유래했다. 지평선이 하늘과 땅을 구분하는 확실한 경계선을 보여주듯, 예수 그리스도의 부활은 그분과 다른 인간들을 분명하게 구별해 그분이 하나님의 아들이시라는, 논박할 수 없는 증거를 제공한다.[83]

복음서는 예수님이 하나님의 아들이자 메시아라는 사실을 입증하는 증거로 그분의 부활을 제시한다. 믿지 않는 유대인들이 성전을 청결하게 하는 권위를 입증하는 표적을 구하자, 예수님은 "너희가 이 성전을 헐라 내가 사흘 동안에 일으키리라"(요 2:19)고 말씀하셨다. 서기관과 바리새인들이 메시아라는 증거를 보이라고 요구했을 때도 예수님은 죽음을 지배하는 권세가 자신에게 있다고 말씀하셨다. "요나가 밤낮 사흘 동안 큰 물고기 뱃속에 있었던 것같이 인자도 밤낮 사흘 동안 땅 속에 있으리라"(마 12:40).

예수님의 부활은 선택받은 백성을 위해 그분이 이루신 사역과 그분의 정체를 입증하는 가장 강력하고 확실한 증거라 할 수 있다. 부활은 예수 그리스도를 그분의 원수들 앞에서 강력하게 입증한다.

---

82) Marvin Richardson Vincent, *Word Studies in the New Testament* (Peabody, Mass.: Hendrickson), 3: 4.
83) *The MacArthur Study Bible: New King James Version* (Nashville: Word Bibles, 1997), 1691.

서기관들은 예수님을 학식이 없는 무식자로 생각했고, 통치자들은 갈릴리 출신의 미치광이 예언자로 여겼으며, 바리새인들은 바알세불의 추종자이자 죄인들의 친구라고 비웃었다(요 7:15, 52, 막 3:22, 마 11:19, 눅 7:34). 그러나 십자가에 못 박히신 예수님이 성결의 영으로 죽은 자들 가운데서 부활하사 능력으로 하나님의 아들로 선포되는 순간, 그 모든 비난과 주장은 아무 근거가 없는 것으로 드러났다(롬 1:4).

로마 군인들은 예수님을 갈보리로 데려가면서 "유대인의 왕이여 평안할지어다"(마 27:29)라고 조롱했다. 그러나 그들은 천사가 무덤의 돌을 굴려냈을 때 두려워 떨며 죽은 자처럼 되고 말았다(마 28:4).

대제사장과 서기관과 장로들은 "그가 남은 구원하였으되 자기는 구원할 수 없도다"(마 27:42)라고 예수님을 모욕했다. 그러나 예수님이 베드로를 통해 오순절에 삼천 명을 구원하시는 것을 보고 그들은 놀라 입을 다물지 못했다(행 2:41).

예수님이 가장 암울한 상황에 처하셨을 때 그들은 "그가 이스라엘의 왕이로다 지금 십자가에서 내려올지어다 그리하면 우리가 믿겠노라"(마 27:42)고 그분을 능욕했다. 그러나 그들은 어부 출신의 제자들이 부활하신 그리스도의 능력으로 "그런즉 이스라엘 온 집은 확실히 알지니 너희가 십자가에 못 박은 이 예수를 하나님이 주와 그리스도가 되게 하셨느니라"(행 2:36)고 선언하자 두려워 떨어야 했다.

우리의 믿음을 확증하는 부활

빈 무덤은 온 세상 앞에서 예수 그리스도를 입증하고, 그리스도인들의 믿음을 확증한다. 하나님이 그리스도를 죽은 자 가운데서 살리신 것은 예수님의 속죄 사역을 받아들이셨다는 증거다. 바울은 "예수는 우리가 범죄한 것 때문에 내줌이 되고 또한 우리를 의롭다 하시기 위하여 살아나셨느니라"(롬 4:25)는 말로 로마 신자들에게 이 진리를 전했다. "디아"(dia)라는 헬라어 전치사를 반복한 데서 이 말씀을 이해하는 열쇠를 발견할 수 있다. "디아"는 "왜냐하면"이라고 번역된다. 그리스도께서 죽으신 이유는 우리의 허물을 짊어지셨기 때문이고, 하나님이 그분을 죽은 자 가운데서 살리신 이유는 그분의 죽음을 우리 죄를 위한 속죄제물로 받아들이셨기 때문이다. 따라서 그리스도의 부활은 선택받은 백성이 죄를 용서받고 칭의가 이루어졌다는 것을 확증하는 증거다. 토머스 슈레이너는 이렇게 말했다.

> 예수님이 우리를 의롭다 하시기 위해 부활하셨다는 말씀은 그분의 부활이 우리의 칭의가 확실하다는 것을 보증하고 확증한다는 뜻이다. 그리스도의 부활은 그분이 우리를 대신해 행하신 사역이 온전히 이루어졌다는 증거다.[84]

---

84) Thomas R. Schreiner, *Romans: Baker·Exegetical Commentary on the New Testament* (Grand Rapids: Baker Books, 1998), 244.

그리스도께서 부활하지 않으셨다면 십자가의 속죄 사역이 완성되지 못했을 것이고, 따라서 우리의 칭의도 불가능했을 것이다. 그리스도께서는 임종하시는 순간에 "다 이루었다"는 말씀으로 선택받은 백성을 위한 구원 사역이 완료되었다고 선언하셨다(요 19:30). 물론 그리스도께서 부활하신 순간에 우리의 칭의가 이루어진 것은 아니다. 성경에 따르면, 칭의는 믿는 순간에 이루어진다. 그리스도의 인격과 사역을 개인적으로 믿어야만 의롭다 하심을 받을 수 있다(롬 5:1). 성경은 그리스도께서 부활하신 것은 그분이 메시아이시기 때문이며, 하나님이 그분의 죽음을 선택받은 백성의 죄를 위한 속죄제물로 받아들이셨다고 가르친다. 부활은 그리스도의 속죄 사역을 믿음으로 받아들일 때 하나님 앞에서 의롭다 하심을 받을 수 있다는 것을 확실하게 보증하는 증표다.

하나님이 나사렛 예수를 죽은 자 가운데서 살리신 이유는 그분이 신성을 지닌 하나님이고, 그분의 죽음이 속죄 사역을 완성했기 때문이다. 그리스도께서는 갈보리에서 죽으심으로 성부를 입증하셨다. 그분의 죽음은 죄인을 의롭다 하시는 하나님이 정당하고 의로우시다는 사실을 입증하는 증거였다. 또한 성부께서는 성자를 죽은 자 가운데서 다시 살리시어 그분이 하나님의 아들이시고, 온 세상의 구원자이시라는 사실을 천명하셔서 그분을 입증하셨다.

제자들은 그리스도께서 십자가에 못 박히시기 전에 그분이 "이스라엘을 속량할 자"가 되기를 희망했다(눅 24:21). 그러나 예수님의 죽음으로 그들의 희망은 산산이 깨지는 듯했다. 나사렛 예수께서 죽으셔서 빌린 무덤에 누워 계셨다면 어떻게 하나님의 약속을 이루실 수 있었겠는가? 이삭이 아버지의 손에 의해 제단에서 죽었다면 어떻게 그를 통해 아브라함의 후손인 약속의 자녀가 나올 수 있었겠는가?(창 21:12, 롬 9:7) 아브라함은 하나님이 이삭을 죽은 자 가운데서 살리실 것이라고 어떻게 믿을 수 있었을까?(히 11:19) 요셉이 애굽의 감옥에서 죽었더라면 어떻게 그의 모든 꿈이 이루어질 수 있었겠는가?(창 37:5-10) 하나님은 어떻게 그를 감옥에서 건져내 애굽의 재상으로 삼으실 수 있었을까?(창 41:41) 성경은 "내게 할 수 없는 일이 있겠느냐"(렘 32:27)라는 말씀으로 이 모든 질문에 대답한다.

이삭은 묶인 줄에서 풀려나 다시 아브라함의 품에 안겼고, 요셉은 감옥에서 자유로워져 바로의 오른편에 앉았다. 그리스도께서도 죽은 자 가운데서 살아나시어 하나님의 오른편에 앉으셨다. 그분이 부활하신 이유는 하나님의 아들이시기 때문이고, 성부께서 그분의 죽음을 우리 죄를 위한 속죄제물로 받으셨기 때문이다.

23장
부활 신앙의 근거

당신들은 하나님이 죽은 사람을 살리심을 어찌하여 못 믿을 것으로 여기나이까(행 26:8).

기독교의 원수들이 그리스도의 역사적 부활에 공격력을 집중하는 이유는 우리 믿음이 모두 부활에 달려 있기 때문이다. 그리스도께서 부활하지 않으셨으면, 우리의 믿음은 아무 가치가 없다(고전 15:14, 17). 만일 그랬다면 믿는 자들은 여전히 죄 가운데 있고, 죽은 자들은 영원히 멸망할 것이다(고전 15:17-18). 더욱이 부활을 전하는 우리는 하나님의 거짓 증인으로 드러날 것이다. 하나님이 그리스도를 다시 살리지 않으셨는데 살리셨다고 증언하기 때문이다(고전 15:15). 그리스도께서 부활하지 않으셨다면 우리는 불쌍하기 짝이 없는 삶을 자초한 셈이 된다. 우리는 아무 이유 없이 고난을 당할 테고, 사람들은 우리를 구원할 능력이 없는 거짓 선지자라고 비난할 것이다. 바울은 "만일 그리스도 안에서 우리가 바라는 것이 다만 이 세상의 삶뿐이면 모든 사람 가운데 우리가 더욱 불쌍한 자이리라"(고전 15:19)고 말했다.

우리는 부활이 기독교 신앙의 근간이라고 믿는다. 그리스도께서 부활하지 않으셨다면 기독교는 거짓이다. 따라서 우리는 우리 자신에게 "그리스도께서 부활하셨다는 것을 어떻게 알 수 있는가? 우리는 왜 그분의 부활을 믿는가?"라는 중요한 질문을 던지지 않을 수 없다. 이번 장에서 우리는 부활의 현실을 확증하고 알리는 데 중요한 두 가지 진리를 살펴볼 것이다. 첫째, 성령께서는 조명과 중생의 사역을 통해 이 진리를 계시하신다. 둘째, 부활을 둘러싼 역사적, 법적 증거 자체가 부활을 확증한다. 전자는 절대적인 근본 진리다. 그리고 후자는 기독교 신앙을 확증할 뿐 아니라, 이 진리를 믿지 않는 세상과 효과적으로 대화할 수 있는 수단을 제공한다.

성령의 사역

복음주의 교회는 빈 무덤, 그리스도의 원수들이 그분의 시신을 증거물로 제시하지 못한 사실, 제자들의 변화를 비롯한 여러 가지 역사적, 법적 증거를 통해 부활 신앙의 정당성을 입증하려고 시도한다. 그러나 그런 증거들로 기독교 신앙이 논리적이고 역사적이라는 것을 증명한다고 해도, 그것들이 기독교 신앙의 토대는 아니다. 그 이유는 다음과 같다.

첫째, 사도들은 변증학의 형식을 빌려 복음을 전하지 않았다.[85] 그들은 부활을 증명하려고 노력하지 않았다. 단지 복음을 선포했을 뿐이다(행 4:2, 33, 17:18, 24:21). 그들은 강력한 논증이 아니라, 구원을 주는 복음의 능력을 의지했다. 이 점은 고린도 신자들에게 보낸 바울의 편지에 명백히 드러나 있다.

> 형제들아 내가 너희에게 나아가 하나님의 증거를 전할 때에 말과 지혜의 아름다운 것으로 아니하였나니 내가 너희 중에서 예수 그리스도와 그가 십자가에 못 박히신 것 외에는 아무것도 알지 아니하기로 작정하였음이라 내가 너희 가운데 거할 때에 약하고 두려워하고 심히 떨었노라 내 말과 내 전도함이 설득력 있는 지혜의 말로 하지 아니하고 다만 성령의 나타나심과 능력으로 하여 너희 믿음이 사람의 지혜에 있지 아니하고 다만 하나님의 능력에 있게 하려 하였노라(고전 2:1-5).

둘째, 교회 역사상 탁월한 지성을 소유한 사람을 비롯해 수많은 사람이 부활의 법적, 역사적 증거가 아닌 단순히 복음 설교를 듣고서 기독교 신앙을 받아들였다.

셋째, 우리의 부활 신앙이 법적, 역사적 증거에 근거한다면 그런 증거를 전혀 알지 못하면서도 믿음을 위해 살다가 죽어간 수많은 그리스도인의 신앙을 어떻게 설명할 수 있을지 궁금하

---

[85] "변증학"은 논리와 이성적 추론을 바탕으로 기독교 신앙을 반대하는 주장의 오류를 밝혀 기독교를 옹호하는 학문이다.

다. 지금도 원시 부족민 중에는 글도 읽을 줄 모르고 부활의 역사적 증거를 단 한 가지도 제시하지 못하는데도 기독교 신앙을 가진 사람이 있다. 그런 사람은 비록 자신의 신앙을 논리적으로 설명할 수는 없지만, 자신의 신앙을 부인하지 않을 것이다. 오히려 혹독한 박해는 물론이고 심지어는 순교까지도 불사할 것이 틀림없다. 그런 신자의 존재를 과연 어떻게 설명할 것인가? 이런 사실을 근거로 우리는 부활의 법적, 역사적 증거가 여러모로 유익하지만, 그것이 부활 신앙의 토대는 아니라고 결론지을 수 있다.

그렇다면 부활 신앙의 토대는 무엇일까? 예수 그리스도께서 부활하셨다는 사실을 어떻게 알 수 있을까? 성경의 대답은 분명하다.

그리스도의 부활에 대한 지식과 흔들리지 않는 부활 신앙은 모두 성령의 조명과 중생의 사역에서 비롯한다. 새로운 탄생이 이루어지는 순간, 하나님은 초자연적인 기적을 통해 그리스도인에게 예수 그리스도의 부활과 기독교 신앙의 정당성을 믿는 확신을 심어주신다(요 3:3). 우리가 그리스도께서 죽은 자 가운데서 살아나셨다는 사실을 알 수 있는 이유는 성령께서 우리의 마음을 열어 그리스도에 관한 성경의 진리를 알게 하시기 때문이다(요 5:39, 요일 5:6-10). 아울러 우리가 믿음을 갖게 되는 이유는 성령께서 우리를 거듭나게 하시어 우리에게 계시된 그리스도를 믿고 사랑하게 하시기 때문이다. 바울은 성령의 기적적인 이 사역을 이렇게 설명했다.

어두운 데에 빛이 비치라 말씀하셨던 그 하나님께서 예수 그리스도의 얼굴에 있는 하나님의 영광을 아는 빛을 우리 마음에 비추셨느니라(고후 4:6).

거듭난 사람은 자신의 존재를 부인할 수 없듯, 예수 그리스도의 부활을 부인할 수 없다. 하나님의 주권적인 뜻과 성령의 증언을 통해 그리스도의 부활이 그들에게 부인할 수 없는 현실로 인식되었기 때문이다.[86] 기독교 신앙을 박해하는 자들이 늘 깨닫게 되는 것처럼 "예수 종교에 감염된 사람들은 치유할 방법이 없다."[87]

지금까지 배운 진리는 경고이자 명령이다. 변증학도 나름대로 유용하지만, 천국의 복음은 복음 선포를 통해 전파된다. 사람들을 믿음으로 인도하는 것은 논리적인 주장이나 뛰어난 언변이 아니라, 그리스도의 삶과 죽음과 부활을 충실하게 전하는 설교다. 하나님의 성령께서 청중의 심령을 깨우치고 거듭나게 하지 않으시면, 우리의 복음전도는 어리석은 자의 심부름이 되고, 우리의 수고는 시간과 노력만 헛되이 낭비하는 결과를 낳을 것이다. 우리는 "인간의 지혜"라는 부러진 지팡이를 의지하지 말고, 오직 복음만이 모든 믿는 자에게 구원을 주시는 "하나님의 능력"이라는 진리를 굳게 붙잡아야 한다(사 36:6, 롬 1:16).

---

86) 예수님은 "천지의 주재이신 아버지여 이것을 지혜롭고 슬기 있는 자들에게는 숨기시고 어린아이들에게는 나타내심을 감사하나이다"(마 11:25)라고 말씀하셨다.
87) 그리스도인들을 박해해 살아 계신 그리스도를 믿는 신앙을 버리게 하려고 애썼던 구소련의 군인들이 이렇게 말했다고 전해 온다.

부활의 법적, 역사적 증거

예수 그리스도를 믿는 개인의 믿음은 그리스도의 부활에 관한 법적, 역사적 증거를 암기하는 능력과는 아무 상관이 없다. 또한 부활 신앙은 변증학이나 고전 논리학을 통해 부활을 옹호하는 능력에 좌우되지도 않는다.[88] 그렇지만 기독교 신앙이 역사나 순수한 이성에 모순되지 않는다는 사실을 인지하고 알리는 일은 나름대로 매우 중요하다. 참된 기독교는 세상의 도덕적인 선을 증진시키기 위해 신화를 유익한 이야기로 변형시키려고 노력하지 않는다. 오히려 기독교 신앙과 예수 그리스도의 부활은 세속 역사가들이 사용하는 것과 똑같은 형식을 갖춘 여러 가지 증거를 통해 확실하게 뒷받침되는 실제 사건에 근거한다.

사람들이 기독교의 진리를 비역사적이거나 신화적이라고 논박하는 이유는 선입견에 사로잡혀 증거가 스스로 말하는 것을 허용하지 않기 때문이다.[89] 그들의 논리가 위험한 이유는 부활이 불가능하므로 부활을 지지하는 증거는 모두 잘못되었고, 그런 주장은 어리석은 바보의 맹신이나 협잡꾼의 속임수일 뿐이

---

[88] 이 생각은 찰스 레이터 목사에게서 빌려온 것이다.
[89] 로버트 레이먼드는 사람들이 기독교의 진리를 비역사적이거나 신화적이라고 말하는 이유를 "심리적으로나 종교적으로 자신들을 좀 더 편안하게 해주는 비평적, 철학적 논거를 지지하기 때문인데 그런 논거는 매우 의심스럽다"고 지적했다(*A New Systematic Theology of the Christian Faith*, 581. 『최신 조직신학』, 기독교문서선교회).

라는 편견에 근거하기 때문이다.

"하나님의 은혜와 성령의 거듭나게 하시는 사역이 없으면 아무도 그리스도의 가르침을 받아들일 수 없다"는 사실을 뒷받침하는 또 다른 증거는, 바로 죄인들이 복음을 쉽게 믿지 못한다는 사실이다. 인간은 무시할 수 있는 주장은 무시하고, 무시할 수 없는 주장은 왜곡하며, 왜곡할 수 없는 주장은 부인하려는 속성이 있다. 다시 말해, 인간은 진리에 복종하기보다 진리를 부인하는 데 더 많은 노력을 기울인다. 여기에서 그리스도의 부활을 입증하는 증거를 낱낱이 밝히는 것은 이 책의 한계를 넘어선다. 따라서 그리스도인의 믿음과 구도자의 의문에 도움이 될 만한 증거를 몇 가지만 골라 살펴보는 것으로 만족하고자 한다.

예언된 사건

예수 그리스도의 죽음과 부활은 느닷없이 일어난 사건이 아니었다. 그것은 하나님의 뜻을 이루기 위한 사건으로 일찍부터 예고되었다. 부활 후에 의심하는 제자들에게 예수님이 하신 말씀만 보아도 이 사실을 분명히 알 수 있다.

> 미련하고 선지자들이 말한 모든 것을 마음에 더디 믿는 자들이여 그리스도가 이런 고난을 받고 자기의 영광에 들어가야 할 것이 아니냐(눅 24:25-26).

예수님이 오시기 수백 년 전부터 구약 성경은 메시아의 부활을 확실하게 예언했다. 다윗은 하나님이 메시아를 무덤에 방치하시거나 그의 육체를 썩게 놔두지 않으실 것이라고 예언했다(시 16:8-11). 이사야 선지자는 하나님이 백성의 죄를 짊어지고 고난을 당한 메시아에게 큰 보상을 베푸실 것이라고 예언했다(사 53:12). 그리스도께서도 친히 십자가에 못 박히시기 전부터 자신의 죽음과 부활을 예고하셨다. 믿지 않는 유대인들이 성전을 청결하게 하는 권위를 입증하는 표적을 구하자, 예수님은 "너희가 이 성전을 헐라 내가 사흘 동안에 일으키리라"(요 2:19)고 말씀하셨다. 서기관과 바리새인들이 메시아를 입증하는 증거를 더 요구했을 때도 예수님은 그들을 꾸짖으시면서 자신의 부활을 이렇게 예고하셨다.

> 악하고 음란한 세대가 표적을 구하나 선지자 요나의 표적밖에는 보일 표적이 없느니라 요나가 밤낮 사흘 동안 큰 물고기 뱃속에 있었던 것같이 인자도 밤낮 사흘 동안 땅 속에 있으리라(마 12:39-40).

이러한 예언들은 그리스도의 제자들이 메시아를 향한 꿈을 살아 있게 하려는 절박한 심정에서 부활 사건을 조작했다는 주장이 설득력이 없다는 것을 분명하게 보여준다. 예수 그리스도께서는 부활을 확실하게 예고하셨고, 심지어는 그분의 원수들조차 예수님이 부활을 예고하셨다는 사실을 알고 있었다(마 16:21).

그 이튿날은 준비일 다음 날이라 대제사장들과 바리새인들이 함께 빌라도에게 모여 이르되 주여 저 속이던 자가 살아 있을 때에 말하되 내가 사흘 후에 다시 살아나리라 한 것을 우리가 기억하노니(마 27:62-63).

빈 무덤

제자들뿐 아니라 예수님의 원수들도 예수님이 죽으신 후에 그분의 시신에 많은 관심을 기울였다. 따라서 빈 무덤과 예수님의 시신이 발견되지 않았다는 사실은 부활의 강력한 증거가 아닐 수 없다.

처음부터 예수님의 시신만 공개했어도 기독교를 능히 파괴할 수 있었다. 예수님의 처형을 요구한 유대 지도자들과 그분을 십자가에 못 박은 로마 당국자들은 무덤의 정확한 위치를 알고 있었고, 그분의 시신을 꺼낼 기회가 충분했다. 그들은 부활의 메시지가 거짓이고, 사도들이 근거 없는 신화를 전한다는 것을 단번에 입증할 수 있었다. 그렇게 했더라면 기독교는 싹 트는 순간 시들어 죽고 말았을 것이다. 그들은 왜 예수님의 시신을 제시하지 못한 것일까?

회의주의자들은 이 문제와 관련해 세 가지 이론을 창안했다. 모두 터무니없는 이론이다.

첫째, 예수님이 십자가에서 죽지 않으셨다는 이론이다. 예수님은 단지 의식을 잃으셨을 뿐인데, 당국자들이 그분이 죽은 줄로 착각했다는 것이다.[90] 나중에 서늘한 무덤에 안치되자 예수님이 의식을 되찾으시고 무덤에서 빠져나오셨다고 한다. 이 이론을 논박할 확실한 증거는 예수님의 십자가 처형에서 발견할 수 있다. 로마 군인이 창으로 예수님의 심장을 찔렀고, 전문가들이 철저히 점검한 뒤에 그분의 사망을 확인했다(요 19:31-34). 설혹 예수님이 그 모진 고난에서 살아남으셨다고 해도 그런 상태로는 무덤을 막은 돌문을 옮길 수 없으셨을 것이다. 게다가 예수님과 같은 사람이 아무도 모르는 곳으로 숨어들어 익명의 인물로 남은 생애를 살아갔을 가능성은 더더욱 희박하다.

둘째, 제자들이 예수님의 시신을 훔쳐 아무도 모르는 은밀한 곳에 다시 매장했다는 이론이다. 이 이론을 논박할 수 있는 증거는 두 가지다. 우선 로마 경비병은 규율과 임무 수행에 철저하기로 유명했다. 그리고 신약 성경은 예수님이 체포되어 십자가에 처형되시는 동안 그분의 제자들이 크게 두려워하며 숨을 죽였다고 기록한다. 성경은 제자들이 시신을 훔쳐낸 뒤 그리스도께서 부활하셨다는 거짓 신화를 퍼뜨리지 못하도록 대제사장과 바리새인들이 빌라도에게 훈련된 로마 병사들로 무덤을 지키게 하라고 요구했다고 전한다(마 27:64). 이로 미루어보아 겁에 질린 몇몇 제자가 로마 경비병을 물리치고 예수님의 시신을 훔쳐내는 것은 불가능했다. 제자들은 그리스도께서 십자가에

---

90) 이 이론은 종종 "기절설"이라고 불린다.

처형되시는 동안 이미 모든 용기를 잃고 말았다. 수제자인 시몬 베드로조차 그를 그리스도의 제자 가운데 하나라고 지목하는 여종의 말을 극구 부인하기에 급급했다(막 14:27, 마 26:56, 눅 22:55-62). 대제사장의 당부와 달리, 로마 경비병들이 임무 수행 중에 잠을 잔다는 것도 절대 있을 수 없는 일이기는 마찬가지다(마 28:11-15). 사실 부활을 믿기보다 이 이론을 믿기가 훨씬 더 어렵다.

셋째, 제자들이 무덤을 잘못 찾았다는 이론이다. 그 무덤이 산헤드린 의원이던 아리마대 요셉의 소유였다는 사실로 미루어볼 때, 이 이론은 도무지 성립될 수가 없다(마 27:57-61, 막 15:42-47, 눅 23:50-56, 요 19:38-42). 요셉과 니고데모는 "바리새인이자 유대인의 지도자"였다(요 3:1). 그 두 사람이 예수님의 시신을 갈무리하여 무덤에 가져다 놓았다(눅 23:50-53, 요 19:38-42). 더욱이 성경은 갈릴리에서부터 예수님을 따라온 여인들이 무덤의 정확한 위치를 알고 있었다고 증언한다(마 27:61, 막 15:47, 눅 23:55). 제자들이 무덤을 잘못 찾아갔다면, 친구들과 원수들 모두 그들에게 무덤이 있는 정확한 장소를 일러주었을 것이다. 그리고 시신을 감싼 천을 벗긴 다음, 예수님의 유골을 보여주었을 것이다.[91] 이 이론도 역시 다른 두 이론처럼 전혀 터무니없다.

---

91) Reymond, *A New Systematic Theology*, 566. 『최신 조직신학』, 기독교문서선교회.

믿을 만한 증인들

어떤 사건이 실제로 일어난 역사적 사건이라는 사실을 확증하려면 세 가지가 필요하다. 목격자가 있어야 하고, 그들의 수가 충분해야 하며, 그들이 정직하고 믿을 수 있어야 한다.[92] 예수님의 부활에 관한 성경의 증언이 이 모든 조건을 다 충족시킨다는 것은 매우 의미심장하다.

첫째, 그리스도의 사역과 부활, 승천을 목격한 증인들이 있었으며, 이들의 진술이 성경을 기록하는 토대가 되었다. 신약성경의 저자들은 모두 "우리 주 예수 그리스도의 능력과 강림하심을 너희에게 알게 한 것이 교묘히 만든 이야기를 따른 것이 아니요 우리는 그의 크신 위엄을 친히 본 자라"(벧후 1:16)는 베드로의 말에서 한 치도 빗나가지 않는다. 그들은 상황을 직접 목격한 사람들의 증언이 중요하다는 사실을 분명하게 의식했다.

가룟 유다의 공백을 메운 맛디아도 세례 요한의 세례에서 시작해 그리스도의 생애와 사역, 부활과 승천을 직접 목격한 증인이었다(행 1:21-26). 누가는 "처음부터 목격자와 말씀의 일꾼 된 자들이 전하여 준 그대로" 복음서를 저술했다고 강조했다(눅 1:1-4). 요한 사도는 모든 사도가 그리스도와 특별한 관계를 맺

---

92) Henry Thiessen, *Introductory Lectures in Systematic Theology* (Grand Rapids: Eerdmans, 1961), 246.

었으며, 그 관계가 그들이 믿는 교리와 다른 사람들을 향한 복음 선포의 토대가 된다는 사실을 언급하면서 자신의 첫 서신을 시작했다.

> 태초부터 있는 생명의 말씀에 관하여는 우리가 들은 바요 눈으로 본 바요 자세히 보고 우리의 손으로 만진 바라 이 생명이 나타내신 바 된지라 이 영원한 생명을 우리가 보았고 증언하여 너희에게 전하노니 이는 아버지와 함께 계시다가 우리에게 나타내신 바 된 이시니라 우리가 보고 들은 바를 너희에게도 전함은 너희로 우리와 사귐이 있게 하려 함이니 우리의 사귐은 아버지와 그의 아들 예수 그리스도와 더불어 누림이라 우리가 이것을 씀은 우리의 기쁨이 충만하게 하려 함이라(요일 1:1-4).

편견 없는 눈으로 살펴본다면, 사도들이 그리스도의 삶과 죽음과 부활을 직접 목격했고, 자신들이 알고 있는 것이 분명한 사실이라는 것을 확실하게 의식하고 있었음을 인정할 수밖에 없다. 그들은 자신들이 거짓 풍문을 믿는 사람들이 아니라, 부활하신 그리스도의 손과 발과 옆구리를 직접 만져본 목격자라는 사실을 온 세상이 알 수 있기를 바랐다(눅 24:39, 요 20:27). 그들은 예수님과 교제를 나누었고, 그분에게 직접 가르침을 받았다(눅 24:13-32, 41-49, 요 21:12-14). 또한 예수님이 하늘로 올라가시는 광경을 보면서 그분을 경배했다(행 1:9-11).

둘째, 어떤 사건이 실제로 일어난 역사적 사건이라는 사실을 확증하려면 목격자 수가 충분해야 한다. 목격자가 많을수록 그 사건의 신뢰성이 더욱 커진다. 신구약 성경에서도 이와 똑같은 원리를 볼 수 있다. 성경은 두세 증인의 증언으로 사건을 확증하라고 명령한다(신 17:6, 19:15, 마 18:16).

그리스도의 부활은 이 조건을 충족시킨다. 성경은 다양한 장소와 상황에서 부활하신 그리스도를 목격한 증인이 수백 명에 달한다고 기록한다. 예수님은 부활하신 주일에 동산에서 막달라 마리아에게 나타나셨고, 무덤에서 돌아오는 몇몇 여인에게 모습을 보이셨다(막 16:9-11, 요 20:11-19, 마 28:9-10). 예수님은 같은 날 엠마오를 향해 가고 있는 글로바와 또 다른 제자에게 나타나셨다(막 16:12-13, 눅 24:13-32). 또한 그날 해가 지기 전에 베드로에게 나타나셨고, 다락방에 있는 열 제자에게 모습을 보이셨다(눅 24:34-43, 요 20:19-25). 그다음 주일에는 열한 제자에게 나타나시어 의심하는 도마와 대화를 나누셨다(막 16:14, 요 20:26-31, 고전 15:5). 그 후에는 오백 명이 넘는 제자들에게 일시에 보이셨고, 이부형제인 야고보에게 나타나셨다(고전 15:6-7). 그 밖에도 베드로와 요한과 다섯 제자가 갈릴리 호수에서 물고기를 잡을 때 그들에게 나타나셨다(요 21:1-23). 마지막으로, 예수님은 감람산에서 제자들이 지켜보는 가운데 하늘로 올라가셨다(눅 24:44-49, 행 1:3-8).

따라서 목격자 수가 충분하지 않다는 이유로 그리스도의 부활을 믿지 않는 것은 옳지 않다. 영국의 위대한 설교자 찰스 스펄전은 이 사실을 강력하게 역설했다.

모든 사람이 역사에 기록된 사실로 믿는 주요 사건들 가운데 많은 사건이 그리스도의 부활을 목격한 증인의 10분의 1에 불과한 사람들의 증언에 의존한다는 것은 참으로 놀랍지 않은가? 국가에 큰 영향을 끼친 유명한 조약의 체결이나 왕족의 탄생, 각료의 발언이나 음모자의 계획, 암살자의 행동과 같은 사건들을 사람들은 아무 의심 없이 역사의 전환점을 이룬 사실로 받아들인다. 그러나 그런 사건들을 실제로 목격한 사람은 거의 없다. ……이 사실(부활)을 부인한다면 모든 증거의 효력은 당장 끝장나고, "내가 놀라서 이르기를 모든 사람이 거짓말쟁이라 하였도다"(시 116:11)라고 말한 다윗의 말에 모두 동의해야 할 것이다. 그렇게 되면 이제부터는 우리의 이웃을 의심해야 하고, 스스로 목격하지 않은 것은 절대 믿지 않을 뿐 아니라, 심지어는 자신의 감각으로 직접 확인한 증거까지 의심하는 사태가 빚어질지도 모른다. 인간이 거기에서 얼마나 더 어리석어질지는 굳이 언급할 필요조차 없다.[93]

셋째, 어떤 사건이 실제로 일어난 역사적 사건이라는 사실을 확증하려면 목격자들이 정직하고 진실해야 한다. 다시 말해, 스스로가 믿을 만하다는 것을 입증해야 한다. 역사적으로 수많은 회의주의자가 신약 성경의 증인들에 대한 불신을 조장하려고 노력해 왔다. 그러나 그들은 증인들의 진실성을 논박하지

---

93) Spurgeon, *The Metropolitan Tabernacle Pulpit*, 8: 218-219.

못했고, 그들의 도덕적인 결함을 찾아내지 못했다. 결국 회의주의자들은 자기기만과 집단 히스테리의 가능성을 공격의 초점으로 삼을 수밖에 없었다.

그들은 제자들과 1세기 유대인들이 부활을 믿고 싶어하는 성향을 지녔기 때문에 보고 싶어하는 것을 마치 본 것으로 착각했다고 주장한다. 당시 유대 민족은 로마 제국의 가혹한 압제에 시달렸다. 그 때문에 예수님 당시 유대인들은 메시아의 도래를 고대했고, 쉽게 설득될 수 있었다. 그들 가운데는 이미 거짓 메시아를 따랐던 이들도 있었다(행 5:36-37). 이런 사실은 그들이 무엇이라도 믿고 싶어하는 성향을 지녔다는 것을 보여 준다. 또한 예수님은 자신의 부활을 여러 차례 예고하셨다. 제자들은 예수님을 몹시 사랑하는 상태에서 그런 예언의 말씀을 들었기 때문에 자기기만과 집단 히스테리가 쉽게 싹틀 수 있는 심리 상태를 유지할 수밖에 없었다.

그러나 몇 가지 사실이 이런 이론을 간단히 논박한다. 첫째, 대부분의 유대인은 나사렛 예수를 메시아로 믿지 않았다. 그분의 사역과 죽음은 그들에게 거리끼는 것이었다(고전 1:23). 십자가의 메시지를 거리끼게 여기는 유대인들에게 부활을 강조해 예수님이 메시아라고 아무리 외쳐봤자 틀림없이 설득력을 발휘할 수 없었을 것이다. 더욱이 이 이론은 복음을 믿을 만한 성향이 전혀 없는 수많은 이방인이 불과 몇 십 년 만에 기독교 신앙을 받아들였다는 사실을 고려하지 않는다. 루이스와 드마레스트는 이렇게 말했다.

부활 사건은 유대인이 신학적으로 기대하던 것과 날카롭게 대조된다. 부활은 당시 세속 사회의 정신적 풍토와 정면으로 충돌한다. 복음은 유대인에게는 거리끼는 것이고, 헬라인에게는 어리석은 것이었다. 그 증거가 신학과 우주론의 코페르니쿠스적 전환을 요구했기 때문이다.[94]

둘째, 유대인과 이방인들은 대체로 부활을 믿지 않았다. 그 점은 제자들도 마찬가지였다. 부활하신 예수님을 최초로 목격한 사람은 막달라 마리아였다. 그러나 빈 무덤을 발견한 막달라 마리아는 누군가가 예수님의 시신을 훔쳐다가 다른 곳에 숨겨놓았을 것이라고 생각했다(요 20:2, 13, 15). 제자들은 그리스도의 부활에 관한 소문이 돌기 시작한 뒤에도 그 사실을 믿지 않았다. 누가는 사도들이 그리스도의 부활에 관한 소식을 "허탄한" 말로 생각했다고 기록했고, 마가는 "듣고도 믿지 않았다"고 기록했다(눅 24:9-11, 막 16:11). 그들은 부활하신 그리스도를 처음 만났을 때 그분을 동산지기, 유령, 엠마오로 가는 낯선 여행자로 생각했다(요 20:15, 눅 24:13-31, 37). 예수님이 다시 나타나 율법과 선지자의 글을 자세히 설명해 주신 후에야 그들은 비로소

---

[94] Bruce Demarest and Gordon Lewis, *Integrative Theology* (Grand Rapids: Baker Academic, 1990), 2: 466. 니콜라우스 코페르니쿠스(1473-1543)는 태양 중심의 우주론을 최초로 제창한 인물이다. 태양 중심의 우주론이란 행성들의 중심이 지구가 아닌 태양이라는 것을 밝힌 이론이다. 그의 이론은 기존 우주론을 혁신하고, 현대 과학사에 새로운 이정표를 세웠다. 이 일은 "코페르니쿠스적 혁명"으로 알려져 있다. 이런 이유로 그와 비슷한 혁신적 이론이 제기될 때면 종종 "코페르니쿠스적 혁명"이라는 표현을 사용한다.

의심과 오해에서 벗어날 수 있었다(눅 24:25, 44-46). 도마는 그리스도의 손에 난 못 자국과 상처와 옆구리를 직접 보고 만지고 나서야 의심을 버렸다(요 20:24-29). 그리스도께서는 그들의 불신앙과 마음의 강퍅함을 책망하시며, "미련하고 선지자들이 말한 모든 것을 마음에 더디 믿는 자들"이라고 나무라셨다(눅 24:25-26). 이런 사실은 제자들이 부활을 믿고 있었다는 주장을 용납하지 않는다.

셋째, 그릇된 망상이나 환영은 주로 한 개인에게 국한되는 것이 보통이다. 수백 명의 목격자가 똑같은 환영을 본다는 것은 상상하기 어렵다. 더욱이 집단 히스테리가 가능하려면 대중을 강력하게 지배하는 정치 제도나 종교 제도가 존재해야 한다. 그런데 그리스도의 부활과 복음은 그렇지가 못했다. 오히려 당시 제도들은 모두 단합해 복음의 메시지를 반대하고, 최선을 다해 불신을 조장하려고 애썼다. 당시 복음전도자들 가운데는 정치적으로나 종교적으로, 또는 경제적으로 자신의 대의를 이룰 만한 세력을 갖추기는커녕, 교육이나 훈련조차 제대로 받지 못한 사람이 대부분이었다(행 4:13).

아무 유익이 없는 거짓말

부활의 역사성을 입증하는 가장 확실한 근거 가운데 종종 간과되는 것이 하나 있다. 바로 제자들이 어떤 고난이나 상실에도 개의치 않고 일평생 복음에 온전히 헌신했다는 사실이다.

그리스도께서 부활하지 않으시고 제자들이 그 사실을 날조했다면, 도대체 무슨 이유로 그렇게까지 빠져들었는지 설명하기 어렵다. 거짓말까지 하면서 그들이 이루려던 목적은 무엇이었을까?

사도들과 초기 그리스도인들 가운데 많은 사람이 박해와 증오와 수치를 당하며 가난하게 살다가 죽었다는 것은 명백한 역사적 사실이다. 바울은 "우리가 지금까지 세상의 더러운 것과 만물의 찌꺼기같이 되었도다"(고전 4:13), "만일 그리스도 안에서 우리가 바라는 것이 다만 이 세상의 삶뿐이면 모든 사람 가운데 우리가 더욱 불쌍한 자이리라"(고전 15:19)고 말했다.

사람들이 거짓말을 지어내 퍼뜨리는 이유는 주로 부와 명예와 권력을 얻기 위해서다. 만일 초기 그리스도인들이 그런 동기에서 부활 사건을 조작했다면, 자신들이 원하는 것을 얻을 수 없다는 사실을 깨닫자마자 그런 주장을 부인하거나 철회했을 것이 틀림없다. 그러나 역사가 증언하는 대로, 그들은 복음과 그리스도의 부활을 믿는 믿음을 포기하기보다 차라리 끔찍한 박해 아래 순교자가 되기를 주저하지 않았다. 부활이 역사적 사실이며, 사도들과 그리스도인들이 직접 목격한 것을 전했다는 결론 외에는 그들이 그런 고난과 죽음 앞에서 그렇게까지 고집스럽게 믿음을 지킨 이유를 달리 설명할 길이 없다. 요한 사도는 "우리가 보고 들은 바를 너희에게도 전한다"고 말했다(요일 1:3).

제임스 몽고메리 보이스는 이렇게 설명했다.

그리스도의 부활을 믿은 제자들의 신앙을 무엇으로 설명할 수 있을까? 그것은 오직 부활로만 설명할 수 있다. 제자들의 믿음을 그런 식으로 이해하지 않으면, 우리는 역사상 가장 큰 수수께끼에 직면할 수밖에 없다. 부활의 역사성과 부활하신 주님의 현현에서 그 이유를 찾아야만 기독교를 이해할 수 있으며, 기독교 역시 모두에게 확실한 소망을 제시할 수 있다.[95]

여기에서 또 하나 중요한 사실은 여인들이 증인이 되었다는 것이다. 당시 남자들이 거짓을 퍼뜨려 자신의 유익을 구하려고 했다면, 여자를 증인으로 세우지 않았을 것이다. 신약 시대의 문화에서는 법적 문제를 다룰 때 여자들을 합법적인 증인으로 인정하지 않았다. 그런데도 사복음서에서는 여자들이 예수 그리스도의 부활을 증언하는 것과 관련해 매우 중요한 역할을 감당한 것으로 나타난다(마 28:1-10, 막 16:1-8, 눅 24:1-12, 요 20:1-18). 막달라 마리아는 예수님의 부활을 다른 사람들에게 전한 최초의 인물이었다. 더구나 사도들은 예수님의 부활을 믿지 못했지만, 그는 믿고 복종하여 큰 믿음을 보여주었다(막 16:9-11, 요 20:11-18). 부활의 아침에 막달라 마리아와 함께 예수님의 무덤에 간 여인은 부활하신 주님을 두 번째로 목격했다. 그들은 예수님이 부활의 소식을 다른 사람들에게 전하라고 당부하신 최

---

[95] James Montgomery Boice, *Foundations of the Christian Faith: A Comprehensible and Readable Theology* (Downers Grove, Ill.: InterVarsity Press, 1986), 358.

초의 인물이었다(마 28:8-9). 만일 신약 성경의 저자들이 사기 행각을 벌이려고 했다면, 그런 여인들을 중요한 증인으로 내세우기보다는 사람들이 좀 더 믿을 만한 남자들을 증인으로 선택했을 것이다.

제자들의 변화

그리스도의 부활을 부인하는 회의주의자들이 가장 극복하기 힘든 문제 가운데 하나는 바로 제자들의 변화다. 부활이 역사적 사실이 아니고 속임수였다면, 사도들을 비롯해 다른 증인들의 성격과 태도가 그토록 놀랍게 변했다는 사실을 설명할 길이 없다.

그리스도의 부활 이전만 해도 제자들은 크게 두려워하며 목숨을 부지하기에 급급했다. 그들은 예수님이 체포되셨을 때 그분을 버렸고, 재판 받으시는 동안 그분을 부인했으며, 그분이 십자가에 못 박혀 죽은 후 사흘 동안 깊은 절망과 불신앙에 사로잡혔다(마 26:56, 69-75, 막 16:14, 요 20:19, 눅 24:17). 오히려 그리스도께서 사도로 임명한 제자들보다 여인들이 훨씬 큰 도덕적인 용기와 희망을 보여주었다. 남자들은 두려워서 다락방에 숨어 있는데, 여인들은 부활의 아침에 무덤이 있는 곳으로 달려갔다. 또한 남자들은 모두 의심하며 주저하는데, 그들은 부활을 믿고 전했다.

그러나 부활 이후에는 그런 사람들이 용감하고 대담한 믿음의 수호자들로 바뀌었다. 사도행전은 그들이 세상과 담대하게 맞서 예수 그리스도의 부활과 복음의 메시지로 "천하를 어지럽게 하는 자"라는 말까지 듣게 되었다고 전한다(행 17:6). 유대인이나 이방인이 강력한 종교적, 정치적 제도를 앞세워 "도무지 예수의 이름으로 말하지도 말고 가르치지도 말라"고 경고했지만(행 4:18), 그들은 조금도 위축되거나 물러서지 않고 그리스도의 인격과 메시지에 온전히 헌신했다. 베드로와 요한은 산헤드린을 향해 "하나님 앞에서 너희의 말을 듣는 것이 하나님의 말씀을 듣는 것보다 옳은가 판단하라 우리는 보고 들은 것을 말하지 아니할 수 없다"(행 4:19-20)고 말했다.

그리스도의 제자들은 위협을 당하고, 매를 맞고, 감옥에 갇히고, 순교를 당했지만, 자신들이 "보고 들은 것"을 부인하거나 전하는 것을 멈추지 않았다(요일 1:1, 3). 예수님의 부활로 인해 담대해진 제자들은 한 세대가 채 지나기도 전에 당시 세계의 전역에 복음을 전했다(골 1:5-6). 그들은 정치적, 종교적, 경제적 능력이 없었다. 학식 높은 학자도 아니었다. 그런데도 정치권력이나 군사력도 달성하지 못한 세상의 변화를 이끌어냈다. 그리스도께서 부활하지 않으셨다면 그들의 삶이 변화된 이유를 어떻게 설명하며, 그들의 사역이 그렇게 큰 성과를 거둔 이유를 어떻게 이해할 수 있겠는가? 토레이는 이렇게 말했다.

그렇게 놀랍고 획기적인 도덕적 변화가 일어났다는 것은 무엇인가 엄청난 사건이 일어났다는 명백한 증거다. 부활의 역사성, 곧

그들이 부활하신 주님을 직접 목격했다는 사실 말고는 이런 현상을 설명할 근거가 없다.[96]

원수들의 회심

회의주의자들을 곤혹스럽게 만드는 문제는 예수 그리스도의 제자들이 그분의 부활 이후에 완전히 달라졌다는 사실만이 아니다. 그들은 예수님을 반대하고 그분의 제자들을 박해하던 사람들이 회심한 사실도 아울러 설명해야 한다. 부활이 없었다면 기독교를 극렬하게 반대하던 사람들, 특히 예수님의 형제들과 악명 높은 다소의 사울이 어떻게 그렇게까지 변화될 수 있었겠는가?

성경은 예수님이 사역하시는 동안 야고보와 유다가 믿기는커녕 그분의 사역과 인격에 공공연히 반감을 표출했다고 증언한다(요 7:3-4). 예수님의 가족들은 그분이 "미쳤다"고 생각하고, 집에 데려와 붙잡아둘 요량으로 나사렛에서 가버나움을 방문한 적도 있었다(막 3:21). 그러나 예수님의 부활 이후, 이 두 형제는 완전히 변화되어 초대 교회의 지도자로 거듭났다.[97] 그들은 각자 자신의 서신서에서 예수 그리스도께 헌신하고, 그분의 주

---

96) R. A. Torrey, *The Bible and Its Christ* (Old Tappan, N. J.: Fleming H. Revell, n. d.), 92.
97) 야고보의 경우- 행 1:14, 12:17, 15:13, 고전 9:5, 15:7, 갈 1:19, 2:9, 약 1:1. 유다의 경우- 유 1:1, 행 1:14, 고전 9:5.

권에 복종한다는 내용의 글을 적었다. 그 글에서 자신들이 주 예수 그리스도의 종이라고 말했다(약 1:1, 유 1:1). 그들은 적대적이고 믿지 않는 자에서 주님께 삶을 헌신한 충실한 종으로 변화한 것이다. 부활을 목격하지 않았다면 어떻게 그런 변화가 가능했겠는가? 그들은 분명히 부활하신 그리스도를 직접 목격했다(고전 15:7).

극적인 회심을 통해 사도들이 전한 부활 메시지에 무게를 실어준 또 한 사람의 적대자가 있었다. 바로 다소의 사울이다. 사도행전과 바울 서신에 따르면, 사울은 초기 기독교의 가장 극렬한 박해자였다. 무지와 불신앙에 휩싸인 그는 나사렛 예수를 사기꾼이자 신성모독자라고 확신했다. 그는 예수님을 믿는 사람은 모두 감옥에 갇히거나 처형당해야 마땅하다고 생각했다(딤전 1:13, 고후 5:16). 그는 스데반이 죽임 당하는 것을 지극히 당연하게 여겼던 사람으로 사도행전에 처음 등장한다(행 7:58, 8:1). 그 일이 있은 후, 그는 "주의 제자들에 대하여 여전히 위협과 살기가 등등하여" 대제사장을 찾아가서 "그 도를 따르는 사람을 만나면 남녀를 막론하고 결박하여 예루살렘으로 잡아오려" 그에게 공문을 요청했다(행 9:1-2).

그러나 사울은 다메섹으로 가는 도중에 완전히 변화되었다. 그는 예수님이 이스라엘의 메시아라고 확신하고 그분의 이름으로 세례를 받은 후 즉시 회당에서 "예수가 하나님의 아들이심을 전파"했다(행 9:18-20). 이것을 본 동료 유대인들은 모두 크게 놀라며 "이 사람이 예루살렘에서 이 이름을 부르는 사람을 멸하려던 자가 아니냐 여기 온 것도 그들을 결박하여 대제사장들에게 끌어가고자 함이 아니냐"고 말했다(행 9:21).

기독교 신앙을 박해하던 사람이 한때 그렇게 없애려고 안간힘을 쓰던 그 믿음을 전하고 있다는 소식이 유대 지역에 있는 모든 교회에 신속히 퍼졌다(갈 1:22-23). 그러나 사울이 극렬하게 교회를 핍박하던 인물이었던 만큼 그리스도인들 가운데는 그와 관계를 맺으려는 사람이 아무도 없었다. 모두가 그를 두려워했다. 그러던 중 바나바가 사도들에게 그의 회심이 사실이라고 말해 주었다(행 9:26-27). 기독교의 가장 큰 적이었던 다소의 사울은 마침내 기독교의 가장 열렬한 옹호자요, 전파자로 변화했다.

윌리엄 닐은 이렇게 말했다.

> 나사렛 예수의 추종자들을 극렬하게 핍박하던 사람이 "위협과 살기가 등등한" 모습으로 예루살렘에서 다메섹으로 가는 도중에 육체적으로는 눈이 멀고, 정신적으로는 완전히 압도당한 채로 다메섹에 들어갔다. 그는 몸과 마음이 회복되자 즉시 자신이 없애려던 신앙을 가장 열렬하게 옹호하는 사람으로 변화되었다. 이것은 의심의 여지가 없는 역사적 사실이다.[98]

회의주의자들은 사울의 회심과 극적인 삶의 변화가 역사적

---

98) William Neil, *The Acts of the Apostles* (London: Oliphants, 1973), 128.

사실이 아니라고 부인한다. 그렇다면 그들은 그 이유를 적절히 설명해야 할 의무가 있다. 교회는 2,000년이 넘도록 아직도 답변을 기다리고 있다.

역사에 등장한 허다한 증인들

기독교 신앙이 전파되기 시작한 첫 해에 존경받는 율법교사요, 바리새인인 가말리엘이 산헤드린 앞에서 예수님의 제자들을 처리하는 문제를 두고 큰 지혜를 발휘했다. 그가 행한 연설은 충분히 길게 인용할 만하다.

> 이스라엘 사람들아 너희가 이 사람들에게 대하여 어떻게 하려는지 조심하라 이전에 드다가 일어나 스스로 선전하매 사람이 약 사백 명이나 따르더니 그가 죽임을 당하매 따르던 모든 사람들이 흩어져 없어졌고 그 후 호적할 때에 갈릴리의 유다가 일어나 백성을 꾀어 따르게 하다가 그도 망한즉 따르던 모든 사람들이 흩어졌느니라 이제 내가 너희에게 말하노니 이 사람들을 상관하지 말고 버려두라 이 사상과 이 소행이 사람으로부터 났으면 무너질 것이요 만일 하나님께로부터 났으면 너희가 그들을 무너뜨릴 수 없겠고 도리어 하나님을 대적하는 자가 될까 하노라 (행 5:35-39).

예수 그리스도께서 오시기 전에 두 사람의 거짓 메시아가 이스라엘 백성 앞에 나타났다. 그들은 꽤 많은 추종자를 거느렸지만, 그들이 죽은 뒤에는 모두 신속히 흩어졌고, 그들에 대한 소식은 더 이상 들려오지 않았다. 따라서 가말리엘은 나사렛 예수께서 단지 사람이고 그분의 부활이 속임수라면 그분의 추종자들도 곧 흩어질 것이라고 추론했다. 또한 그는 부활이 사실이라면 예수님은 메시아가 틀림없고, 그 운동은 계속될 것이며, 그것을 반대하는 사람들은 하나님을 상대로 싸워야 할 것이라고 지혜롭게 판단했다. 지난 2,000년의 역사가 가말리엘의 주장을 확실하게 입증하고 있다.

예수 그리스도의 부활을 입증하는 가장 큰 증거 가운데 하나는 기독교 신앙이 지금까지 모든 민족과 종족과 백성 사이에 널리 퍼졌다는 사실이다. 오늘날에 이르기까지 예수 그리스도와 인격적인 관계를 맺고 자신의 삶이 획기적으로 변화되었다고 증언하는 그리스도인은 헤아릴 수 없이 많다. 특히 이들이 특정한 정치 그룹이나 경제 그룹, 인종 그룹이나 학술 그룹에 국한되지 않는다는 사실, 곧 인종과 경제는 물론, 학문의 고하와 상관없이 모든 부류를 포함하고 있다는 사실은 매우 의미심장하다.

바울은 "거기에는 헬라인이나 유대인이나 할례파나 무할례파나 야만인이나 스구디아인이나 종과 자유인이 차별이 있을 수 없나니 오직 그리스도는 만유시요 만유 안에 계시니라"(골 3:11)고 말했다.

남녀노소를 막론하고 예수님을 따른 수많은 사람이 개인적으로 큰 희생을 감수했다는 사실을 염두에 두는 것도 매우 중요하다. 일부 통계학자들은 순교자가 5,000만 명이 넘을 것이라고 추정한다. 어떤 사람들은 그보다 훨씬 많을 것이라고 생각한다. 이 모든 사실은 "그런 헌신과 희생이 가능한 이유는 무엇일까? 지금까지 박해자들이 교회를 근절하려고 수많은 노력을 기울여왔지만, 교회가 여전히 건재한 이유는 무엇일까?"라는 질문을 다시 생각하게 만든다. 한마디로 이런 사실을 통해 부활의 아침에 여인들이 무덤의 돌문이 굴러간 것을 목격했을 당시, 무엇인가 놀라운 사건이 일어났다는 것을 믿지 않을 수 없다.

24장
그리스도의 승천: 대제사장

문들아 너희 머리를 들지어다 영원한 문들아 들릴지어다 영광의 왕이 들어가시리로다 영광의 왕이 누구시냐 강하고 능한 여호와시요 전쟁에 능한 여호와시로다 문들아 너희 머리를 들지어다 영원한 문들아 들릴지어다 영광의 왕이 들어가시리로다 영광의 왕이 누구시냐 만군의 여호와께서 곧 영광의 왕이시로다(시 24:7-10).

그러므로 우리에게 큰 대제사장이 계시니 승천하신 이 곧 하나님의 아들 예수시라 우리가 믿는 도리를 굳게 잡을지어다 우리에게 있는 대제사장은 우리의 연약함을 동정하지 못하실 이가 아니요 모든 일에 우리와 똑같이 시험을 받으신 이로되 죄는 없으시니라(히 4:14-15).

성경은 그리스도께서 부활하신 지 40일 만에 많은 제자가 지켜보는 가운데 하늘로 승천하셨다고 증언한다.

이 말씀을 마치시고 그들이 보는데 올려져 가시니 구름이 그를 가리어 보이지 않게 하더라(행 1:9).

축복하실 때에 그들을 떠나 하늘로 올려지시니(눅 24:51).

주 예수께서 말씀을 마치신 후에 하늘로 올려지사 하나님 우편에 앉으시니라(막 16:19).

그는 육신으로 나타난 바 되시고 영으로 의롭다 하심을 받으시고 천사들에게 보이시고 만국에서 전파되시고 세상에서 믿은 바 되시고 영광 가운데서 올려지셨느니라(딤전 3:16).

그리스도의 부활과 승천은 그분이 대관식을 거쳐 하나님의 오른편에 앉으셨다는 것을 입증하는 증거이자 전조였다. 성경에 따르면, 성부께서는 창세전에 성자와 함께 누리던 영광으로 성자를 영화롭게 하셨다(요 17:5). 그러나 그리스도께서 되찾으신 영광은 세상에 오실 때 잠시 포기하신 영광보다 위대하다(빌 2:6-8). 그분은 지금 영광스러운 신성과 인성을 모두 지니시고 성부의 오른편에 앉아 계신다. 그분은 통치자이실 뿐 아니라, 구원자요, 대제사장이라는 신분을 지니신다. 예수님은 하나님의 아들이자 둘째 아담이시고, 사자처럼 강한 왕이자 죽임을 당한 어린양이시며, 천지의 재판관이시자 하나님의 백성을 위해 자신을 속죄제물로 드린 대제사장이시다.

그리스도의 승천

승천이라는 영광스러운 주제를 다루기 전에 먼저 구약 성경을 잠시 살펴보자. 다윗이 지은 시편 24편은 주님이 시온에 입성하시는 것을 축하하는 찬가다. 교회는 전통적으로 이 시편을 그리스도께서 하늘의 예루살렘에 올라가 "손으로 짓지 아니한……더 크고 온전한 장막"에 들어가신 것을 축하하는 찬양으로 이해해 왔다(히 9:11, 24). 최근 들어 이 시편을 그리스도께 얼마만큼 적용할 수 있느냐 하는 문제가 논란이 되고 있지만, 종교개혁자들과 청교도를 비롯해 위대한 신학자와 성경 주석가들은 기독론적인 관점에서 이 시편을 해석했다. 우리는 그들을 길잡이로 삼아 이 시편을 통해 하나님의 오른편에 앉으신 그리스도의 영광을 살펴보는 것이 좋을 듯하다.

이 시편의 첫 여섯 구절은 "누가 하나님 앞에 나갈 수 있느냐?"라는 매우 중요한 질문을 다룬다. 그 자격 조건은 매우 엄격하고 철저하다.

> 여호와의 산에 오를 자가 누구며 그의 거룩한 곳에 설 자가 누구인가 곧 손이 깨끗하며 마음이 청결하며 뜻을 허탄한 데에 두지 아니하며 거짓 맹세하지 아니하는 자로다(시 24:3-4).

이 말씀을 읽는 순간, 우리는 하나님의 산에 오르거나 그분의 거룩한 곳에 설 자격이 없다는 사실을 깨닫는다. 우리의 손은 부정하고, 마음은 불결하며, 영혼은 우상 숭배로 가득하고, 입술은 거짓에 오염되었다. 우리 죄는 하나님과 우리의 관계를 단절시켰고, 하늘에 들어가는 문을 여리고 성문처럼 굳게 걸어 잠가 아무도 출입할 수 없게 만든다(사 59:2, 수 6:1). 우리에 대한 판결은 의롭다. 의인은 없되 한 사람도 없다(롬 3:10). 우리에게만 맡겨놓는다면 아무것도 의지할 것이 없어 모두 입을 가린 채 정죄의 심판을 기다려야 한다(롬 3:19). 우리 자신을 눈 녹은 물로 씻고, 우리 손을 잿물로 씻어도 우리 죄는 하나님 앞에 그대로 있다(욥 9:30-31, 렘 2:22). 우리는 하나님 앞에 나가기는커녕 가까이 다가갈 수조차 없다.

인간은 단 한 가지 자격도 갖추지 못했다. 그러나 우리 가운데 오직 한 사람, 곧 의로우신 예수 그리스도께서는 하늘에 오르시어 하나님 앞에서 선택받은 백성을 변호하신다(히 4:14, 요일 2:1). 그분은 아담의 후손으로 우리와 똑같은 인성을 지니신다. 그분은 세상에 계시는 동안 죄가 없으신 것을 제외하고는 우리와 모든 점에서 똑같으셨다(히 4:15). 모든 생각과 말과 행위로 하나님을 영화롭게 하셨고, 마음과 영혼과 생각과 힘을 다해 하나님을 사랑하셨다(고전 10:31, 마 22:37, 막 12:30, 눅 10:27). 그분은 세상에 사시는 동안 항상 하나님께 복종하셨다(요 8:29). 그분은 율법으로는 흠이 없으셨다. 아무런 그림자나 점도 없이 하나님의 거룩하심으로 환한 불꽃처럼 타올라 모든 어둠을 밝히셨다. 성경은 하나님이 천사도 잘못했다고 나무라시지만, 예수님에게서는 오직 완전한 거룩하심과 무한한 의만 발견하신다고 증언한다(욥 4:18). 예수님은 "거룩하고 악이 없고 더러움이 없고 죄인에게서 떠나" 계신다(히 7:26). 아담의 후손 가운데 자신의 공로로 하나님께 인정받은 사람은 오직 예수님밖에 없다. 하나님이 "이는 내 사랑하는 아들이요 내 기뻐하는 자"라고 말씀하신 분은 오직 예수님뿐이다(마 3:17, 17:5, 막 1:11, 9:7, 눅 3:22).

우리는 시편 24편 7절에서 아무 죄가 없는 인간, 곧 나사렛 예수께서 하늘에 오르시어 천국 문에 서신 것을 발견할 수 있다. 그분은 그곳에서 목소리를 높여 "문들아 너희 머리를 들지어다 영원한 문들아 들릴지어다 영광의 왕이 들어가시리로다"라고 외치셨다. 이런 사실을 조금이라도 이해할 수 있다면, 예수 그리스도를 우러러보는 마음이 더욱더 넘쳐날 것이다. 예수님은 스스로의 공로로 천국 문 앞에 서시어 문을 활짝 열라고 명령하신다. 예수님의 목소리에 천사들이 성벽으로 달려와 아래를 내려다본다.[99] 그들은 "이 영광의 왕이 누구이기에 천국의 문이 복종해야 하는가? 이 사람이 누구이기에 자신의 이름으로 와서 자신의 공로로 천국 입성을 요구하는 것일까?"라고 말한다. 심지어 위대한 스랍들조차도 스스로에게는 의로움이 없다는 사실을 인정하고, 자신의 가치와 영광이 모두 하나님과 그분의 은혜에서 비롯한다는 사실을 보여주기 위해 그분 앞에서 몸을 가리고 머리를 조아려야 한다(사 6:1-2). 그들은 자신의 공로를 자랑하지 못하며, 자신의 이름으로 아무것도 주장할 수 없다. 그러나 예수님은 하늘에 오르셨을 뿐 아니라, 하나님의 보좌에 앉으시겠다고 말씀하셨다. 이 영광의 왕은 대체 누구신가? 그리스도께서는 다시 한 번 목소리를 높여 "강하고 능한 여호와시요 전쟁에 능한 여호와시로다 문들아 너희 머리를 들지어다 영원한 문들아 들릴지어다 영광의 왕이 들어가시리로다"(시 24:8-9)라고 외치셨다. 이 두 번째 명령으로 모든 의문이 잠잠해졌다.

---

[99] 찰스 스펄전의 시편 24편 주석을 참조하라. *The Treasury of David* (Grand Rapids: Zondervan, 1950), 1: 377.

예수님의 음성에 실린 힘이 그분의 신분을 밝히 드러냈다. 육신이 되신 말씀, 곧 인자이신 예수님이 전에 계셨던 곳으로 되돌아오셨다(요 1:1, 14, 6:62). 오래된 빗장이 깨어지고 기둥들이 흔들리면서 천국의 문이 나사렛 예수께 복종했다.

성령으로 잉태하시어(마 1:20)

다윗의 혈통으로 나신(롬 1:3)

하나님의 아들이시자(요 1:34)

아담의 후손이시여!(눅 3:23-38, 고전 15:45)

신성의 충만함이 육체로 거하시는(골 2:9),

유다 지파의 사자시요(계 5:5),

세상의 죄를 짊어지신 어린양이시여!(요 1:29)

하나님의 보좌 앞에서 조금도 부끄러워하지 않으시고(히 9:24),

우리를 형제라고 부르시기를 주저하지 않으시는(히 2:11),

산 자와 죽은 자의 재판장이시요(행 10:42, 딤후 4:1),

선택받은 백성의 대언자시여!(요일 2:1)

천사들은 영원토록 그 순간의 영광을 거듭 말할 것이다. 성자께서 승리를 입증하는 상처를 지니신 몸으로 돌아오셨다. 그분은 선택받은 백성을 거스르는 채무 증서를 지워버리시고 십자가에 못 박으셨다(골 2:14). 죽음의 세력으로 선택받은 백성을 속박하던 마귀를 정복하시고 세상의 구경거리로 삼으셨다(골 2:15, 히 2:14-15). 이것이 천국의 성도들이 큰 목소리로 "죽임을 당하신 어린양은 능력과 부와 지혜와 힘과 존귀와 영광과 찬송을 받으시기에 합당하도다"(계 5:12)라고 외치는 이유다.

영광스러운 그리스도께서 영원한 문을 통해 들어가시자 성부께서는 성자를 본래 그분의 자리였던 자신의 오른편 보좌에 앉히셨다. 성자께서는 그곳에서 "모든 통치와 권세와 능력과 주권과 이 세상뿐 아니라 오는 세상에 일컫는 모든 이름 위에 뛰어나신" 존재가 되셨다(엡 1:21). 모두가 성부를 공경하듯 성자를 공경하는 결과가 나타났다(요 5:23). "너는 내 오른쪽에 앉아 있으라"(시 110:1)는 다윗의 예언은 그렇게 성취되었다.

우리의 형제이신 나사렛 예수께서는 영광의 왕이시다. 그분은 갑작스레 신이나 선한 피조물로 격상되지 않으셨다. 그분은 하나님의 영원한 아들이시지만 하나님과 동등됨을 취할 것으로 여기지 않으시고, 자기의 영광을 비워 육신을 입으시고, 속죄제물로 죽임을 당하셨다(빌 2:6-9, 롬 3:25, 요일 2:1-2). 예수님은 사흘 만에 죽은 자 가운데서 살아나셨고, 많은 증거로 자신의 부활을 증명하셨으며, 하늘에 오르시어 지극히 높으신 하나님의 오른편에 앉으셨다(행 1:3, 히 1:3). 예수님은 대제사장이시요, 만민의 재판장과 주님으로서 보좌에 앉아 계신다.

중보자이신 그리스도

예수님은 하나님의 오른편에 앉으시어 하나님과 사람 사이의 중보자 역할을 감당하신다. 성부께서 성자를 중보자가 되게 하신 이유는 여러 가지다. 그 이유들은 모두 성자의 탁월하심과 그분을 향한 성부의 무한한 사랑을 보여준다. 그리스도의 중보 사역은 성부와 성자께서 영원 전부터 관계를 맺고 계셨다는 사실을 세상과 역사 속에 밝히 드러냈다. 첫째, 성자께서 만물의 으뜸이 되시고 모든 것이 그분을 통해 창조되는 것이 성부의 선하신 뜻이요 목적이다(골 1:18, 요 1:3). 따라서 하나님은 늘 성자의 중보를 통해 피조 세계를 다스리시는 것을 좋아하신다. 성부께서는 성자를 통해 세상을 창조하고 유지하시며, 성자를 통해 자신을 세상에 계시하시고, 세상을 구원하신다(요 1:1, 3, 14, 18, 3:17, 12:41, 골 1:16, 히 1:3, 사 61:1-3, 행 4:12). 또한 성부께서는 장차 성자를 통해 세상을 심판하실 것이다(요 5:22, 행 10:42, 17:31, 롬 2:16).

둘째, 성자께서 갈보리에서 행하신 중보 사역은 하나님이 세상에 드러내신 계시 가운데 가장 중요한 위치를 차지한다. 중보 사역의 중요성과 탁월함은 영원토록 변하지 않는다. 구원받은 피조물들이 영원토록 복음의 무한한 영광을 추구하는 과정을 통해 그리스도의 중보 사역은 갈수록 더욱 중요해진다.

셋째, 온갖 좋은 은사와 온전한 선물이 모두 성부에게서 비롯한다. 피조물은 성자를 위해, 또 성자를 통해 은혜를 누린다(약 1:17). 하나님을 경배하는 사람들이나 그분을 증오하는 사람들 모두 성자의 중보 사역을 통해 각양각색의 축복을 누린다(요 1:3-4). 교회가 하나님과 올바른 관계를 맺고 풍성한 은혜를 누리는 이유는 모두 성자 때문이다(엡 1:7-8). 비와 따사로운 햇빛이 성자를 통해 악인과 선인에게 골고루 임한다.

넷째, 성육신은 성자의 중보 사역에 경이로운 의미를 새롭게 부여했다. 하나님의 영원한 아들이시요 아담의 자손인 그리스도께서 우주를 유지하시고, 다스리시며, 중재하신다. 그분이 인간의 몸을 입으시고 나타나셔서 육신을 지니신 채 영화롭게 되셨기 때문이다. 이 진리는 참 놀랍다. 피조물을 위한 하나님의 뜻은 그리스도를 통해, 또 그분에 의해 절정에 이르렀다.

구원의 창시자이신 그리스도

창세기는 하나님이 그분의 형상대로 인간을 창조하셨고, 인간을 대리자로 삼아 세상을 다스리게 하셨다고 기록한다(창 1:26). 시편 저자는 하나님이 흙으로 만든 피조물에게 그런 특권을 허락하신 것을 경이롭게 여기며 이렇게 노래했다.

> 주의 손가락으로 만드신 주의 하늘과 주께서 베풀어 두신 달과 별들을 내가 보오니 사람이 무엇이기에 주께서 그를 생각하시며 인자가 무엇이기에 주께서 그를 돌보시나이까 그를 하나님보다 조금 못하게 하시고 영화와 존귀로 관을 씌우셨나이다 주의 손으로 만드신 것을 다스리게 하시고 만물을 그의 발아래 두셨으니(시 8:3-6).

하나님은 만물을 우리의 조상 아담의 발아래 두셨다. 하나님은 그를 피조물의 으뜸으로 삼으셨다. 그러나 인간은 뱀의 속임수에 넘어가 하나님께 반역했다(창 3:1-7). 그 결과 인간은 높은 지위를 상실했고, 피조 세계를 혼돈과 허무함과 썩어짐의 노예가 되게 만들었다(창 3:14-19, 롬 8:20-22). 또한 인간은 하나님과 관계가 단절된 채 정의의 심판 아래 죽음의 형벌을 당하기에 이르렀다(창 2:16-17, 3:24, 롬 6:23).

인간은 낙원을 잃었고, 스스로의 힘으로는 복구할 수 없었다. 그러나 창세전부터 하나님의 신비로운 섭리를 통해 위대한 사역이 계획되었다(벧전 1:20, 사 46:9-10). 때가 되자 성부께서는 성자를 타락한 인간들에게 보내시어 그들의 죄를 속량하게 하셨고, 과거에 잃었던 영광보다 훨씬 뛰어난 영광을 허락하셨다(갈 4:4).

하나님이 우리가 말하는 바 장차 올 세상을 천사들에게 복종하게 하심이 아니니라 그러나 누구인가가 어디에서 증언하여 이르되 사람이 무엇이기에 주께서 그를 생각하시며 인자가 무엇이기에 주께서 그를 돌보시나이까 그를 잠시 동안 천사보다 못하게 하시며 영광과 존귀로 관을 씌우시며 만물을 그 발아래에 복종하게 하셨느니라 하였으니 만물로 그에게 복종하게 하셨은즉 복종하지 않은 것이 하나도 없어야 하겠으나 지금 우리가 만물이 아직 그에게 복종하고 있는 것을 보지 못하고 오직 우리가 천사들보다 잠시 동안 못하게 하심을 입은 자 곧 죽음의 고난 받으심으로 말미암아 영광과 존귀로 관을 쓰신 예수를 보니 이를 행하심은 하나님의 은혜로 말미암아 모든 사람을 위하여 죽음을 맛보려 하심이라(히 2:5-9).

히브리서 저자의 증언에 따르면, 하나님은 새 창조, 곧 장차 올 세상을 위한 계획을 세우셨다(히 2:5). 이 새로운 세상은 천사들이 아니라, 아담의 타락한 후손들 가운데 구원받은 사람들의 것이다. 하나님의 영원하신 아들이 천사들보다 조금 못하게 되신 이유는 선택받은 백성을 위해 죽음을 맛보시고, 그들을 죄의 형벌에서 구원해 하나님이 그들을 위해 예비하신 영광스러운 자리로 회복시키시기 위해서였다.

물론 모든 계획이 온전히 성취된 것은 아니다. 아직은 만물이 하나님의 구원받은 백성에게 복종하지 않기 때문이다(히 2:8). 그러나 예수님이 먼저 죽은 자 가운데서 살아나셨고, 지극히 높으신 하나님의 오른편에 앉으셨으며, 영광과 존귀로 관을 쓰셨다(히 1:3, 2:9). 구원의 창시자로서 예수님은 선택받은 백성보다 먼저 하늘에 오르셨다(히 2:10). 예수님은 많은 사람을 영광으로 인도하실 구원의 대장이시요, 현재의 소망을 뒷받침하는 보증이시다. 성경은 피조물이 "썩어짐의 종노릇한 데서 해방되어 하나님의 자녀들의 영광의 자유에 이르는 것"(롬 8:21)을 학수고대하며, 하나님의 아들들이 나타나기를 갈망한다고 증언한다. 인자이신 예수님 때문에 피조물은 실망하지 않을 것이다. 그 점은 우리도 마찬가지다.

우리의 대제사장이신 그리스도

타락한 인간의 가장 큰 문제는 하나님과 동등한 조건에서 관계를 맺고, 비참한 상태에 놓여 있는 인간을 대변해 줄 중보자가 필요하다는 것이다. 하나님과 사람 사이의 중보자가 되려면 신성과 인성을 모두 갖춘 존재가 필요하다. 그 두 가지 본성은 "서로 변환되거나 조합되거나 혼합되지 않으면서 한 인격 안에서 서로 불가분의 관계"를 맺어야 한다.[100]

신성이 충만해 하나님과 동등한 관계를 맺는 존재여야만 하나님을 대할 수 있다(골 2:9, 빌 2:6). 또한 죄는 없으면서 모든 일에 시험을 받는 참인간만이 인간의 연약함을 동정하고, 인간을 대표하는 중보자가 될 수 있다(히 4:15). 이것이 중보자가 갖추어야 할 자격이다.

나사렛 예수의 인격 안에 그 모든 자격이 하나가 되어 하나님께는 영광이요, 인간에게는 위로가 넘쳤다. 예수님은 참하나님이다. 그분은 신성의 모든 속성과 영광과 영예를 공유하신다(요 1:1, 14, 빌 2:6). 또한 예수님은 참인간이시다(딤전 2:5). 예수님은 성육신을 통해 우리와 같은 모양이 되셨고, 모든 일에 우리와 똑같이 시험을 받으셨지만 죄는 없으셨다(요 1:1, 14, 히 2:14-18, 4:15, 고후 5:21).

예수님은 자비롭고 신실한 대제사장이 되셔서 "무지하고 미혹된 자들"을 깨우치시고, 그들의 연약함을 동정하신다(히 2:17, 4:15, 5:1-4). 예수님은 자신의 가치와 공로에 근거해 하늘에 들어가셨고, 하나님의 보좌 앞에서 우리를 옹호하신다(히 4:14-15,

---

[100] 1689년 런던 침례교 신앙고백, 8장 2항.

9:11-12). 예수님은 하나님 앞에서 조금도 부끄러워하지 않으시고, 우리를 형제라고 부르시기를 수치스럽게 여기지 않으신다(히 2:11). 예수님은 영화로워진 육신을 입으시고 우리 앞서 하늘나라의 영광 속으로 들어가셨고, 하나님의 보좌 앞에서 우리를 위해 기도하신다. 그분은 선택받은 백성의 대변자로서 영원히 그들을 위해 중보기도를 드리신다(히 7:25).

족장 욥은 하나님과 사람 사이를 중재할 자격이 있는 중보자를 갈망했다(욥 9:28-35). 욥이 갈망하던 중보자는 지금 하나님의 오른편에 계신다. 그분은 "세상 끝"에 나타나시어 자기를 단번에 드려 죄를 없애셨고, 하늘에 오르시어 우리를 위해 하나님 앞에 나아가신다(히 9:24-26). 우리는 그분을 통해 "영혼의 닻", 곧 휘장 안에 들어갈 수 있는 확실하고 견고한 소망을 지니게 되었다(히 6:19). 예수님은 항상 살아서 우리를 위해 간구하시기 때문에 우리를 온전히 구원하실 수 있다(히 7:25).

그리스도께서는 갈보리에서 우리 죄를 속량하셨고, 우리의 칭의를 위한 모든 조건을 충족하셨다(요 19:30, 롬 4:25). 우리를 위한 그분의 사역은 중보기도를 통해 지금도 계속되고 있다. 이것은 성경의 가장 아름다운 교리 가운데 하나지만 잘못 이해될 때가 많다. 뛰어난 성경학자 찰스 하지는 "그리스도의 중보기도의 본질에 관해서는 확실하게 말하기 어렵다. 성경의 표현을 지나치게 확대 해석하는 것도 잘못이고, 그런 표현을 일일이 다 설명하려는 것도 잘못이다"라고 말했다.[101] 존 머레이는 이렇게 설명한다.

그리스도인들은 때로 주님의 중보 사역이 지닌 성격을 심하게 왜곡하는 경향이 있다. 주님을 "카타콤의 모자이크에 나오는 형상처럼 양팔을 활짝 편 상태로 성부 앞에 서서 마지못해하시는 그분을 설득하려고 눈물로 간절히 호소하는 기도상처럼 생각해서는 안 된다. 주님은 보좌에 앉으신 왕이요, 대제사장으로서 항상 그분의 요구를 듣고 응답하시는 성부께 원하는 것을 구하신다. 우리 주님이 하늘에서 하시는 일은 기도다." 자신을 제물로 드리신 주님의 요구는 항상 응답되며, 항상 효력을 나타낸다. 주님은 성부를 직접 대면하시며, 주님과 성부의 관계는 절대 깨지지 않는다. 선택받은 백성을 위한 주님의 제사장 사역은 결코 끝나지 않는다. 따라서 주님이 선택받은 백성을 위해 확보하신 구원은 절대적이다.[102]

우리는 저명한 학자들이 주의를 당부한 말을 기억하면서 "그리스도께서 항상 살아 계셔서 우리를 위해 간구하시는 대제사장이시라는 사실이 무엇을 의미하느냐?"라고 물어야 한다(히 7:25). 성경에 계시된 말씀에서 찾을 수 있는 대답은 크게 네 가지다.

---

101) Charles Hodge, *Systematic Theology* (New York: Scribner, Armstrong, and Co., 1871-1872), 2: 593.
102) John Murray, *The Epistle to the Romans*, The International Commentary on the New Testament, 155. 인용문 안에 또 인용된 글은 다음 자료에서 발췌한 것이다. H. B. Swete, *The Ascended Christ* (London, 1912), 95.

예수님은 선택받은 백성의 죄를 속량하셨다

첫째, 그리스도의 중보 사역은 우리 죄를 위한 속죄제물로 하나님 앞에 자신을 단번에 드리신 것을 의미한다. 그리스도께서 계속해서 속죄를 중재하신다는 생각, 곧 그분의 속죄 사역에 결함이 있다거나 그분이 선택받은 백성을 위해 끊임없이 용서를 구하셔야 한다는 생각은 잘못이다. 성경은 때가 되자 그리스도께서 자신을 희생시켜 단번에 속죄를 완성하시고 영원한 구원을 이루셨다고 말한다(히 7:27, 9:12, 26-28, 10:10, 벧전 3:18).

> 제사장마다 매일 서서 섬기며 자주 같은 제사를 드리되 이 제사는 언제나 죄를 없게 하지 못하거니와 오직 그리스도는 죄를 위하여 한 영원한 제사를 드리시고 하나님 우편에 앉으사 그 후에 자기 원수들을 자기 발등상이 되게 하실 때까지 기다리시나니 그가 거룩하게 된 자들을 한 번의 제사로 영원히 온전하게 하셨느니라(히 10:11-14).

그리스도의 죽음은 그리스도인의 과거와 현재와 미래의 죄를 단번에 해결했다. 따라서 그리스도께서 성부 앞에 서거나 엎드려서 선택받은 백성들을 위해 계속해서 용서를 구하신다고 생각해서는 안 된다. 그리스도께서 하나님의 오른편에 앉으셨다는 사실은 속죄가 완성되었다는 확실한 증거다. 이는 결코 잊어서는 안 될 영원한 공로다.

예수님은 선택받은 백성을 위해 기도하신다

둘째, 예수 그리스도의 중보 사역은 대리 속죄뿐 아니라 지속적인 중보기도를 포함한다. 예수님은 자기 백성을 대신해 하나님께 기도와 간구를 드리신다.

> 누가 정죄하리요 죽으실 뿐 아니라 다시 살아나신 이는 그리스도 예수시니 그는 하나님 우편에 계신 자요 우리를 위하여 간구하시는 자시니라(롬 8:34).
> 그러므로 자기를 힘입어 하나님께 나아가는 자들을 온전히 구원하실 수 있으니 이는 그가 항상 살아 계셔서 그들을 위하여 간구하심이라(히 7:25).
> 그러므로 내가 그에게 존귀한 자와 함께 몫을 받게 하며 강한 자와 함께 탈취한 것을 나누게 하리니 이는 그가 자기 영혼을 버려 사망에 이르게 하며 범죄자 중 하나로 헤아림을 받았음이니라 그러나 그가 많은 사람의 죄를 담당하며 범죄자를 위하여 기도하였느니라(사 53:12).

바울과 히브리서 저자 모두 그리스도의 중보 사역을 언급하면서 헬라어 "엔투그카노"(*entugchano*)를 사용했다. 이 말은 "기도", "간구", "중재"를 의미한다.[103] 메시아의 미래 중보 사역과 관련하여 이사야는 히브리어 동사인 "파가"(*paga*)라는 단어를 사용하였다. 이 말은 "간청하다", "중재하다"라는 뜻이다(사

53:12). 따라서 원래의 의미와 문맥을 충실히 반영한다면, 그리스도의 중보 사역에는 선택받은 백성을 위해 하나님께 중보기도를 드리는 일이 포함된다는 결론을 내릴 수 있다.

그리스도의 중보기도 사역은 그분의 이중 본성의 능력과 권위를 밝히 드러낸다. 그분은 전지하신 하나님이기 때문에 아무 어려움 없이 그리스도인들이 겪는 시련과 유혹, 필요를 동시에 모두 알고 계신다.[104] 또한 그리스도께서는 인간으로서 모든 일에 우리와 똑같이 시험을 받으셨기 때문에 우리를 동정하시고 우리의 어려움을 도와주실 수 있다(히 2:16-18, 4:15). 신성과 인성을 지니신 그리스도께서는 그리스도인들의 필요와 하나님의 뜻을 온전하게 알고 계시기 때문에 그들을 동정하는 마음으로 하나님의 보좌 앞에 나가 그들을 위해 간구하실 수 있다.

그리스도께서 믿는 자들을 대신해 하늘에서 중보기도를 드리시는 사역이 정확히 무엇을 의미하는지 상세히 알고 싶은 충동을 느끼더라도 이 문제를 다룰 때는 매우 신중해야 한다. 성경은 이 문제에 대해 거의 아무 말도 하지 않는다. 그러나 우리는 그리스도의 지상 사역에 근거해 그리스도의 중보기도의 본질에 관한 몇 가지 통찰을 얻을 수 있다. 존 머레이는 이렇게 설명했다.

---

103) 롬 8:34, 히 7:25. Wayne A. Grudem, *Systematic Theology* (Grand Rapids: Zondervan, 1994), 627-628. 『웨인 그루뎀의 조직신학』, 은성.
104) Paul David Washer, *The One True God* (Hannibal, Miss.: Granted Ministries Press, 2009), 40.

예수님의 제자들은 그분의 가르침과 행동을 통해 그분이 탁월한 중보자시라는 사실을 깨달았다. 예수님은 마지막 유월절 만찬 석상에서 베드로에게 "내가 너를 위하여 네 믿음이 떨어지지 않기를 기도하였노니 너는 돌이킨 후에 네 형제를 굳게 하라"(눅 22:32)고 말씀하셨다. 누군가가 예수님이 하늘에서 어떻게 중보기도를 드리시느냐고 묻거든, 세상에 계실 때 베드로를 위해 기도하신 것처럼 지금도 하나님의 오른편에서 그리스도인들을 위해 기도하고 계신다고 대답하는 것이 가장 좋지 않겠는가? 요한복음 17장에 기록된 기도, 곧 예수님이 체포되시던 날 밤에 드린 기도는 대제사장의 기도라고 불리는 것이 타당하다. 그 기도를 주의 깊게 연구하면, 주님이 자기를 통해 하나님 앞에 나오는 이들을 위해 중보기도를 드리신다는 것이 무슨 의미인지 깨닫는 데 큰 도움이 될 것이다.[105]

예수님은 마귀에게서 자기 백성을 보호하신다

셋째, 그리스도의 중보 사역에는 마귀와 그 추종자들의 비난에서 그리스도인을 보호하는 사역이 포함된다. 성경은 마귀를 하나님 앞에서 밤낮으로 그리스도인들을 참소하던 자라고 일컫는다(계 12:10). "마귀"는 "고발자", "비난과 중상을 일삼는 자"를 뜻하는 헬라어 "디아볼로스"(*diabolos*)를 번역한 것이다.

---

105) Murray, *The Epistle to the Romans*, 154–155.

마귀는 세상에서 그리스도인들을 끊임없이 비난하고 고소한다. 그러나 그리스도께서는 하나님의 보좌 앞에서 그들을 변호하신다. 그리스도의 변호는 그리스도인들의 결백이나 공로, 또는 마귀가 비난하는 말의 신빙성에 의존하지 않는다. 만일 그렇다면 그분의 변호는 실패할 것이다. 우리는 종종 죄를 지으므로 마귀의 고발이 옳을 때도 있기 때문이다. 그리스도의 변호는 그분의 완전하고 확실한 사역에 의존한다. 그리스도께서 우리가 지은 모든 죄를 온전히 속죄하셨기 때문에 비록 마귀가 우리를 비난하는 말이 옳다고 해도 아무런 효력을 발휘하지 못한다. 이런 이유로 바울은 "누가 정죄하리요 죽으실 뿐 아니라 다시 살아나신 이는 그리스도 예수시니 그는 하나님 우편에 계신 자요 우리를 위하여 간구하시는 자시니라"(롬 8:34)고 자신 있게 말했다. 바울의 질문은 일종의 반어법이다. 그는 우리를 정죄할 권한을 가지신 주님이 우리를 모든 정죄에서 구원하시기 위해 죽으셨다는 사실을 알았다.

마귀의 고소는 그리스도의 보혈의 능력을 이길 수 없다. 심지어 하나님의 백성 가운데 가장 약한 자조차도 어린양의 피 덕분에 가장 강한 귀신을 능히 물리칠 수 있다(계 12:11). 더욱이 그리스도께서는 마귀의 고소에 맞서 그리스도인들을 위해 중보기도를 드리실 뿐 아니라, 그들이 마귀에게 공격당할 때도 기꺼이 중보기도를 드리신다. 십자가에 못 박히시기 전날 밤, 그리스도께서는 베드로에게 사탄이 그를 밀 까부르듯 하려고 요구했지만, 베드로의 믿음이 떨어지지 않도록 기도하셨다고 말씀하셨다(눅 22:31-32). 그분은 교회가 이어져 온 2,000년 동안 수많은 그리스도인을 위해 그와 똑같은 일을 해오셨다. 그분의 중보기도는 앞으로도 세상 끝날까지 계속될 것이다.

예수님은 자기 백성을 위로하신다

넷째, 그리스도의 중보 사역은 하나님의 백성에게 가장 큰 위로가 된다. 그리스도인은 그리스도의 속죄를 통해 하나님과 올바른 관계를 맺었다. 또한 성령의 내주하심과 거듭나게 하시는 사역을 통해 죄를 물리치는 능력을 얻는다. 그런데도 그리스도인은 자신의 연약함을 의식하고 종종 실패를 경험한다. "무식하고 미혹된 자를 능히 용납하시는" 은혜로우신 대제사장이 하늘에 계시지 않다면, 그리스도인은 아무 희망도 가지지 못한 채 절망할 수밖에 없다(히 5:1-2).

히브리서 4-5장은 이 진리를 분명하게 보여준다. 그 말씀에서 우리는 모든 그리스도인의 삶에 두 가지 강력한 진리가 작용하고 있다는 사실을 알 수 있다. 첫째는 하나님의 말씀의 능력이다. 하나님의 말씀은 그리스도인의 삶 속 가장 깊이 감추어져 있는 생각과 행위도 능히 드러낸다.

> 하나님의 말씀은 살아 있고 활력이 있어 좌우에 날선 어떤 검보다도 예리하여 혼과 영과 및 관절과 골수를 찔러 쪼개기까지 하며 또 마음의 생각과 뜻을 판단하나니(히 4:12).

둘째는 하나님의 전지하심이다. 하나님은 그리스도인의 생각과 말과 행위를 모두 알고 계신다.

지으신 것이 하나도 그 앞에 나타나지 않음이 없고 우리의 결산을 받으실 이의 눈앞에 만물이 벌거벗은 것같이 드러나느니라(히 4:13).

우리 죄를 드러내는 "하나님의 말씀의 능력"과 아무도 피할 수 없는 "하나님의 전지하심"이라는 두 가지 진리는 그리스도인을 무력하게 만들어 온갖 의심과 불확실성의 늪에 빠뜨리기에 충분해 보인다. 그러나 사실은 그렇지 않다. 그리스도인은 예수님 안에서 자신의 연약함을 동정하실 수 있는 은혜롭고 신실한 대제사장을 발견하기 때문이다. 그분은 모든 일에서 함께 시험을 받았지만 죄는 없으셨다(히 2:16, 18, 4:14-15). 따라서 그리스도인은 의심과 두려움에 짓눌리지 않고, 담대히 은혜의 보좌 앞에 나가 "긍휼하심을 받고 때를 따라 돕는 은혜를 얻을" 수 있다(히 4:16). 채리티 밴크로프트가 지은 찬송가는 이 영광스러운 진리를 잘 표현하고 있다.

위에 있는 하나님의 보좌 앞에서
나를 위해 온전하고 강력하게 호소하시는 분이 계시네.
사랑이란 이름을 가진 위대하신 대제사장께서
항상 살아 계시며 나를 위해 기도하시네.

그분의 손에 내 이름이 새겨 있고,

그분의 마음에 내 이름이 쓰여 있네.

그분이 하늘에 계시니

그 누가 나를 쫓아낼 수 있으리.

사탄이 나를 절망에 빠뜨리고

죄책감을 불러일으킬 때

고개를 들어 내 모든 죄를 속하신

위에 계신 주님을 바라보네.

죄 없으신 구주께서 나를 위해 죽으셨기에

죄 지은 내 영혼이 자유로워졌네.

의로우신 하나님은 만족하신 얼굴로

주님을 보시고 나를 용서하시네.

부활하신 어린양,

흠 없고 완전한 의를 지니신

영원히 변하지 않으시는 자존자시요

영광과 은혜의 왕을 보라!

그분 안에 있는 나는 결코 죽지 않으리.

그분의 피로 내 영혼을 값 주고 사셨네.

위에 계시는 그리스도,

나의 구주시요 하나님이신 그분 안에

내 생명이 감춰져 있네.[106]

---

106) Charitie L. Bancroft, "Before the Throne of God Above", 1863.

25장
그리스도의 승천: 만민의 주님

이러므로 하나님이 그를 지극히 높여 모든 이름 위에 뛰어난 이름을 주사 하늘에 있는 자들과 땅에 있는 자들과 땅 아래에 있는 자들로 모든 무릎을 예수의 이름에 꿇게 하시고 모든 입으로 예수 그리스도를 주라 시인하여 하나님 아버지께 영광을 돌리게 하셨느니라(빌 2:9-11).

그의 능력이 그리스도 안에서 역사하사 죽은 자들 가운데서 다시 살리시고 하늘에서 자기의 오른편에 앉히사 모든 통치와 권세와 능력과 주권과 이 세상뿐 아니라 오는 세상에 일컫는 모든 이름 위에 뛰어나게 하시고 또 만물을 그의 발아래에 복종하게 하시고 그를 만물 위에 교회의 머리로 삼으셨느니라(엡 1:20-22).

그리스도의 승천은 예수님이 교회의 중보자시요, 만민의 주님이자 재판관이 되셨다는 것을 의미한다. 시편 24편은 영광의 왕으로 하늘에 오르신 그리스도께 하늘의 문들이 복종한다고 말한다(시 24:7). 예수님은 피조 세계 가운데 가장 높은 영역을 다스리시기 때문에 그보다 낮은 영역은 말할 것도 없고, 심지어는 지옥의 문들까지도 그분께 복종하는 것이 당연하다(마 16:18, 계 1:18).

메시아에 관한 구약 성경의 예언과 신약 성경에 기록된 사도들의 증언은 그리스도의 주권을 매우 중요한 주제로 다루었다.

예수님은 세상의 구원자이실 뿐 아니라, 세상을 다스리는 절대적인 주권자이시다. 따라서 후자를 배제한 채 전자만 강조하는 것은 그리스도와 그분의 복음에 관한 신약 성경의 증언을 왜곡하는 것이다. 그리스도의 주권은 그리스도만이 참된 구원자라는 진리와 더불어 복음 선포의 핵심을 구성한다. 베드로가 오순절에 처음으로 복음을 전하면서 "다윗은 하늘에 올라가지 못하였으나 친히 말하여 이르되 주께서 내 주에게 말씀하시기를 내가 네 원수로 네 발등상이 되게 하기까지 너는 내 우편에 앉아 있으라 하셨도다 하였으니 그런즉 이스라엘 온 집은 확실히 알지니 너희가 십자가에 못 박은 이 예수를 하나님이 주와 그리스도가 되게 하셨느니라"(행 2:34-36)고 선언한 것은 결코 우연이 아니다.

그리스도께서 주님으로서 하늘에 오르신 사실은 십자가를 길게 전하고 나서 마지막에 잠깐 언급해도 상관없는 사소한 교리로 다루어서는 안 된다. 절대 군주를 인정하지 않는 오늘날의 문화 풍토를 거스르지 않으려고 이 교리를 경시하는 것은 옳지 않다. 오히려 우리는 이 교리를 복음에서 가장 중요하고 핵심적인 교리 가운데 하나로 간주해야 한다. 그리스도께서 하나님의 오른편에 앉으셨다는 사실은 그분의 부활과 더불어 사도들과 초대 교회의 복음 선포 가운데 가장 큰 비중을 차지한 교리다. 따라서 이 교리는 오늘날 우리의 복음전도에서도 비중 있게 다루어져야 마땅하다. 우리는 구원자이신 그리스도, 곧 수고하고 무거운 짐 진 자들을 부르시는 그리스도만이 아니라

(마 11:28) 주님이신 그리스도, 곧 민족들의 충성을 요구하며 그들을 철장으로 다스리시는 그리스도도 전해야 한다(시 2:9-12). 그리스도의 주권이라는 주제로 많은 책을 쓸 수 있지만, 여기에서는 복음을 이해하고 선포하는 것과 가장 밀접하게 관련된 몇 가지 주제만 다루고자 한다.

그리스도의 주권의 근거(토대)

가장 먼저 살펴보아야 할 문제는 "그리스도의 주권은 무엇에 근거하는가? 그분은 누구에 의해 주님으로 임명되셨는가?"이다. 성경에 따르면, 그리스도께서는 하나님의 뜻에 의해 주님이 되셨다. 오순절에 베드로는 십자가에 못 박히신 예수님을 주님과 그리스도가 되게 하신 분은 하나님이라고 선언했다(행 2:36). "너는 멜기세덱의 서열을 따라 영원한 제사장이라"고 말씀하신 하나님이 또한 예수님을 만유의 주님이요 주권자로 삼으셨다(시 110:4, 히 5:6, 7:17, 21).

그리스도께서는 제자들에게 마지막으로 "하늘과 땅의 모든 권세를 내게 주셨으니"(마 28:18)라는 말씀을 남기셨다. 이렇듯 절대적인 주권자라는 칭호는 그리스도께서 스스로 취하신 것이 아니라, 성부 하나님이 부여하신 것이다.

성령의 영감을 받은 다윗은 "주께서 내 주께 이르시되 내가 네 원수를 네 발아래에 둘 때까지 내 우편에 앉아 있으라"는 말로 이 진리를 예언했다(마 22:44, 행 2:34-35, 시 110:1). 예수님은 바리새인과 사두개인들을 상대하실 때 이 본문을 인용해 메시아는 단순한 인간이 아니라, 세상의 영역을 초월하는 주권자라는 사실을 깨우쳐주셨다(마 22:43-45). 하나님은 다윗을 이스라엘의 왕들 가운데서 가장 힘 있고 뛰어난 왕으로 세우셨다. 다윗은 성령의 영감을 통해 자신의 후손으로 태어날 메시아를 하나님의 오른편에 앉아 계시는 주님으로 일컬었다.

바울 사도는 서신서 여러 곳에서 이 예언이 성취되었다고 진술했다. 그는 빌립보 신자들에게 보낸 편지에서 "하나님이 그를 지극히 높여 모든 이름 위에 뛰어난 이름을 주셨다"고 말했다(빌 2:9). 또한 에베소 신자들에게 보낸 편지에서도 하나님이 그리스도를 "하늘에서 자기의 오른편에 앉히사 모든 통치와 권세와 능력과……모든 이름 위에 뛰어나게" 하셨다고 말했다(엡 1:20-22).

지금까지 인용한 성경 본문들은 성부께서 성자에게 권위를 부여하신 것을 이미 성취된 사건으로 진술하고 있다. 그리스도의 주권이 온 우주 앞에 온전히 드러나고, 만민이 그분을 주님으로 고백하게 될 날은 아직 미래에 속한다. 그러나 그리스도의 주 되심은 엄연한 현실이다. 이것은 만민이 의식해야 할 절대적 사실이자 그리스도인들이 굳게 확신해야 할 진리다. 그리스도께서는 하나님일 뿐 아니라, 스스로 공로를 세우신 덕분에 성부께 만물을 다스릴 권한을 부여받으셨다. 유대인들은 예수님을 강제로 붙들어 이스라엘의 왕으로 삼으려고 했다(요 6:15). 사탄은 자기에게 엎드려 절하면 이 세상을 다스릴 수 있는 권세를 주겠다고 유혹했다(마 4:8-9). 그러나 그리스도께서는 그 모든 유혹을 물리치시고, 오직 하나님만이 그런 권위를 주실 수 있음을 알고 온전히 복종하셨다. 성부께서는 그런 성자를 지극히 높이셨다. 바울 사도는 이 사실을 이렇게 설명했다.

> 사람의 모양으로 나타나사 자기를 낮추시고 죽기까지 복종하셨으니 곧 십자가에 죽으심이라 이러므로 하나님이 그를 지극히 높여 모든 이름 위에 뛰어난 이름을 주사 하늘에 있는 자들과 땅에 있는 자들과 땅 아래에 있는 자들로 모든 무릎을 예수의 이름에 꿇게 하시고 모든 입으로 예수 그리스도를 주라 시인하여 하나님 아버지께 영광을 돌리게 하셨느니라(빌 2:8-11).

그리스도의 절대적인 주권

예수님의 주권이 하나님의 뜻에 의해 결정되었다는 진리는 여러 가지 의미를 담고 있다. 그 가운데 가장 중요한 의미는 그분의 주권이 영원하고 절대적인 권위라는 사실이다. 시편 2편은 이 진리를 분명하게 보여준다. 유대인과 그리스도인 모두 이 시편을 메시아의 통치를 묘사한 "메시아 시편"(royal psalm)으로 해석해 왔다.

> 어찌하여 이방 나라들이 분노하며 민족들이 헛된 일을 꾸미는가 세상의 군왕들이 나서며 관원들이 서로 꾀하여 여호와와 그의

기름 부음 받은 자를 대적하며 우리가 그들의 맨 것을 끊고 그의 결박을 벗어버리자 하는도다 하늘에 계신 이가 웃으심이여 주께서 그들을 비웃으시리로다 그때에 분을 발하며 진노하사 그들을 놀라게 하여 이르시기를 내가 나의 왕을 내 거룩한 산 시온에 세웠다 하시리로다(시 2:1-6).

이 시편은 다윗의 계보를 잇는 왕이 절대적 권위와 무한한 세력을 지니게 될 것이라고 예언한다. 그 왕이 우주의 보좌 위에 오르는 것은 하나님의 결정으로, 피조물의 뜻과는 상관없이 하나님의 신적 특권에 근거한다. 이 결정은 인간이나 천사의 동의에 의존하지 않는다. 그 효과가 지속되는 데에도 피조물의 도움은 필요 없다. 하늘과 땅과 지옥에 있는 피조물이 일치단결해 하나님이 세우신 왕을 대적하더라도, 그들 가운데 가장 힘없는 존재가 홀로 대항하는 것처럼 아무런 영향도 끼칠 수 없다. 그들의 반역 행위는 개미가 머리로 바위를 들이박는 것처럼 미약하고 우스꽝스러울 것이다. 이 메시아 시편을 조금이라도 이해한다면 이런 사실을 확연하게 알 수 있다.

이 시편의 첫 세 구절은 세상이 그리스도와 그분의 나라를 대적하는 상황을 묘사하고 있다. 우리는 이 말씀을 통해 사악한 뱀의 후손과 여자의 후손이 전쟁을 치르고 있는 현실을 엿볼 수 있다(창 3:15). 거칠고 적대적인 인간의 세력이 하나님의 뜻과 그분의 왕을 대적한다. 사람들은 그리스도의 의로운 통치와 뜻을 자신들의 사악함을 속박하는 사슬처럼 생각한다. 그들은 자유롭게 악을 저지르지 못하는 것을 불행이라고 여겨 그 사슬을 끊으려고 애쓴다. 나라들이 모두 분노하며, 하나님이 임명하신 주권자를 향해 미친 소처럼 돌진한다. 그들 가운데 가장 위대한 지도자들도 그런 싸움에 동참한다. 지상의 왕들이 모두 일어나고, 통치자들이 지략을 모아 주님과 그분의 기름 부음을 받은 자를 대적한다. 그러나 그런 음모와 계략에도 그들의 계획은 모두 수포로 돌아가고, 그들의 가장 큰 노력도 아무런 성과를 거두지 못한다.

그들은 사자가 걸려들기를 바라며 거미줄을 치는 작은 거미와 같다. 그들의 적대 행위와 지략과 싸움은 참으로 무모하기 짝이 없다. 그들은 지혜로도, 명철로도, 모략으로도 여호와를 당하지 못한다는 사실을 망각했다(잠 21:30). 자신들이 "통의 한 방울 물과 같고 저울의 작은 티끌"(사 40:15) 같다는 것을 의식하지 못한다. 그들의 권세와 영광을 모두 합치더라도 하나님 앞에서는 아무것도 아니다. 그분은 그들을 "없는 것같이, 빈 것같이"(사 40:17) 여기신다. 다윗은 "온 땅은 여호와를 두려워하며 세상의 모든 거민들은 그를 경외할지어다 그가 말씀하시매 이루어졌으며 명령하시매 견고히 섰도다 여호와께서 나라들의 계획을 폐하시며 민족들의 사상을 무효하게 하시도다 여호와의 계획은 영원히 서고 그의 생각은 대대에 이르리로다"(시 33:8-11)라고 말했다. 그러나 그들은 교만함에 사로잡혀 다윗의 지혜로운 조언을 무시했다.

하나님은 나사렛 예수를 왕으로 세우셨다. 그분을 대적하는 사람들이 모두 힘을 합치더라도 매우 미약하고 우스꽝스럽기만 하다. 그들의 태도는 하나님의 비웃음을 사기에 충분하다. 다윗은 성령의 영감을 통해 하늘에 계신 하나님이 그들을 비웃고 조롱하신다고 말했다. 그들이 계속 모략을 꾸미고 터무니없는 계획을 세울 때마다 하나님은 가소롭게 여기신다. 하나님은 그들의 허장성세와 위협을 비웃으시고, 그들의 세찬 공격을 말씀 한마디로 가볍게 물리치신다. 스펄전은 이렇게 말했다.

> 전능하신 하나님의 침착한 권위, 그리고 그분이 세상 군주들과 분노하는 민족들을 우습게 여기신다는 표현에 주목하라. 하나님은 그들과 싸우시기 위해 몸을 일으켜 세우지 않으신다. 그분은 그들을 멸시하신다. 그들의 적대 행위가 얼마나 터무니없고, 무익하고, 우스꽝스러운지 잘 알고 계시기에 그들을 비웃으신다.[107]

칼빈도 "하나님이 지금 즉시 손을 내밀어 불경한 자들을 처단하지 않으시더라도, 그분이 지금 그들을 비웃고 계신다는 사실을 잊지 말라"고 말했다.[108]

하나님과 반역을 꾀하는 민족들의 간격은 굉장히 크기 때문에 그분은 보좌에서 일어서기는커녕 자세를 바꾸실 필요조차 없다. 그들이 요란하게 구는 모습을 지긋이 내려다보시다가 하

---

107) Spurgeon, *Treasury of David*, 1: 1.
108) John Calvin, *Commentary on the Book of Psalms*, vol. 4 of Calvin's Commentaries (Grand Rapids: Baker, 1996), 4: 14.

나님이 언제든 분노를 조금만 드러내셔도 그들은 즉시 공포에 질려 꼼짝도 하지 못할 것이다. 하나님은 그들에게 성자에 대한 확고한 뜻을 천명하신다. 하나님은 마치 "민족들이 분노하고 세상의 왕들이 나서는구나. 그러나 나는 내 왕을 나의 거룩한 산에 세웠다. 모든 결정은 내 손에 달려 있다. 모든 대적 행위는 다 헛될 것이다. 내가 세운 왕의 나라가 임할 것이고, 그의 뜻이 이루어질 것이다"라고 말씀하시는 듯하다.

예수 그리스도께서는 다니엘 선지자가 목격한 "돌"이시다(단 2:34-35, 44-45). 이 돌은 인간의 조언이나 도움 없이 오로지 하나님의 뜻에 의해 산에서 잘려 나온 것이다. 이 돌이 세상 나라들을 깨부수고, 큰 산을 이루어 온 세상을 가득 채운다. 이 돌이 세운 나라는 영원히 지속될 것이다. 그렇기 때문에 민족들이 창백해진 낯빛으로 분노하며 날뛰는 것이다. 그들은 "하나님이 자신의 왕과 법을 강요하다니! 두고 보자"라는 식으로 생각한다. 그러나 그들의 태도나 행위는 하나님의 뜻을 조금도 거스를 수 없다. 하나님이 세우신 왕의 보좌는 결코 무너지지 않을 것이고, 그 직임을 다른 사람에게 맡기는 일은 결코 없을 것이다. 왕의 보좌는 흔들리지 않을 것이다. 반역이 일어날 가능성은 절대 없을 것이다. 성경의 하나님은 절대적인 주권자이시다. 그분은 자신의 아들에게 영원하고 절대적인 보좌를 허락하셨다.

우리는 하나님의 주권보다 인간의 자율성을 높이고, 하나님의 율법보다 개인적인 표현의 자유를 중시하는 시대에 살고 있다. 사실 인간의 자율성과 표현의 자유는 현대인이 섬기는 두 마리의 신성한 암소라고 말할 수 있다.[109] 그러나 성경은 이렇게 가르친다.

> 그는 뜻이 일정하시니 누가 능히 돌이키랴 그의 마음에 하고자 하시는 것이면 그것을 행하시나니(욥 23:13).
> 땅의 모든 사람들을 없는 것같이 여기시며 하늘의 군대에게든지 땅의 사람에게든지 그는 자기 뜻대로 행하시나니 그의 손을 금하든지 혹시 이르기를 네가 무엇을 하느냐고 할 자가 아무도 없도다(단 4:35).

이런 성경의 진리는 다수의 사람들을 분노하게 만든다. 그렇지만 이 진리들은 복음의 핵심이기 때문에 복음을 거리끼지 않는 것으로 만들려고 하거나 편리한 대로 숨기거나 축소해서는 안 된다.

하나님은 십자가에 못 박히신 예수님을 주님과 그리스도로 세우셨다(행 2:36). 건축가들이 버린 돌이 머릿돌이 되었다(시 118:22, 마 21:42, 막 12:10, 눅 20:17, 행 4:11, 벧전 2:7). 그리스도께서는 하나님의 뜻에 의해 우주의 왕이 되셨다. 그분의 왕 되심을 논박하거나 비판할 수는 없다. 그분은 모든 사람을 다스리는 주님이자

---

109) "신성한 암소"라는 표현은 가축을 신성시하는 힌두교와 관련된다. 어떤 개념이나 전통, 문화를 신성한 암소라고 일컫는 것은 그것이 의심이나 비판에서 완전히 자유로움을 의미한다(사실 아무 근거 없이 그렇게 취급되는 경우가 많다).

25장 그리스도의 승천: 만민의 주님

재판관으로 영원히 군림하실 것이다. 복음 설교자는 이 위대한 진리를 감추어서는 안 된다. 설교자는 이 진리를 주저하지 말고 모두에게 선포해야 한다. 물론 우리는 사람들에게 예수님을 삶의 주인으로 삼으라고 말해서는 안 된다. 오히려 우리는 하나님이 주님으로 삼으신 그분을 인정하고, 복종을 다하라고 권고해야 한다(행 2:36).

그리스도의 주권은 어디까지 이르는가?

지금까지 그리스도의 주권의 근거와 절대성을 살펴보았다. 이번에는 그 범위, 곧 세력권을 살펴보도록 하자.

성경은 그리스도의 주권이 우주에 이른다고 말한다. 예수님은 제자들에게 마지막으로 남긴 말씀에서 "하늘과 땅의 모든 권세를 내게 주셨으니"(마 28:18)라고 선언하셨다. 간단한 말씀이라고 해서 그 중요성을 간과해서는 곤란하다. 이 말씀은 예수님이 하신 가장 중요한 말씀 가운데 하나다. "권세"는 "권위", "권리", "권력"을 뜻하는 헬라어 "엑수시아"(*exousia*)를 번역한 것이다. 그리스도께서는 승천을 통해 피조 세계의 모든 영역을 다스리는 권세를 부여받으셨다. 그분의 권세는 무한하며 이르지 않는 곳이 없다. "하늘과 땅"이라는 표현은 그 무엇도 예수님의 권위나 권세에서 벗어날 수 없다는 것을 의미한다. 구약 성경의 예언은 물론, 신약 성경의 서신서들도 이 진리를 확증하고 있다.

내가 또 밤 환상 중에 보니 인자 같은 이가 하늘 구름을 타고 와서 옛적부터 항상 계신 이에게 나아가 그 앞으로 인도되매 그에게 권세와 영광과 나라를 주고 모든 백성과 나라들과 다른 언어를 말하는 모든 자들이 그를 섬기게 하였으니 그의 권세는 소멸되지 아니하는 영원한 권세요 그의 나라는 멸망하지 아니할 것이니라(단 7:13-14).

그의 능력이 그리스도 안에서 역사하사 죽은 자들 가운데서 다시 살리시고 하늘에서 자기의 오른편에 앉히사 모든 통치와 권세와 능력과 주권과 이 세상뿐 아니라 오는 세상에 일컫는 모든 이름 위에 뛰어나게 하시고 또 만물을 그의 발아래에 복종하게 하시고 그를 만물 위에 교회의 머리로 삼으셨느니라(엡 1:20-22).

이러므로 하나님이 그를 지극히 높여 모든 이름 위에 뛰어난 이름을 주사 하늘에 있는 자들과 땅에 있는 자들과 땅 아래에 있는 자들로 모든 무릎을 예수의 이름에 꿇게 하시고 모든 입으로 예수 그리스도를 주라 시인하여 하나님 아버지께 영광을 돌리게 하셨느니라(빌 2:9-11).

모세는 바로가 사람을 보내 요셉을 감옥에서 자기 앞에 데려오게 했다고 기록했다(창 41:14). 그리스도께서도 무덤에서 나와 "옛적부터 항상 계신 이" 앞으로 인도되셨다(단 7:13). 또한 모세는 바로가 요셉에게 "애굽 온 땅에서 네 허락이 없이는 수족을 놀릴 자가 없으리라"(창 41:44)고 말했다고 기록했다. 마찬가지로, 성부께서는 높임 받으신 그리스도께 "하늘과 땅에 있는 모든 자들 가운데 성자의 허락 없이 수족을 놀릴 자가 없을 것이오"라고 말씀하신다. 다니엘은 높임 받으신 그리스도께서 옛적부터 항상 계신 이 앞에 인도되어 영광과 권세와 나라를 허락받고 모든 민족을 지배하실 미래를 내다보았다.

아울러 바울은 그리스도의 높임 받으심을 성취된 사실이자 현실로 바라보았다. 그는 "모든 통치와 권세와 능력과 주권"에 뛰어나신 그리스도, 곧 하나님의 오른편에 앉아 계시는 그리스도를 증언했다. 시편 저자는 민족들이 그리스도의 유업이 되고 그 소유가 땅 끝까지 이르게 될 것이라고 기록할 때 그분의 영광을 어렴풋이 내다보았을 뿐이다.[110] 바울 사도는 우리의 시야를 세상과 그곳의 거민들뿐 아니라, 온 우주로 확대시킨다. 그는 존재하는 모든 것, 곧 "보이는 것들과 보이지 않는 것들과 혹은 왕권들이나 주권들이나 통치자들이나 권세들이나 만물이 다 그로 말미암고 그를 위하여 창조되었고"(골 1:16), 그분께 복종한다고 말했다(골 1:16).

나사렛 예수께서는 우주의 중심에서 그 가장 먼 곳에 이르는 모든 곳을 다스리시는 주님이다. 그분은 태곳적의 단세포 생물부터 상상할 수 없을 만큼 복잡하고 영광스러운 스랍에 이르기까지 모든 것을 다스리시는 주님이다. 가장 경건한 그리스도인의 마음에서 가장 적대적인 원수가 휘두르는 주먹에 이르기까

---

[110] 시 2:8-9. 욥도 "보라 이런 것들은 그의 행사의 단편일 뿐이요 우리가 그에게서 들은 것도 속삭이는 소리일 뿐이니 그의 큰 능력의 우렛소리를 누가 능히 헤아리랴"(욥 26:14)라고 말했다.

지 모든 것을 다스리시며, 하늘의 가장 높은 곳에서 지옥의 가장 낮은 곳까지 모든 것을 다스리시는 주님이다. 그 무엇도 방해할 수 없는 그분의 무한한 주권은 강조하고 또 강조해도 지나치지 않을 만큼 중요하다.

그리스도의 주권과 인간의 충성

인간이나 천사, 그리스도의 친구나 원수를 막론하고 모든 피조물의 마지막 운명은 다 똑같다. 장차 그들은 모두 무릎을 꿇고 예수 그리스도가 주님이라고 고백할 것이다(빌 2:9-11). 이성을 지닌 피조물이라면 이 진리와 그리스도의 주권의 본질과 범위를 생각하는 순간, 그리스도에 대한 태도가 참으로 중요하다는 사실을 깨달을 수밖에 없다. 하나님이 그리스도를 우주의 주님이자 재판관으로 세우셨다는 사실을 생각하면, 인간의 다른 관심은 모두 부차적이고 지극히 사소해 보이기 마련이다.

모든 인간의 가장 큰 관심사는 우주의 절대적인 주권자와 올바른 관계를 맺는 것이다. 성경은 한 사람도 예외 없이 모두가 그리스도께 온전히 충성해야 하며, 그분을 거부하는 사람은 비참한 종말을 맞이할 것이라고 분명하게 가르친다(시 2:10-12). 이런 말은 현대인이 생각하기에는 단순히 거리끼는 차원을 뛰어넘어 도무지 견딜 수 없는 어처구니없고 도발적인 발언이요, 심하게는 범죄에 해당하기까지 한다. 이런 이유로 인간은 그리스도의 요구가 정당한지 아닌지 생각해 보려고도 하지 않는다.

그리고 무작정 공격적인 태도를 취하면서 온갖 의문을 제기하며, 충성을 요구하시는 하나님을 멸시하기를 좋아한다. 그들은 하나님이 그런 분이라면 자기들은 자유의지가 없는 허수아비일 뿐이라고 생각한다. 그러나 이런 인간의 항변은 전혀 새로운 것이 아니다. 성경은 반항적인 인간이 주권자이신 하나님의 요구에 항상 그런 식으로 반응해 왔다고 증언한다.

> 누가 너를 우리를 다스리는 자와 재판관으로 삼았느냐(출 2:14, 참조. 행 7:27, 35).
> 여호와가 누구이기에 내가 그의 목소리를 듣고(출 5:2).
> 전능자가 누구이기에 우리가 섬기며(욥 21:15).

그리스도의 권위를 생각한 바울 사도는 이런 반항적인 항변에 대해 "이 사람아 네가 누구이기에 감히 하나님께 반문하느냐"(롬 9:20)는 대답밖에 달리 들려줄 것이 없다고 말했다. 성경은 하나님이 나사렛 예수를 "주와 그리스도가 되게 하셨다"고 가르친다(행 2:36). 그런데 대체 인간이 무엇이기에 감히 하나님께 이의를 제기하고 따져 묻는 것인가? 욥기에 따르면, 하나님을 의심하는 자는 무지한 말로 생각을 어둡게 한다(욥 38:2). 그런 사람은 넘어서는 안 될 한계를 뛰어넘어 천사들조차 두려워하는 곳으로 덥석 달려드는 어리석은 바보일 뿐이다. 그러나 인간의 온갖 무례한 행동에도 하나님은 긍휼과 은혜가 풍성한 하나님, 곧 "노하기를 더디 하고 인자와 진실이 많은 하나님"으로 자신을 계시하셨다(출 34:6, 느 9:17, 시 86:15, 103:8, 145:8, 욜 2:13, 욘 4:2). 따라서 하나님은 그런 질문에 겸손히 대답하시고, 가장 반항적인 인간에게까지 그분의 명령과 계획에 순종해야 할 이유를 설명해 주신다. 그리스도를 공경해야 할 이유를 몇 가지 살펴보면 다음과 같다.

그리스도, 우리의 창조주이자 유지자

먼저 모든 인간이 성자를 공경해야 하는 이유는 그분이 창조주요, 유지자이시기 때문이다. 요한복음 서두를 보면, "만물이 그로 말미암아 지은 바 되었으니 지은 것이 하나도 그가 없이는 된 것이 없느니라"(요 1:3)는 말씀을 읽을 수 있다. 히브리서 저자와 바울 사도는 성자께서 창조하신 만물을 또한 유지하신다고 말했다.

> 그의 능력의 말씀으로 만물을 붙드시며(히 1:3).
> 만물이 그 안에 함께 섰느니라(골 1:17).

우리는 이런 진리에 근거해 하늘과 땅의 모든 피조물이 성자를 통해 창조되고 유지된다는 결론을 이끌어낼 수 있다. 인간이 자신에게 생명을 주시고 호흡을 유지하게 해주시는 분에게 충성하지 않는 것은 매우 큰 교만이다. 자신의 존재를 온전히 주장하시는 분에게 맞선다는 것은 미친 짓이나 다름없다. 죄를 지은 자에게 축복을 허락하시는 분을 멸시한다는 것은 감사를 모르는 후안무치가 아닐 수 없다.

타락한 인간은 하나님을 무시하는 행위를 정당화하기 위해 종종 "하나님이 선하시다면 선한 사람들에게 나쁜 일이 일어나도록 허락하시는 이유가 무엇인가?"라고 묻는다. 그러나 그보다는 "하나님은 왜 나쁜 사람들에게 선한 일이 일어나도록 허락하시는가?"라고 묻거나 "왜 선한 일이 일어나는가?"라고 묻는 것이 더 적절하다. 우리는 도덕적으로 타락하고 부패한 탓에 불의로 하나님의 진리를 가로막으며, 그분의 통치를 완강하게 거부한다. 따라서 우리는 진노와 죽음을 당할 수밖에 없다. 온 세상이 생명 없는 황량한 세상이 되어야 마땅하다.

인간 세상에 아직도 선과 아름다움, 기쁨, 사랑, 목적 같은 것이 존재하는 이유는 바로 악인들을 향한 성자의 은혜와 사랑 때문이다. 우리는 "그를 힘입어 살며 기동하며 존재한다"(행 17:28). 그분은 "만민에게 생명과 호흡과 만물을 친히 주신다"(행 17:25). 그분은 "해를 악인과 선인에게 비추시며 비를 의로운 자와 불의한 자에게 내려주신다"(마 5:45). 그분은 자기를 미워하는 사람들의 마음을 음식과 기쁨으로 만족하게 하신다(행 14:17). 이것이 우리가 그리스도께 가장 큰 충성을 바쳐야 하는 이유다.

그리스도, 우리의 구원자

모든 인간은 예수님이 갈보리에서 구원 사역을 이루셨기 때문에 그분을 공경해야 한다. 우리의 능력으로는 하나님의 구원 섭리에 담긴 신비를 온전히 다 헤아릴 수 없다. 다만 한 가지 분명한 것은, 그리스도의 속죄 사역이 온 우주에 축복을 가져왔다는 사실이다. 심지어 그분의 구원을 거부하는 이들조차 이미 말로 다 형용하기 어려운 축복을 받았다. 하나님은 독생자를 내주셨고, 독생자께서는 기꺼이 자신의 생명을 바치셨다. 누구든지 그분을 믿는 사람은 멸망하지 않고 영생을 얻는다(요 3:16).

갈보리의 축복은 무한정 많지만, 여기에서 말하려는 내용과 가장 밀접하게 관련되는 축복은 두 가지다. 첫째는 죄의 용서와 하나님과의 화해, 영생의 소망을 얻을 수 있는 기회가 모두에게 제공된 것이다. 복음은 모든 곳에 있는 모든 사람에게 그리스도를 믿고, 그분을 주님으로 고백하라고 요구한다(행 17:30, 롬 10:9-10). 또한 복음은 믿고 나오는 사람은 아무도 거절당하지 않을 것이라고 약속한다(요 6:37). 이 사실만으로도 모든 사람이 그리스도께 충성을 다해야 마땅하다. 우리의 마음은 악하고 거짓되며, 우리의 죄는 우리 머리 위에 있다. 우리가 정죄당하는 것은 당연하다. 그러나 주님은 우리를 정죄할 수 있는 권한을 지니고 계신 유일한 분인데도 우리의 구원을 위해 서슴없이 자기를 내어주셨다. 너무나도 놀라운 은혜가 아닐 수 없다. 성경은 의인을 위해 죽는 것도 어려운데, 그리스도께서는 우리가 죄인이었을 때 우리를 위해 죽으셨다고 말한다(롬 5:7-8).

우리를 향한 그리스도의 사랑을 생각하면 온 마음을 바쳐 그분께 충성을 다해야 마땅하다. 그리스도께서 모든 사람을 대신해 죽으셨기 때문에 이제는 모두가 자신을 위해 살지 않고 자신을 대신해 죽으셨다가 살아나신 분을 위해 살아야 한다(고후 5:14-15). 이토록 은혜로운 주님께 충성하기를 거부하는 사람들은 심판의 날에 큰 수치를 당하게 될 것이다. 그들은 "내가 어떻게 이런 큰 사랑을 거부했단 말인가? 내가 어떻게 이 큰 구원을 소홀히 했단 말인가?"라고 말하며 영원히 가슴을 치게 될 것이다.

갈보리의 속죄 사역이 가져온 둘째 축복은 온 세상 구석구석까지 많은 은혜가 임한 것이다. 몇 가지 예를 들면, 육체적, 물질적, 경제적, 정치적, 문화적 축복이다. 모든 사람, 심지어는 그리스도를 계속 거역하는 사람들조차도 복음이 그들과 그들 문화에 끼친 영향을 통해 복을 누린다. 스스로 그리스도인이라고 말하면서 가증스러운 행위를 일삼는 사람들 때문에 그리스도께서 큰 욕을 당하시는 것은 사실이지만, 참된 복음은 완전한 어둠에서 세상을 지키는 빛이자 완전한 도덕적 부패로부터 세상을 보존하는 소금의 역할을 감당해 왔다.[111] 믿지 않는 이들은 이런 말을 비웃을지 모르지만, 심판의 날이 되면 모두 사실이라는 것이 명백히 드러날 것이다. 그날이 되면 인류의 참

---

111) 롬 2:24. 이것은 구원의 역사를 통해 가장 흔하게 나타나는 불행한 현상이다. 입으로만 그리스도를 믿는다고 말하고, 그분의 백성이라고 주장하는 사람들 때문에 진리의 길이 모욕을 당하고 있다(사 52:5, 겔 36:20, 벧후 2:2 참조). 빛의 비유에 관해서는 요한복음 1장 4-5, 9절과 마태복음 4장 16절과 5장 14절을 참조하라. 고대부터 소금은 음식의 부패를 방지하는 데 사용되어왔다(마 5:13 참조).

된 역사가 파노라마처럼 펼쳐져 인류가 세상에서 누려온 온갖 선한 것이 그리스도의 갈보리 사역과 복음 선포, 하나님 나라의 성장과 밀접하게 관련되어 있었다는 사실을 똑똑히 볼 것이다. 하나님의 백성은 그리스도께서 마땅히 받으셔야 할 영광을 받으시는 것을 보고 크게 기뻐할 것이다. 그러나 그 모든 축복이 그리스도 덕분이라는 사실을 깨닫지 못하면서 그분의 계시와 죽음과 섭리를 통해 유익을 누려온 사람들은 큰 수치를 당하게 될 것이다.

그리스도, 하나님이 택하신 왕

모든 인간이 성자를 공경하고 그분께 충성을 바쳐야 하는 마지막 이유는, 그렇게 하는 것이 하나님의 뜻이기 때문이다. 하나님은 모든 사람이 자기를 공경하듯 성자를 공경하기를 원하신다. 성자를 공경하지 않는 사람은 곧 성부를 공경하지 않는 사람이기 때문에 심판을 받아야 마땅하다(요 5:23). 그러나 그리스도의 이름을 믿고 그분께 복종하는 사람은 무한한 축복을 누린다. 그리스도를 거부하는 사람들은 무서운 심판을 받게 될 것이다. 이런 이유로 다윗은 민족들을 향해 이렇게 경고했다.

그런즉 군왕들아 너희는 지혜를 얻으며 세상의 재판관들아 너희는 교훈을 받을지어다 여호와를 경외함으로 섬기고 떨며 즐거워할지어다 그의 아들에게 입맞추라 그렇지 아니하면 진노하심으로 너희가 길에서 망하리니 그의 진노가 급하심이라 여호와께 피하는 모든 사람은 다 복이 있도다(시 2:10-12).

이 말씀에 등장하는 세 가지 표현은 모두 한목소리로 하나님이 성자와 관련해 세상 사람들에게 요구하시는 명령을 만민에게 선포하고 있다. 첫째는 하나님을 경외하라는 명령이다. 이 표현은 "두려움으로 하나님을 섬기라"라고 번역할 수도 있다. 경외와 섬김은 동전의 양면과도 같다. 이 둘은 서로 떼려야 뗄 수 없는 관계다. 하나님은 성자에게 관용과 동정을 베풀라고 간청하지 않으신다. 그분은 성자에게 가장 큰 경외와 섬김을 바치라고 명령하신다.

둘째는 성자 앞에서 떨며 기뻐하라는 명령이다. 기쁨과 두려움이라는 서로 상반되는 감정이 하나로 묶인 것이 현대인에게는 낯설 수 있다. 그러나 성경에서는 이 두 감정이 종종 함께 나타난다.[112] 기쁨은 하나님이 그리스도의 주권에 복종하는 이

---

[112] "여호와를 두려워하는 너희여 그를 찬송할지어다 야곱의 모든 자손이여 그에게 영광을 돌릴지어다 너희 이스라엘 모든 자손이여 그를 경외할지어다"(시 22:23). "새 노래 곧 우리 하나님께 올릴 찬송을 내 입에 두셨으니 많은 사람이 보고 두려워하여 여호와를 의지하리로다"(시 40:3). "이 성읍이 세계 열방 앞에서 나의 기쁜 이름이 될 것이며 찬송과 영광이 될 것이요 그들은 내가 이 백성에게 베푼 모든 복을 들을 것이요 내가 이 성읍에 베푼 모든 복과 모든 평안으로 말미암아 두려워하며 떨리라"(렘 33:9). "그러므로 나의 사랑하는 자들아 너희가 나 있을 때뿐 아니라 더욱 지금 나 없을 때에도 항상 복종하여 두렵고 떨림으로 너희 구원을 이루라 너희 안에서 행하시는 이는 하나님이시니 자기의 기뻐신 뜻을 위하여 너희에게 소원을 두고 행하게 하시나니"(빌 2:12-13). "보좌에서 음성이 나서 이르시되 하나님의 종들 곧 그를 경외하는 너희들아 작은 자나 큰 자나 다 우리 하나님께 찬송하라 하더라"(계 19:5).

들에게 은혜와 긍휼을 베푸신 결과다. 그리스도의 백성이 기뻐하는 이유는 그분이 그들을 형제라고 부르시기를 부끄러워하지 않으시기 때문이고, 그들이 그분께 가장 큰 영광을 돌려야 하는 이유는 그분이 지극히 탁월하시고 뛰어나시기 때문이다(히 2:11, 골 1:18). 모든 이름 위에 뛰어난 이름을 지니신 분은 오직 그리스도뿐이시다(엡 1:20-23, 빌 2:9).

셋째는 성자를 공경하라는 명령이다. 이 명령은 "아들에게 입 맞추라. 그렇지 않으면 그분이 진노하셔서 너희가 멸망하리라"는 뜻이다. 현대인이 듣기에는 매우 거북할 테지만 사실이다. 모든 사람의 운명은 크게 두 가지로 엇갈린다. 즉, 무한한 축복을 누리는 사람들과 무한한 공포에 시달리는 사람들로 나뉜다. 나사렛 예수에 대한 태도가 그들의 운명을 결정짓는다. 하나님은 나사렛 예수를 우주의 주님으로 세우시고, 도덕적인 피조물(천사와 인간)들에게 기쁨과 감사와 공손함으로 그분의 통치에 복종하라고 명령하신다. 그리스도의 이름은 인간이 평가하고 논의할 수 있는 이름이 아니다. 하나님은 사람들에게 그리스도의 가치를 평가하고 의견을 제시하라고 요구하지 않으신다. 하나님이 친히 그리스도의 가치를 평가하셨고, 그분에 대한 생각을 명백히 밝히셨다.

하나님은 그리스도를 죽은 자 가운데서 살리심으로 온 세상 앞에서 그분을 공개적으로 변호하셨다. 또한 하나님은 그리스도를 하늘에서 자신의 오른편에 앉게 하셔서 그분에 대한 뜻을 분명히 알리셨다. 이제 피조물이 해야 할 일은 하나님께 복종하고, 그분의 아들에게 찬송과 존귀와 영광과 권능을 영원히 돌리는 것뿐이다(계 5:13).

경고의 말씀

하나님은 민족들이 십자가에 못 박은 예수님을 만민의 주와 그리스도로 세우셨다(시 2:1, 행 2:36, 4:25-27). 하나님은 세상이 버린 돌을 취해 그분의 모든 사역을 떠받치는 머릿돌로 삼으셨다(마 21:42, 눅 20:17). 이것은 결코 취소될 수 없는 결정이다. 나사렛 예수께서는 영원토록 모두가 복종해야 할 주권자가 되신다.

성경은 예수님이 은혜롭고 신실하신 대제사장으로서 복종하는 자에게 영원한 구원을 허락하신다고 말한다(히 2:17, 5:9). 그러나 그리스도께서는 그분을 거부하는 사람들에게는 "부딪치는 돌과 걸려 넘어지게 하는 바위"가 되신다(롬 9:32-33, 벧전 2:8). 불신앙 때문에 그리스도께 걸려 넘어지는 사람은 산산조각이 날 것이다. 그리스도께서 심판하시는 사람은 누구나 가루로 변할 것이다.[113] 예수 그리스도께서는 구원자이실 뿐 아니라 주님이다. 이 두 가지 사실 가운데 어느 하나만 강조하는 것은 옳지 않다. 성경적인 균형을 유지하는 것이 필요하다. 히브리서 저

---

[113] "이 돌 위에 떨어지는 자는 깨지겠고 이 돌이 사람 위에 떨어지면 그를 가루로 만들어 흩으리라"(마 21:44, 눅 20:18). 이 말씀은 누구든지 그리스도를 거부하고 그분의 주 되심을 인정하지 않으면, 하나님의 심판을 통해 멸망하게 될 것을 의미한다.

자는 "오직 그리스도는 죄를 위하여 한 영원한 제사를 드리시고 하나님 우편에 앉으사 그 후에 자기 원수들을 자기 발등상이 되게 하실 때까지 기다리시나니"(히 10:12-13)라는 말씀으로 이 점을 분명하게 언급했다.

그리스도께서는 원수들의 죄를 속량하기 위해 자신을 희생하신 구원자이시다. 동시에 그분은 고집스럽게 반역을 일삼는 원수들을 정복하시어 그들을 발등상으로 삼으시는 주님이다. 서로 정반대되는 일이지만 둘 다 부인할 수 없는 진리다. 성자에 관한 진리 가운데 일부만 취하고 나머지를 부인하는 것은 결코 옳지 않다. 그리스도께서는 세상의 죄를 짊어지신 어린양이시지만(요 1:29), 세상에서 가장 강하고 힘 있는 사람들조차도 그분이 나타나시면 그 앞에서 몸을 숨기기에 급급할 것이다. 그리스도의 얼굴에서 긍휼을 발견하지 못한 사람들은 바위와 산들에게 "우리 위에 떨어져 보좌에 앉으신 이의 얼굴에서와 그 어린양의 진노에서 우리를 가리라"(계 6:16)고 간청하게 될 것이다. 요한 사도는 이렇게 말했다.

> 또 내가 하늘이 열린 것을 보니 보라 백마와 그것을 탄 자가 있으니 그 이름은 충신과 진실이라 그가 공의로 심판하며 싸우더라 그 눈은 불꽃같고 그 머리에는 많은 관들이 있고 또 이름 쓴 것 하나가 있으니 자기밖에 아는 자가 없고 또 그가 피 뿌린 옷을 입었는데 그 이름은 하나님의 말씀이라 칭하더라 하늘에 있는 군대들이 희고 깨끗한 세마포 옷을 입고 백마를 타고 그를 따르더라

그의 입에서 예리한 검이 나오니 그것으로 만국을 치겠고 친히 그들을 철장으로 다스리며 또 친히 하나님 곧 전능하신 이의 맹렬한 진노의 포도주 틀을 밟겠고 그 옷과 그 다리에 이름을 쓴 것이 있으니 만왕의 왕이요 만주의 주라 하였더라(계 19:11-16).

예수 그리스도의 주권은 어떤 사람들에게는 복된 소망이요, 어떤 사람들에게는 끔찍한 악몽이다. 그러나 사람들의 반응에 상관없이 이는 절대 변하지 않는 현실이다. 족장 욥은 하나님에 관해 "그는 마음이 지혜로우시고 힘이 강하시니 그를 거슬러 스스로 완악하게 행하고도 형통할 자가 누구이랴"(욥 9:4)라고 말했다. 이 말씀은 그리스도께도 똑같이 적용된다. 그분은 만민을 심판하시는 주님이요, 재판관이시다. 그분은 우리를 인도하시는 목자의 지팡이가 되실 수도 있고, 우리를 때리시는 철장이 되실 수도 있다(시 2:9, 23:1-4, 요 10:9-11). 어느 경우가 되었든, 그리스도께서는 우리를 다스리시고 우리는 그분께 다스림을 받는다. 따라서 다윗의 조언대로 성자를 공경하여 그분의 진노하심과 멸망을 피하는 것이 지혜롭다. 그분의 진노는 급하시지만 그분께 피하는 자는 복되다(시 2:12).

26장
그리스도의 승천: 만민의 재판관

알지 못하던 시대에는 하나님이 간과하셨거니와 이제는 어디든지 사람에게 다 명하사 회개하라 하셨으니 이는 정하신 사람으로 하여금 천하를 공의로 심판할 날을 작정하시고 이에 그를 죽은 자 가운데서 다시 살리신 것으로 모든 사람에게 믿을 만한 증거를 주셨음이니라(행 17:30-31).
인자가 자기 영광으로 모든 천사와 함께 올 때에 자기 영광의 보좌에 앉으리니 모든 민족을 그 앞에 모으고 각각 구분하기를 목자가 양과 염소를 구분하는 것같이 하여(마 25:31-32).

예수 그리스도의 주권에 함축된 또 다른 진리는 그분이 세상을 심판하실 재판관이시라는 사실이다. 예수님은 자신을 죽일 기회를 찾으려고 애쓰는 유대 지도자들 앞에서 성부 하나님이 세상을 심판할 절대적인 권한을 자신에게 주셨다고 선언하셨다(요 5:22, 26). 사도들의 설교와 기록은 이 놀라운 선언을 되풀이한다. 베드로는 가이사랴에서 이방인들에게 처음 복음을 전하면서 "하나님이 사흘 만에 다시 살리사 나타내시되 모든 백성에게 하신 것이 아니요 오직 미리 택하신 증인 곧 죽은 자 가운데서 부활하신 후 그를 모시고 음식을 먹은 우리에게 하신 것이라 우리에게 명하사 백성에게 전도하되 하나님이 살아 있는 자와 죽은 자의 재판장으로 정하신 자가 곧 이 사람인 것을 증언하게 하셨고"(행 10:40-42)라고 말했다.

베드로의 설교는 그리스도께서 승천하시어 재판관의 직임을 맡으셨다는 사실을 논의하는 데 필요한 핵심 진리 세 가지를 밝히고 있다. 첫째는 세상의 종말과 마지막 심판이 있다는 진리이고, 둘째는 그날에 예수 그리스도께서 만민의 주님이요 재판관으로 군림하실 것이라는 진리이며, 셋째는 하나님이 교회를 향해 복음을 전할 뿐 아니라 궁극적인 심판이 세상을 기다리고 있다는 사실을 경고하라고 명령하셨다는 진리다.

공평하고 확실한 마지막 심판

세상에 만연해 있는 물질주의적인 우주관은 인간의 존재를 우연의 산물로, 역사를 원칙 없는 사건들의 연속으로, 인간의 미래를 궁극적인 목적이 결여된 불확실한 시간의 연장으로 받아들인다. 그와 달리, 성경은 인간의 존재를 도덕적이고 주권적인 하나님, 곧 피조 세계와 섭리 사역과 기록된 말씀과 성자의 성육신을 통해 자신을 계시하신 하나님의 의도적인 창조물로 간주한다. 또한 성경은 하나님이 역사의 종말에 사람들에게 마지막 심판을 행하실 것이라고 가르친다. 그날에 하나님은 계시에 대한 반응과 태도에 근거해 만민을 심판하실 것이다.

기독교는 인류의 역사가 원칙 없는 과정이나 의미 없는 순환이 아니라, 직선적으로 발전한다고 믿는다. 역사는 시작과 끝이 있다. 역사를 창조하신 주권자 하나님은 역사의 종말을 정해 놓으셨다. 간단히 말해, 인간의 역사는 종말을 향해 신속히 나아가고 있다. 그때가 되면 모든 사람이 심판받을 것이며, 각자 행위에 따라 보응을 받을 것이다.

> 하나님께서 각 사람에게 그 행한 대로 보응하시되 참고 선을 행하여 영광과 존귀와 썩지 아니함을 구하는 자에게는 영생으로 하시고 오직 당을 지어 진리를 따르지 아니하고 불의를 따르는 자에게는 진노와 분노로 하시리라(롬 2:6-8).

스스로 세운 기준에 따라 자신을 판단하는 개인이나 사회의 경우는 보편적인 심판에 관한 바울의 가르침이 언뜻 희망적으로 느껴질 수도 있다. 사람들은 흔히 자기가 보기에 옳다고 생각하는 대로 스스로를 판단하는 경향이 있다. 그러나 양심의 소리를 들을 줄 아는 사람들, 특히 성경을 알고 있는 사람들은 바울의 가르침에 크게 놀라지 않을 수 없다. 성경과 양심 모두 인간이 죄를 지어 하나님의 영광에 이르지 못했다고 증언하고 있기 때문이다(롬 3:23). 선을 행하는 사람도 없고, 하나님이 주시는 영광과 존귀와 불멸을 구하는 사람도 없다(롬 3:12). 오히려 사람들은 모두 이기적인 욕심에 이끌리며, 불의로 진리를 가로막는다(롬 1:18). 결국 모든 사람은 거룩하고 의로우신 하나님의 진노와 분노를 당해야 할 운명에 처해 있다(롬 2:8). 그래서 하나님이 성자를 보내시어 사람들의 죄를 속량하게 하신 것이다.

그분의 죽음은 하나님의 공의를 만족시키고 그분의 진노를 가라앉혔다. 그 덕분에 복음을 듣고 성자를 믿는 사람은 모두 구원받는다. 그러나 성자를 거부하는 사람들은 그분에게 심판을 받을 것이다(요 3:18, 36).

보편적인 심판의 선언은 종종 하나님의 공정성에 대한 의심을 부추긴다. 어떻게 하나님이 복음을 한 번도 들어본 적이 없는 사람이나 성경을 읽어보지 못한 사람을 심판하실 수 있단 말인가? 이 질문에 대한 대답을 찾으려면, 하나님의 의로우심에 관한 성경의 증언에 귀를 기울여야 한다. 우리는 이 문제와 관련된 신비를 모두 이해할 수는 없지만, 하나님이 어떤 분이고 그분이 어떤 성품을 소유하고 계신지는 분명히 알고 있다. 모세는 하나님이 행하시는 일은 모두 의롭다고 증언했다.

> 그는 반석이시니 그가 하신 일이 완전하고 그의 모든 길이 정의롭고 진실하고 거짓이 없으신 하나님이시니 공의로우시고 바르시도다(신 32:4).

하나님의 심판이 공정하다는 것을 보여주는 또 다른 증거는 세상에서 가장 외진 곳에 홀로 살고 있는 사람조차도 하나님의 계시를 어느 정도는 알 수 있다는 사실이다. 따라서 심판의 날에 아무 변명도 하지 못할 것이다.[114] 인간은 하나님의 형상으

---

[114] 롬 1:20. 창조와 섭리와 양심을 통해 모든 사람에게 주어진 계시는 "일반 계시"로 불리고, 성경과 복음을 통해 주어진 계시는 "특별 계시"로 불린다.

로 지음받았기 때문에 어느 정도 하나님에 관한 지식을 갖고 있다(롬 1:19). 세 가지 부인할 수 없는 현실이 이 지식을 더욱 분명하게 만든다. 첫째, 하나님이 창조하신 만물이 그분의 존재와 보이지 않는 속성과 영원한 능력과 거룩한 본성을 증언한다(롬 1:20). 둘째, 하나님의 섭리가 민족과 개인의 연대와 거주의 경계를 한정하셔서 그분을 더듬어 찾아 발견할 수 있도록 도와준다. 하나님은 우리에게서 멀리 계시지 않는다(행 17:26-27). 셋째, 하나님의 율법이 모든 사람의 마음에 새겨져 있다. 마음에 새겨진 율법은 하나님이 각자의 행위대로 사람들을 심판하시는 의로운 분이라는 사실을 일깨워주는 도덕적인 안내자 역할을 한다(롬 2:14-15).

하나님의 심판이 공정하다는 것을 보여주는 증거는 이것으로 그치지 않는다. 성경은 사람들이 자신에게 주어진 계시에 올바로 반응하지 않는다고 증언한다. 다시 말해, 인간은 연민을 느끼게 만드는 희생자가 아니라 비난받아 마땅한 반역자다. 인간은 불의로 진리를 가로막는다(롬 1:18). 하나님을 알되 그분을 하나님으로 공경하지도 않고, 그분께 감사하지도 않으며(롬 1:21), 하나님의 영광과 진리를 자기보다 못한 피조물의 형상과 우상으로 바꾸었다(롬 1:23, 25). 인간은 하나님을 인정하거나 그분의 계명에 복종하지 않고 온갖 불의와 도덕적인 타락을 일삼았다(롬 1:28-29, 32). 하나님이 세상 만민을 심판하시는 것이 옳은 이유는 인간이 모두 죄를 지었기 때문이다. 그들에게 주어진 계시의 정도는 제각기 다르지만, 주어진 계시를 거부했다는 점에서는 전혀 다를 바가 없다.

하나님의 심판이 공정하다는 것을 보여주는 마지막 증거는, 모든 사람이 제각기 자기에게 주어진 계시에 따라 심판을 받게 될 것이라는 성경의 증언이다. 많이 받은 자에게는 많이 요구한다는 것이 성경의 원리다.[115] 창조와 양심을 통해 주어진 계시를 거역한 사람은 모두 그 불순종으로 인해 심판을 받을 것이다. 성경과 복음을 통해 주어진 계시를 거역한 사람도 모두 그 죄로 인해 심판을 받을 것이다.[116] 그러나 후자의 경우에는 전자보다 심판이 더 가혹할 것이다. 그가 많은 진리를 알고 있었기 때문이다.

마지막 날이 되면 하나님의 의가 심판을 통해 분명하게 드러나게 될 것이다. 시편 저자는 "여호와께서 영원히 앉으심이여 심판을 위하여 보좌를 준비하셨도다 공의로 세계를 심판하심이여 정직으로 만민에게 판결을 내리시리로다"(시 9:7-8)라고 말했다.

만민의 주님이자 재판관

베드로의 설교에서 찾을 수 있는 둘째 진리는 하나님이 예수

---

[115] "주인의 뜻을 알고도 준비하지 아니하고 그 뜻대로 행하지 아니한 종은 많이 맞을 것이요 알지 못하고 맞을 일을 행한 종은 적게 맞으리라 무릇 많이 받은 자에게는 많이 요구할 것이요 많이 맡은 자에게는 많이 달라 할 것이니라"(눅 12:47-48).
[116] "무릇 율법 없이 범죄한 자는 또한 율법 없이 망하고 무릇 율법이 있고 범죄한 자는 율법으로 말미암아 심판을 받으리라"(롬 2:12).

님을 "살아 있는 자와 죽은 자의 재판장"으로 세우셨다는 것이다(행 10:40-42). 베드로만 그렇게 증언한 것은 아니다. 이 진리는 복음서와 사도행전, 서신서와 요한계시록에서 자주 언급되고 있다. 바울 사도는 아레오바고에서 아덴 사람들에게 복음을 전하면서 "이는 정하신 사람으로 하여금 천하를 공의로 심판할 날을 작정하시고 이에 그를 죽은 자 가운데서 다시 살리신 것으로 모든 사람에게 믿을 만한 증거를 주셨음이니라"(행 17:31)고 말했다.

성경과 교회는 모든 사람이 예외 없이 그리스도 앞에서 심판을 받게 될 것이며, 그분이 모두의 운명을 결정하실 것이라고 증언한다. 하나님과 사람 사이의 중보자도 사람이신 예수 그리스도뿐이시고, 하나님과 사람 사이의 재판관도 사람이신 예수 그리스도뿐이시라는 사실은 참으로 놀라운 진리다(딤전 2:5).

그리스도의 보편 통치를 입증하는 증거가 하나 더 있다. 그리스도께서는 한정된 권위로 일부 지역을 다스리는 지역 신이 아니시다. 그분은 우주를 다스리는 여러 통치자 가운데 하나이거나, 심판의 날에 재판을 관장할 여러 재판관 가운데 하나가 아니시다. 그분은 홀로 만인의 재판관이자 왕이시요, 주님이다. 하늘과 땅의 모든 권세가 그분께 주어졌다(마 28:18). 그리스도께서만 홀로 하나님의 오른편에 앉으신다. 그분은 "모든 통치와 권세와 능력과 주권과 이 세상뿐 아니라 오는 세상에 일컫는 모든 이름 위에 뛰어나시다"(엡 1:21). 본디오 빌라도가 통치할 때 십자가에 못 박히신 나사렛 예수께서 지금까지 세상에 태어났던 모든 사람의 운명을 결정하실 뿐 아니라, 천사와 마귀는 물론 "하늘과 땅에서 보이는 것들과 보이지 않는 것들과 혹은 왕권들이나 주권들이나 통치자들이나 권세들을" 모두 심판하신다(골 1:16). 또한 그리스도를 대체하려고 하거나 그분의 영광을 빼앗으려고 했던 세계 종교의 교조들도 그분께 심판을 받게 될 것이다. 그들은 큰 수치와 두려움을 느끼며 그분 앞에 서야 할 것이다.

구원하기도 하시며 멸하기도 하시는 입법자와 재판관은 오직 한 분뿐이다(약 4:12). 주님이 재림하시면 어둠 속에 감추어진 것을 드러내고 사람들 마음의 뜻을 밝히 나타내실 것이다(고전 4:5). 또한 각 사람이 행한 대로 갚아주실 것이다(계 22:12, 마 16:27). 자신이 의롭다고 생각하는 사람들은 이런 사실에 크게 경각심을 느끼지 못할 것이다. 그러나 "너 자신을 알라"[117]라는 고대 철학자의 조언에 귀를 기울일 줄 아는 분별 있는 사람들은 큰 두려움에 휩싸일 것이다. 그들은 온전히 의로우시며 전지하신 재판관이 자신들의 말과 행위와 생각을 모두 심문하실 것이라고 생각하면 두려워할 것이 분명하다. 이것이 바울 사도가 "이는 우리가 다 반드시 그리스도의 심판대 앞에 나타나게 되어 각각 선악 간에 그 몸으로 행한 것을 따라 받으려 함이라 우리가 주의 두려우심을 알므로 사람들을 권면하거니와"(고후

---

117) "너 자신을 알라"(그노티 세아우톤[*gnothi seauton*])는 델피에 있는 아폴로 신전 입구에 새겨져 있는 헬라의 유명한 금언이다. 라틴어로는 "노스케 테 입숨"(*nosce te ipsum*)이다.

5:10-11)라고 말한 이유다.

인간은 스스로를 완전히 멸망시켰고, 혼자 힘으로는 하나님과 올바른 관계를 맺을 수 없다. 이것은 지금까지 수많은 증거를 통해 거듭 확인된 사실이다. 따라서 만민을 심판하실 분이 자기 백성의 죄를 위해 죽으신 분이라는 사실은 참으로 큰 위로가 된다(롬 5:6). 주님이 우리 죄를 살피시면 그분의 심판을 면할 사람은 아무도 없다(시 130:3-4). 그러나 그리스도의 인격과 사역 안에서 우리는 용서를 발견할 수 있다. 너무 늦기 전에 그분께로 돌이켜야 한다. 우리가 지은 죄와 심판의 두려움을 비롯해 우리를 구원하기를 기뻐하시는 그리스도의 사랑을 깨닫고, 지체 없이 그분 앞에 나아가 그분을 단단히 붙들고 놓지 않아야 한다.

그리스도께서는 지금 "순종하지 아니하고 거슬러 말하는 백성에게 종일 손을 벌리고" 계신다(롬 10:21). 우리는 그분의 인내를 이용해서는 안 된다. 성경은 성자의 진노하심이 매우 맹렬하고, 살아 계신 하나님의 손에 빠져들어 가는 것이 참으로 두렵다고 경고한다(히 10:31). 따라서 너무 늦기 전에 그분께로 피해야 한다(시 2:12). 아직 기회가 있을 때 법으로 우리를 다스리실 주님과 화해를 도모해야 한다. 그래야만 심판을 받고 영원히 감옥에 갇히는 운명을 면할 수 있다. 그렇지 않으면 마지막 한 푼까지 다 갚기 전에는 그곳에서 빠져나오지 못할 것이다(마 5:25-26).

교회의 사명

교회는 복음의 축복을 선포해야 할 뿐 아니라, 장차 세상에 임할 궁극적인 심판을 경고해야 할 사명이 있다. 이것이 우리가 관심을 기울여야 할 마지막 셋째 진리다. 베드로는 고넬료의 집에 모인 이방인들에게 이렇게 말했다.

우리에게 명하사 백성에게 전도하되 하나님이 살아 있는 자와 죽은 자의 재판장으로 정하신 자가 곧 이 사람인 것을 증언하게 하셨고(행 10:42).

"명하사"는 "명령하다", "지시하다"를 뜻하는 헬라어 "파랑겔로"(*paraggello*)를 번역한 것이다. 우리는 여기에서 그리스도를 재판관으로 선포하는 것이 사도적 복음의 핵심이라는 매우 중요한 진리를 발견할 수 있다. 초대 교회가 전한 복음은 그리스도를 구원자나 주님으로 선포하는 것으로 끝나지 않았다. 그들은 그리스도께서 산 자와 죽은 자 모두를 심판하시는 재판관이시라는 사실을 함께 전했다. 그들은 죄인이나 대제사장, 노예나 황제를 가리지 않고 모두에게 그리스도께서 그들의 궁극적인 운명을 결정하실 재판관이시라고 담대히 외쳤다. 유대 땅에서 십자가에 못 박혀 죽은 한 유대인에 대해 몇몇 그리스도인이 그런 주장을 펴는 것은 대담함을 넘어 무모한 행위로까지 비쳐졌을 것이 틀림없다. 따라서 사람들이 비웃거나 이상하게

여기거나, 또는 두려워하며 피한 것은 매우 당연했다.[118]

바울 사도는 로마 신자들에게 보낸 편지에서 "곧 나의 복음에 이른 바와 같이 하나님이 예수 그리스도로 말미암아 사람들의 은밀한 것을 심판하시는 그날이라"(롬 2:16)고 말했다. 위에 인용한 베드로의 말처럼 이 말씀도 참으로 놀랍기 그지없다. 바울은 사람이신 예수 그리스도를 통해 온 인류가 심판을 받는 것이 자신이 전한 복음의 근본 진리라고 말했다.

갈등을 피하기 위해 사람들이 듣기 싫어하는 복음의 진리는 가급적 전하지 않으려고 애쓰는 오늘날의 복음 설교자들은 이 말씀을 꼭 귀담아 들어야 한다. 복음의 긍정적인 내용만 전하고 "어려운 말씀"(요 6:60 참조)은 피하는 것이 하나님의 뜻이라고 생각하는 목회자들도 마찬가지다. 바울과 베드로에 따르면, 설교에서 그리스도를 통한 하나님의 심판을 빼버리거나 자주 언급하지 않는 복음 설교자는 절대 충실한 설교자가 될 수 없다. 교회 역사에 등장했던 충실한 복음 설교자의 대열에 합류하려면, 구원자이신 그리스도만이 아니라 재판관이신 그리스도를 전해 모든 사람에게 하나님을 만날 준비를 갖추라고 경고해야 한다(암 4:12).

하나님이 성자를 보내신 이유가 세상을 심판하기 위해서가 아니라, 구원하기 위해서라는 것은 참으로 놀라운 진리임이 틀

---

118) 벧후 3:3-4, 행 4:13. "바울이 의와 절제와 장차 오는 심판을 강론하니 벨릭스가 두려워하여 대답하되 지금은 가라 내가 틈이 있으면 너를 부르리라 하고"(행 24:25).

림없다(요 3:17). 그러나 하나님은 성자를 재판관으로 정하셨고, 그분을 죽은 자 가운데서 살리심으로 모두에게 그 증거를 보여 주셨다. 하나님은 장차 성자를 통해 세상을 의로 심판하실 날을 정해 놓으셨다(행 17:30-31, 히 9:27). 성자께서 재림하시면 심판대에 좌정하시고 모든 사람의 운명을 결정하실 것이다. 베드로는 그리스도께서 산 자와 죽은 자들을 심판하실 준비를 갖추고 계신다고 경고했다(벧전 4:5). 야고보도 재판관이신 주님이 다시 한 번 인류의 역사 안에 개입하시기 위해 문 밖에 서 계신다고 말했다(약 5:9). 예수님은 "보라 내가 속히 오리니 내가 줄 상이 내게 있어 각 사람에게 그가 행한 대로 갚아주리라"(계 22:12)는 경고의 말씀으로 요한에게 보여주신 계시를 마무리하셨다. 우리는 이런 경고의 말씀을 잊지 말고, 그리스도의 재림과 마지막 심판이 임박했다는 사실을 항상 기억하고 전하려고 노력해야 한다.[119]

주권자이신 하나님이 모든 도덕적 존재를 마지막으로 심판하실 역사의 종말을 정해 놓으셨다는 사실은 현대인에게 허구적인 신화처럼 들릴지도 모른다. 그러나 우리는 이 사실을 전하는 것을 주저해서는 안 된다. 회의주의자들은 우리 시대에만 있는 것이 아니다. 베드로 사도도 오늘날과 비슷한 냉소주의에 직면했다.

---

[119] 그리스도의 재림이 임박했다는 것은 기독교 신앙의 핵심 진리 가운데 하나다. 그리스도의 재림이 임박했다. 그러나 언제 그분이 오실지는 모른다. 이것이 복음 초청이 항상 긴박성을 띠어야 하는 이유다.

먼저 이것을 알지니 말세에 조롱하는 자들이 와서 자기의 정욕을 따라 행하며 조롱하여 이르되 주께서 강림하신다는 약속이 어디 있느냐 조상들이 잔 후로부터 만물이 처음 창조될 때와 같이 그냥 있다 하니(벧후 3:3-4).

타락한 인간은 성령의 역사가 없으면 복음 설교에 항상 부정적으로 반응할 수밖에 없다. 복음 설교에 "의와 절제와 장차 오는 심판"(행 24:25)이 포함되어 있을 때는 특히 더 그렇다. 그들은 성경의 하나님을 아무리 애써 외면하려고 해도 그분이 존재하시고, 모두에게 자신의 뜻을 계시하셨으며, 장차 그들의 행위를 심판하실 것이라는 사실 때문에 항상 불안해할 것이다. 그래서 수단과 방법을 가리지 않고 진리를 가로막으려고 애쓰고, 양심의 가책을 무마하려고 무진 노력을 기울일 것이다(롬 1:18, 2:14-15). 또한 그들은 자기들이 잊고 싶어하는 것과 숨기려고 애쓰는 두려움을 상기시켜주는 설교자를 비난하기를 주저하지 않을 것이다. 심판에 대한 설교자의 경고를 광신자의 망상이나 사기꾼의 속임수로 비웃을 것이다(행 26:24). 그런데도 역사의 종말에는 모든 사람이 "심판의 골짜기"에 모이게 될 것이다.[120]

---

[120] "사면의 민족들아 너희는 속히 와서 모일지어다 여호와여 주의 용사들로 그리로 내려오게 하옵소서 민족들은 일어나서 여호사밧 골짜기로 올라갈지어다 내가 거기에 앉아서 사면의 민족들을 다 심판하리로다 너희는 낫을 쓰라 곡식이 익었도다 와서 밟을지어다 포도주 틀이 가득히 차고 포도주 독이 넘치니 그들의 악이 큼이로다 사람이 많음이여, 심판의 골짜기에 사람이 많음이여, 심판의 골짜기에 여호와의 날이 가까움이로다"(욜 3:11-14).

그곳에서 모두가 심판받을 것이고, 그들의 영원한 운명이 선고될 것이다. 요한 사도는 밧모 섬에서 심판의 날을 바라보며 이렇게 예언했다.

> 또 내가 크고 흰 보좌와 그 위에 앉으신 이를 보니 땅과 하늘이 그 앞에서 피하여 간 데 없더라 또 내가 보니 죽은 자들이 큰 자나 작은 자나 그 보좌 앞에 서 있는데 책들이 펴 있고 또 다른 책이 펴졌으니 곧 생명책이라 죽은 자들이 자기 행위를 따라 책들에 기록된 대로 심판을 받으니……누구든지 생명책에 기록되지 못한 자는 불못에 던져지더라(계 20:11-12, 15).

우리는 보편적인 구원 초청만이 아니라, 예수 그리스도의 보편적인 주권을 모두 전해야 한다. 그리스도를 믿는 신앙과 복종의 유익만 전하는 데 그치지 말고, 그분을 적대시하거나 무시하는 죄가 가져올 두려운 결과를 확실하게 경고해야 한다. 우리는 사람들을 거리끼게 하거나 그들의 분노를 자극하지 않고서도 복음을 전할 수 있다는 생각을 버려야 한다. 우리는 세상과의 휴전을 원하기보다 그리스도께 충성을 바치라고 요구해야 한다. 세상의 인정을 받으려고 애쓰지 말고 "그런즉 군왕들아 너희는 지혜를 얻으며 세상의 재판관들아 너희는 교훈을 받을지어다 여호와를 경외함으로 섬기고 떨며 즐거워할지어다 그의 아들에게 입맞추라 그렇지 아니하면 진노하심으로 너희가 길에서 망하리니 그의 진노가 급하심이라 여호와께 피하는 모든 사람은 다 복이 있도다"(시 2:10-12)라고 엄중히 경고해야 한다.

이렇게 복음을 전하면, 우리는 사람들을 둘로 가르는 역할을 하게 될 것이다. 바꾸어 말해, 바울처럼 구원받을 사람들과 멸망할 사람들에게 그리스도의 향기가 되어 전자에게는 생명에 이르는 냄새를, 후자에게는 사망에 이르는 냄새를 풍길 것이다(고후 2:15-16). 어떤 사람들은 우리를 복음의 사자요 생명의 전령으로 여겨 존중할 것이고, 어떤 사람들은 우리를 게으른 말쟁이요, 세상의 더러운 것과 만물의 찌꺼기요, 천하를 어지럽게 하는 자요, 절대 살려두어서는 안 될 사람으로 여겨 멸시할 것이다(행 17:18, 고전 4:13, 행 17:6, 22:22).

복음 설교자는 큰 반대에 부딪칠 것을 각오해야 한다. 그러나 우리는 우리의 왕이신 주님의 능력을 알고 있기에 세상 민족이 모두 힘을 합쳐 대적해도 결코 두려워하지 않을 것이다. 우리는 오히려 그들을 불쌍히 여기며 화해를 촉구해야 한다. 스펄전은 이렇게 말했다.

> 예수님이 왕 중 왕이자 재판관 중의 재판관이신 것처럼 복음은 가장 위대하고 지혜로운 교사다. 누구든지 자신이 너무 위대해 복음을 거부할 수 있다고 생각한다면, 하나님은 그를 멸시하실 것이다. 또한 누구든지 자신이 너무 지혜로워 복음의 가르침을 경멸할 수 있다고 생각한다면, 그의 헛된 지혜가 그 자신을 비웃을 것이다. 복음은 세상의 통치자들 앞에서 크게 소리친다. 복음

을 전하는 사람은 녹스와 멜빌처럼 왕 앞에서도 담대한 꾸짖음과 당당한 말로 그 직분의 영광을 드높여야 한다. 설교자의 아첨은 마귀의 부엌에서 일하는 하인에게나 어울리는 것이다.[121]

하나님은 온 세상에 있는 모든 사람에게 회개하고 믿으라고 명령하신다. 그 이유는 "정하신 사람으로 하여금 천하를 공의로 심판할 날을 작정하셨기" 때문이다(행 17:30-31). 하나님은 한 분이시요 또 하나님과 사람 사이에 중보자도 한 분이시니 곧 사람이신 그리스도 예수시다(딤전 2:5). 다른 이로는 구원을 받을 수 없나니 천하 사람 중에 구원을 받을 만한 다른 이름을 우리에게 주신 일이 없다(행 4:12). 주권자이신 주 예수 그리스도께서 세상을 심판하실 것이라는 메시지와 복음에 대한 반응에 인류의 영원한 운명이 달려 있다. 이것은 매우 중대한 문제이자 엄숙하고 긴급한 사안이다. 복음은 사소한 것을 다루지 않는다. 복음은 인간의 실존과 관련된 문제 가운데 가장 중요한 문제(곧 영원한 생명과 영원한 죽음)를 다룬다. 따라서 우리는 바울 사도의 삶과 사역과 복음전도를 우리의 지표로 삼아야 한다.

그런즉 우리는 몸으로 있든지 떠나든지 주를 기쁘시게 하는 자가 되기를 힘쓰노라 이는 우리가 다 반드시 그리스도의 심판대

---

121) Spurgeon, *Treasury of David*, 1:18. 아첨하는 설교자는 세상에서 가장 천박한 사람이다. 사람들의 비위를 맞추려고 그들 앞에 넙죽 엎드려 그리스도의 영광을 더럽히기 때문이다.

앞에 나타나게 되어 각각 선악 간에 그 몸으로 행한 것을 따라 받으려 함이라 우리는 주의 두려우심을 알므로 사람들을 권면하거니와 우리가 하나님 앞에 알리어졌으니 또 너희의 양심에도 알리어지기를 바라노라(고후 5:9-11).

우리가 지녀야 할 가장 큰 열정은 삶의 모든 영역에서 하나님을 기쁘시게 하는 것이다. 하나님의 사랑이 항상 우리의 가장 큰 동기가 되어야 하지만(고후 5:14), 그것만이 전부는 아니다. 바울 사도는 그리스도 안에 나타난 하나님의 사랑에 깊이 사로잡혔지만, 그와 동시에 장차 그리스도의 심판대 앞에 나가 선악 간의 모든 행위에 대해 보상을 받게 될 것이라는 엄숙한 진리를 의식했다(고후 5:10). 우리는 다른 사람들에게 복음을 전해야 할 뿐 아니라, 성경적인 수단과 방법을 모두 동원해 그리스도를 믿는 믿음으로 하나님과 화목하고, 두려움과 떨림으로 구원을 이루라고 권고해야 한다(빌 2:12-13). 그리스도의 사자인 우리는 하나님이 우리를 통해 사람들을 권하시는 것처럼, 그리스도를 대신해 그들에게 하나님과 화목하라고 간절히 호소해야 한다(고후 5:20).

사명선언문

너희가 흠이 없고 순전하여……세상에서 그들 가운데 빛들로
나타내며 생명의 말씀을 밝혀 _ 빌 2:15-16

1. 생명을 담겠습니다
만드는 책에 주님 주신 생명을 담겠습니다.
그 책으로 복음을 선포하겠습니다.

2. 말씀을 밝히겠습니다
생명의 근본은 말씀입니다.
말씀을 밝혀 성도와 교회의 성장을 돕겠습니다.

3. 빛이 되겠습니다
시대와 영혼의 어두움을 밝혀 주님 앞으로 이끄는
빛이 되는 책을 만들겠습니다.

4. 순전히 행하겠습니다
책을 만들고 전하는 일과 경영하는 일에 부끄러움이 없는
정직함으로 행하겠습니다.

5. 끝까지 전파하겠습니다
모든 사람에게, 땅 끝까지, 주님 오시는 그날까지
복음을 전하는 사명을 다하겠습니다.

서점 안내

광화문점 서울시 종로구 새문안로 69 구세군회관 1층
02)737-2288(T) 02)737-4623(F)

강남점 서울시 서초구 신반포로 177 반포쇼핑타운 3동 2층
02)595-1211(T) 02)595-3549(F)

구로점 서울시 구로구 시흥대로 577 3층
02)858-8744(T) 02)838-0653(F)

노원점 서울시 노원구 동일로 1366 삼봉빌딩 지하 1층
02)938-7979(T) 02)3391-6169(F)

분당점 경기도 성남시 분당구 황새울로 315 대현빌딩 3층
031)707-5566(T) 031)707-4999(F)

신촌점 서울시 마포구 서강로 144 동인빌딩 8층
02)702-1411(T) 02)702-1131(F)

일산점 경기도 고양시 일산서구 중앙로 1391 레이크타운 지하 1층
031)916-8787(T) 031)916-8788(F)

의정부점 경기도 의정부시 청사로47번길 12 성산타워 3층
031)845-0600(T) 031) 852-6930(F)

인터넷서점 www.lifebook.co.kr